U0652349

泡沫经济文化

80年代的日本究竟发生了什么？

［日］原宏之 著　　　邹韵 译

·杭州·

图书在版编目（CIP）数据

泡沫经济文化：80年代的日本究竟发生了什么？/（日）原宏之著；邹韵译. -- 杭州：浙江大学出版社，2023.4

ISBN 978-7-308-23398-9

Ⅰ.①泡… Ⅱ.①原… ②邹… Ⅲ.①泡沫经济—研究—日本 Ⅳ.①F131.344

中国版本图书馆CIP数据核字（2022）第243036号

浙江省版权局著作权合同登记图字：11—2022—413号

泡沫经济文化：80年代的日本究竟发生了什么？
〔日〕原宏之 著　邹 韵 译

责任编辑 谢 焕
责任校对 陈 欣
封面设计 云水文化
出版发行 浙江大学出版社
（杭州天目山路148号 邮政编码：310007）
（网址：http://www.zjupress.com）
排　　版 浙江时代出版服务有限公司
印　　刷 杭州钱江彩色印务有限公司
开　　本 880mm × 1230mm 1/32
印　　张 7.5
字　　数 192千
版 印 次 2023年4月第1版 2023年4月第1次印刷
书　　号 ISBN 978-7-308-23398-9
定　　价 68.00元

浙江大学出版社市场运营中心联系方式：（0571）88925591；http://zjdxcbs.tmall.com

前言

首先我将阐述本书的内容构成，其次将明确本书的研究意义。

本书的内容构成与20世纪80年代的名著，浅田彰的《结构与权力》（《構造と力》）不同，也就是说，序章的内容较为晦涩难懂，而各章的内容较为浅显易懂（这种章节的构成也体现了从2002年体制到平成泡沫时期的状况，这一时期在表象上与20世纪80年代前期的“抽离而又陷入”相似，而这两个时期又像是镜像一般，相似而方向不同[①]）。序章即是本书整体的研究背景，我将从历史、政治状况、理论框架等方面进行阐述。如果读者认为序章没有必要，那么完全可以直接阅读具体章节中对媒体、文

① 根据浅田彰的说法，所谓“抽离”（シラケる）指的是所有事物依据的相对化。20世纪80年代的前期是“抽离而又陷入、陷入而又抽离”（シラケつつノリ、ノリつつシラケる），而到80年代后期，充满了泡沫经济文化的“光明的未来”，因此社会变为“陷入又陷入”（ノリつつノリ），90年代的“对抽离的陷入”（シラケにノル）批判了以往的社会风向。而战胜90年代的又是“2002年体制”对于无“娱乐”的“认真地陷入”（真剣にノリ）。浅田彰，《结构与权力》（劲草书房，1983年，第6页）。“2002年体制”指的是前一年小泉政权的诞生所催生的日本国民（特别是真正的高峰代少年一代）的政治意识。

这里的所谓“陷入”指的是陷入某一事物甚至无法自拔，而与之相反的“抽离”指的则是与某一对象、事物保持一定的距离。而这里的浅田彰所说的“抽离而又陷入、陷入而又抽离”是对80年代年轻人精神文化的评价，他认为一味地“陷入”某一对象或事物则使得自己无法以一个批判的姿态审视自我；另一方面，一味地“抽离”则使得对任何事物和对象都丧失了兴趣。因此，“抽离而又陷入、陷入而又抽离”是一种接近事物又保持距离的平衡的态度。参考资料：仲正昌树，《日本の現代思想：ポストモダンとは何だったのか》，NHK books，2006年。——译者注

高峰代少年一代（団塊ジュニア世代）指的是1971年到1974年前后出生的“成团一代”的孩子们这一代。

化的研究。

将某一个年代看作特殊的历史时期，这种做法并不少见，我们正是需要将20世纪80年代看作与战后文化相断绝的历史时期，在此基础上再来讨论80年代是十分重要的。在80年代，以及泡沫经济破灭之后，以80年代为主题的杂志特辑和单行本相继问世，除了（以田中康夫为对象的）文艺批评之外，事实上无论是在学界还是在史料之中，对这一年代的探讨都缺少更深刻的思考。当然，不可否认的是，在“学术界”，以固有文化资本为背景的研究者及批评家们都过度地受到了“新学术”[①]等“知识生产模式”的影响。并且，这些文字工作者经历了大众文化的兴起和繁荣，90年代（1993年到1995年前后）原宿文化、电视节目中的素人明星、泡沫经济期学生文化的突然兴起，向他们袭来，他们因此被埋没在了衰退的文化与困难的经济时代之中。

本书的研究目的是从媒体文化、街头文化、大众文化中寻找逐渐脱离战后期的80年代的“混沌的力量”。**1984年到1986年是战后期与后战后期的断绝期，1986年到1988年是日本社会逐渐向泡沫经济文化发展的转型时期，**本书将以上述划分为基础来考察这些时期前后的差异性。

所谓断绝期和转型期，也正是日本社会从“战后”向不确定领域迈步前行的时期。如果我们现在来回顾那个时期，不确定的领域绝非意味着幸福。相反，从前所未有的经济发展到泡沫经济，再到90年代“失去的十年”，然后迎来21世纪的日本社会又开始了没有尽头的经济不景气，以及令人心情压抑的社会新闻，暗无天日的日子一直在持续。从战败到全面讲和（1951年）期间，美军突然向日本筹集物资及劳务来对付朝鲜（1950年左右的五六年间），纺织业和金属相关产业急速发展，日本经济规模迅

① 新学术（ニューアカ）指的是80年代中期打破既有学术框架的新的知识潮流，代表人物是在本书中出现的浅田彰，以及中泽新一等。——译者注

速恢复到了战前水平。1955年日本达成关税与贸易总协定（GATT），在1956年的经济白皮书上歌颂道，“如今已然不再是战后了”，日本就这样一步步地经历了经济一片大好，神武景气（1955—1956）、岩户景气（1959—1961）、伊奘诺景气（1950—1970），实现了令人难以置信的经济发展。经济基础水平的提高一方面使得贫困导致的社会阴暗有所减少；另一方面，在美军核武器的庇护下，自卫队成立了，随之爆发了种种政治矛盾；应试考试竞争的白热化，以及阶级固化等众多社会问题逐渐显现，也在这一时期埋下了问题的种子。经济发展放缓，战后的日本社会即将要成为一个不认可差异的、培养同质化人才的“学校化社会”（宫台真司），在这个时候，通向“泡沫经济文化”的断绝期的日本社会由于种种问题而摇摇欲坠。

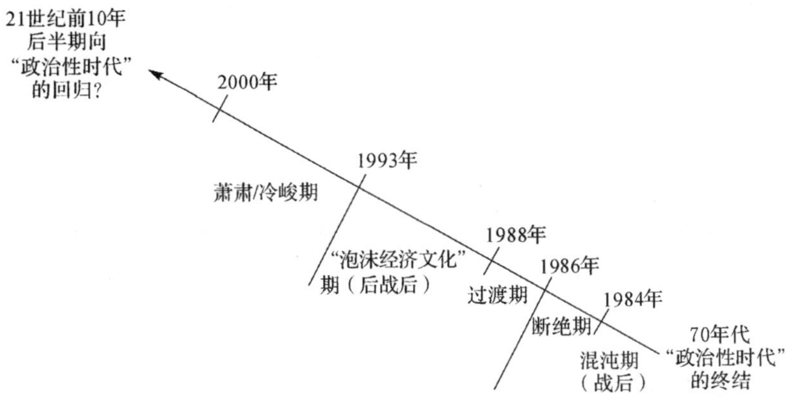

20世纪80年代前后的日本社会

断绝期的高潮是1985年，那一年，世界博览会（又称“筑波85”）标志着科学技术迈向新的阶段；苏联的改革者戈尔巴乔夫（主导了改革重组）登上了历史舞台；在体育界，以猛虎打线[①]著称的阪神虎棒球队的胜利让全社会为之沸腾。此外还有青函隧道的开通、电信电话公社的民营化、日本航空123号班机空难、战后现役首相第一次参拜靖国神社、竹下登在自民党田中一派的内部创立创政会（后更名为经世会），以及面对成为出口大国的日本，美国议会起草保护贸易法案。1985年“广场协议”之前，1美元能兑换250日元，当时的首相中曾根康弘向消费者们发出了不可思议的呼吁，“让每个国民都购买100美元的外国制品”。按照人口数量来算，每人100美元，这至少意味着填补了美国对日贸易赤字的年增长部分——1984年为350亿美元；到1985年则将近500亿美元。然而，这一事件的结果却十分滑稽。中曾根首相亲自到访了大型百货商店举办的“促销打折，全部商品都是100美元”和“进口商品促销会”，在民众面前购买了7.1万日元的商品，然而他购买的商品全部都是意大利和法国制造的服装，美国商品连1件都没有[②]。

当时的日本社会已经富裕到有余力购买不需要的商品了吗？那时的日本由于政治上的考量，不得不缩小贸易顺差，转为扩大内需，但事实上，同现在相比，那时的消费（或储蓄）更有活力，经济规模也在不断扩大。1950年日本GNP为4兆日元，而1985年则达到317兆日元，人均国民收入从4万日元增加到208万日元，特别是贸易出口额从3000亿日元增加到了42兆日元。从GNP来看，1950年日本经济规模仅为美国的二十六分之一，1985年则增长到了美国的三分之一。日本的出口水平已然是一种威胁了。因此，当年G5（日、美、英、法、德）的财政部部长同中央银行行长于纽约的广场饭店进行了秘密会谈。那就是1985年9月22日著名的“广场协

① 打线是棒球用语，它指的是击球序列和击球员阵容，也就是在棒球比赛中，某队击球员的次序排列。——译者注

② 吉崎达彦，《1985年》（新潮新书，2005年，18页）。

议”。该协议的目标是诱导美元对各国货币的汇率贬值10%，从而达到对汇率市场的调控。因此日元大幅升值，“广场协议”之初，1美元能兑换242日元，1988年日元急速升值，1美元只能兑换128日元。在消费上，一条李维斯（Levi's）牌牛仔裤原本需要花费12000日元，而日元升值后只需5000日元。

关于时代背景，我在后文会进一步阐述，较为晦涩的问题我们暂且搁置，下面我将视点转向大众文化，让读者理解本书的目的。

20世纪80年代存在着“根源性的贫困”。在泡沫经济高峰期的1988年12月21日，当天发行的 *POPEYE* 推出了“都市少年 必修品牌图鉴（保存版！）”特辑。杂志封面是BOLD品牌的商务男包（意大利）、Baccarat的玻璃杯（法国）、J. M. Weston的皮鞋（法国）。这是当时所谓的“必备”单品。再打开杂志的特辑部分，针对女大学生、女白领、男性三类人群，分别介绍了三种人气商品。杂志这样写道——“女大学生就是要用香奈儿”，第二名是蒂芙尼，第三名是爱马仕。紧接着，“女白领也离不开香奈儿”、第二名是爱马仕，第三名是卡地亚。而男性一栏则写道，“男性所想要的手表是劳力士的蚝式恒动表”、第二名是泰格豪雅（TAG Heuer）、第三名是宇舶（Hublot）。仔细看，香奈儿商品介绍的是十分常见的方格金属扣的小香包挎包……不仅如此，香水类产品是主要介绍对象，杂志丝毫没有提到商务西装。而劳力士介绍的也是蚝式恒动（搭配）的Datejust系列，爱马仕介绍的则是方巾，高端的Kelly包却基本无人问津，接下来出现的是路易威登，当然也是老花的波士顿包（大）和钥匙链，蒂芙尼也自然是银色的心形项链。

也就是说，当时的时尚杂志与现在不同，现在介绍的往往是贵得离谱的高价西装和连衣裙，甚至会让人想象“到底是哪些人在穿着这样的衣服”，而在当时，杂志上介绍的商品都是些父母出国旅行的时候顺手就能买得起的商品，即便如此，当时的人还是觉得奢侈品才是好东西。

事实上，这些商品从价格来看，仍然贵得不可思议。但即便是有能力购买如此昂贵的商品，日本仍然是贫穷的。为什么这样讲呢？用比较老套的说法来讲就是，商品有使用价值和交换价值。使用价值指的是商品使用上的价值（使用后所得到的效果、必要的程度、耐久度，有时还包含生产性）。然而，在市场上，也就是说我们去商店、确认商品的价钱并支付相应的金额的时候，“交换价值”通常在很大程度上影响着商品的价格。在更加原始的消费形态下，在大米的产地用一俵[①]大米，在牧场用一头牛来当作“交换计量单位”（双方均不受损失且能够交出货物）来进行交换（在现代社会，生产手段与劳动力，也就是生产所需的成本，再加上利润所得到的就是交换价值，这样的看法虽然过于简略，但在理解本书的内容上并没有问题）。然而，在当下社会，我们绝不能忽视货币本身就是具有“价值”的（其中包括货币本身的价值、商品和薪酬，以及劳动力及其再生产——这是维持生活所需的、处于同一水平上的共通的尺度）。除此之外，正如市场营销战略方面数不胜数的入门书籍所说，消费动机和消费行为越发复杂化。如果各种要素都表现在交换价值（价格）之中的话，则首先就会出现流通性高低的区别。交换价值的终极形态便是形形色色的商品均可以用来兑换的货币，好比以前的金手表、和服料子一样，在关键时候它们具有相应的流通性。当然，根据收购二手商品的市场制度以及个人之间的习惯，只要这些商品回归市场，就会具有流通性。而且，倘若想要获得更为长期的经济保障，就需要使商品拥有资产价值。加之物以稀为贵，越是难到手的东西，交换价值就越高。更进一步说，对于消费社会而言，重要的是“奢侈品”具有一种威力，也就是一种拥有“可炫耀价值”的假象。换句话说，购买奢侈品是因为**我想让别人认为**我是可以身着各种名牌

① 日本大米计量单位，现在1俵=60kg。——译者注

的人，总而言之就是虚荣的代价。通常而言，人们认为谁都没有的东西（稀有价值）是非常重要的，但消费社会则恰恰相反，在某种程度上，人们想要拥有为人所知的东西来收获他人的肯定。

如 *POPEYE* 的特辑所示，1988年之时，我们之所以感到当时人们欲望是有局限性的，是因为与稀有价值相比，人们更加看重奢侈品的力量、经典款的知名度。消费社会的虚荣式的竞争，在20世纪80年代才刚刚开始。

1987年，泡沫经济还在蓬勃发展，摇摆姐妹（Swing Out Sister）的歌曲“Breakout”一炮而红。当时的唱片排行榜不像现在，现在按照国别有着各种复杂的分类，当时的人们走在街上便能听到各式各样的歌曲。倘若现在来听这些歌曲，恐怕许多人会疑惑这些极端的欢快到底是什么。“现状绝不会变/就算明日还是未知/你也不要错过注定的机会/你在等待什么。/时机就要来了，不是成功就是破产/来，向前冲吧”。这歌词仿佛反映了大江健三郎的小说《看到之前就跳跃》（《見るまえに跳べ》）。即便如此，再没有比这首歌曲更适合泡沫经济时期了吧。泡沫经济下的社会，许多人活在信奉“狂欢不会结束”的幸福之中。1987年，没有人会相信日本社会即将迎来泡沫经济的破灭。

流行音乐的情况也发生了巨大的变化。摇摆姐妹什么的略显土气。用说唱来表达自己思绪的音乐才是最酷的音乐。然而，老土又有什么不好呢？只要还有温情在又有何妨呢？只有幸福的社会才能产出温暖的音乐。我并非怪罪音频采样器、混音器等技术的出现，也许非人工的东西才意味着老土的、有人情的东西。虽然80年代一再被强调为泡沫经济时代，但80年代绝不仅仅是捞金的时代。相反，80年代延续了“战后”根源性的贫困。一直持续到泡沫经济时期的经济繁荣所带来的幸福社会，这才是作为“战后”这一令人感到压抑的社会所给出的其中之一的答案。

20世纪80年代，很难说一切有了答案，或许应该说，那是一段混沌的时期。就连那首“Breakout”也混杂了各种风格，融合了爵士乐、流行乐、拉丁音乐的节奏、灵魂乐的感觉等等。在这首歌发行的三年前，还出现了库尔伙伴合唱团（Kool & the Gang）的“Joanna”。这首歌也是灵魂乐与融合爵士乐混合的流行乐经典。在这首曲子里也能感受到幸福的预感以及温柔的旋律。

80年代也许更加“俗气”。搞笑艺人组合“隧道二人组”（とんねるず）把R&B解释成“浪漫和笨蛋”[①]，想来80年代正是这样的时代吧。如今回头看，也会觉得那愚蠢中有些许温柔。1980年，小格罗佛·华盛顿（Grover Washington，Jr.）发行了“Just Two of Us”，这首歌直到泡沫经济破灭，一直都是专属于恋人们的歌曲。现在来听，也许会觉得过分甜腻。然而实际上，比起咸涩和苦味的歌曲，甜腻何尝不是一种幸福呢？那首歌曲正是爵士乐和放克乐的结合，是最终走向融合爵士乐，以及狂热化之前的代表性的抒情歌（ballad）。比起大声喊出“我们两人的孤单”[②]，轻轻诉说着“只有我们，我们的二人世界”是否就不会感到悲伤呢？并且，这首著名的歌曲还有厄尔·克鲁夫（Earl Klugh）的“Julie”（1976年）珠玉在前。可以说，**70年代和80年代是具有“连续性”的。**也许读者会觉得：这不是显而易见的吗？但是80年代同90年代的关系，与其说具有连续性，不如说“断绝性”更为明显。关于这些问题，下文我将逐渐解释和阐述。

依据公历或年号而产生的时代变迁，在我们对日常生活的感受中的渗透已经超出了预期。一旦到达未来的某一时间点，再来回顾过去的历史事件，就可以感受到某一事件并不是偶然的，而是时间的限制支配着过去

① 日语浪漫（ロマンチック）、笨蛋（バカ）的首字母也是R和B。——译者注

② Boz Scaggs1976年的歌“We Are All Alone”。——译者注

的这个时间点。社会学家大泽真幸在考量战后日本社会之时，将从战败到1970年的25年，以及从1970年到1995年的25年视为两个时代：前者是“理想的时代”，后者是“虚构的时代”。所谓理想的时代，是象征着“战后民主主义”的平等的、生活相对富裕的时代，是以“拥有自家房产”和“（家电）三神器”（冰箱、洗衣机、电视机）为特征的一种美式中产阶级生活的图景，也是一种对这个图景的“梦想”。对这个梦想的追求，被从1968年开始的“全共斗”大学斗争及社会运动变为了不可能，甚至没有留下任何可替代的梦想，就这样被完全粉碎了。如果说虚构时代的终结是奥姆真理教导致的东京地铁沙林毒气事件[①]，那么虚构时代的开始就诞生于梦想的悲惨终结，也就是联合赤军浅间山庄事件。

其实，大泽指出的上述时代区分的次要方面才是有关本书的关键之处。一般情况下，我们会说昭和二十年代，昭和三十年代，但很少说昭和五十年代，昭和六十年代，而是说20世纪70年代、80年代。这是因为从70年代到80年代，在国际关系上，从冷战走向了全球化，各国经济、政治、文化联系更加紧密，国际往来变得密不可分。

本书论述的中心之所以是“80年代”，是因为80年代是一个与前后各时期相互独立的特殊时期。80年代，虚构开始拥有现实性，从虚构之中诞生出新的梦想，梦想也仿佛能在生活之中得以实现一样，向着“狂欢”的后半期开始了助跑。如果从现在的时间点以回顾的视角眺望过去，泡沫经济时期确实是“狂欢”式的、非日常的（不可能的）、暂时的时代。然而，经历过那个时代的人们并非感到充斥各种梦想的生活的结束，而是错以为这种生活已经到来。在“狂欢”式的振奋感之下是经济的富足，它让人们感到一种与陌生人处于同一空间的真实之感。1989年时，西麻布的宴

① 大泽真幸，《虚构时代的末路——奥姆与世界的最终战争》（《虚構の時代の果て―オウムと世界最終戦争》，筑摩书房，1996年）。

会主办者跟我说："我这儿也没有什么拿得出手的，你就收下这个吧。"说着，给我了一瓶威凤凰（Wild Turkey）酒。我们四五个朋友出了会场，还没等走到六本木的咖啡店，酒就喝光了。走在路上，每个人的脸上都洋溢着"狂欢"的喜悦感。那种幻觉般的感受还能再现吗？直到大约四五年前，合成威士忌酒还是主流，国产的三得利OLD WHISKEY价格是3000日元，而现在，花12000日元、8000日元，甚至4000日元，就可以轻而易举地买到威凤凰了。

然而在1989年，虚幻的现实性已经开始走向解体。否定了70年代的80年代，也会被即将到来的90年代所否定。从1989年开始，罗马尼亚尼古拉·齐奥塞斯库政权的颠覆、柏林墙的倒塌等种种事件，使得东欧共产主义阵营摇摇欲坠，之后到了1991年，苏联最终解体。1989年，也是昭和天皇驾崩之年，果然也预示着"战后"的终结。"战后"从内到外都在走向结束。然后，1989年之新就是本该是外部之事也演化成内部的一部分，这一转折点也预示着"日本"和"国外"的区分不再成立了。

最近一段时间，80年代似乎又掀起了小热潮。人们再次关注起当时的时尚、流行音乐、玩具等等。"新学术"系列的书也以文库本的形式再次发行①。

与此同时，大塚英志和东浩纪也发表了对80年代文化的客观分析。然而倘若太过拘泥于"御宅文化"，就会导致"御宅"本身定义的扩大化，从而忽视了一直持续着多样性变化的社会整体面貌。就像"新学术"一样，从社会整体来看，御宅文化只不过反映了一部分文化精英阶层的看法。比如有的人为了保存《机动战士高达》的录像，就想要购买索尼Beta

① 岩波现代教养文库刊发的一系列山口昌男的著作，中泽新一，《西藏的莫扎特》（《チベットのモッツァルト》，讲谈社学术文库，2003年）；粟本慎一郎，《脱了裤子的猴子》（《パンツを脱いだサル》，改订新版，现代书馆，2005年）；《穿上裤子的猴子》（《パンツをはいたサル》，出版社变更复刊，现代书馆，2005年）；等等。

基本完美复刻了80年代风格的21世纪版本（*LEON*，2005年3月号）

的录像机，于是从母亲手里要来了零花钱，在GUNPLA（万代公司发售的高达模型玩具）发售日的周日一大早就去玩具店排起了队。但这些人的社会阶层不过是少数有能力享受的一群人，更准确地说，这些人是能够欣赏动画、游戏等亚文化的价值，并有眼光钻研下去的一群人。而许多人忘记了当时充斥于杂志封面的暴走组、校园暴力、深夜娱乐节目、搞笑艺人热潮、“隧道二人组”主义，这些也是大众文化的一部分。

除此之外，北田晓大和森川嘉一郎的基于媒体论和都市论的严谨的考证也已经发表出版。北田的近作《嗤笑日本的“民族主义”》（日本放送出版协会，2005年）虽然称得上十分精彩的成果，但从他所论述的御宅文化的意义上来说，这一研究并未脱离文化精英的感觉。

本书的研究对象是“泡沫经济时期”（和达到泡沫经济时期过程）的大众文化，并把它看作象征着80年代的现象来分析。第四章我将更为详细地论述，1985年左右逐渐兴起的投机式（非实体经济的）市场全面高涨导致的经济形势，推动了一种政治形势的形成，而这种政治状况反过来又促进了经济的发展。在这种背景下的社会在特定时期（高峰期在1988—1993

年）所产生的大众文化[①]样式，本书将之称为“泡沫经济文化”。80年代的象征并非只有“御宅文化”。在某种程度上，从“泡沫经济文化”的视角来看，这种先于20世纪90年代这个全新时代的“御宅文化”，只不过是一种附属的类别而已。以总括的视角，而并非偏颇的视角来准确地分析80年代，不仅有助于解释90年代到2000年，以及持续到现在的诸多现象，更能为未来社会的想象提供一个视角。这样来看，有一本平庸青年眼中的平庸的80年代论著也未尝不可。本书在以往先行研究的基础上避免重复，探讨尚未论述的80年代整体面貌，并对重要话题进行彻底的分析。

① 这里的“大众文化”，是参考以鹤见俊辅为代表的“思想的科学”派的定义，并且通过后战后式的解释重新定义的概念。和俗称的high culture那种纯粹艺术相比，具有以下几点特征：（1）被认为是恶俗的、虚假的、非艺术之物的“大众文化”的一面。（2）与生活领域无法区别的“限界艺术”，也就是米歇尔·德·塞托（Michel de Certeau）所谓的肯定日常生活中的努力和技艺（art）的积极性的一面。（3）自法兰克福学派的*Communication*开始进行文化产业批判起，由贝尔纳·斯蒂格勒（Bernard Stiegler）提出的，大量生产和超产业式的生活方式支配下的（被动的、消费态度的）象征式的消极性一面。这三点特征汇总概括为“大众文化”。可参见久野收、鹤见俊辅编《思想的科学事典》（《思想の科学辞典》，劲草书房，1969年），鹤见俊辅《限界艺术》（限界芸術，筑摩学艺文库，1999年），江藤文夫、鹤见俊辅、山本明编《大众文化的创造》（《大衆文化の創造》，研究社，1973年），米歇尔·德·塞托《日常生活实践》（《日常的実践のポイエティーク》，山田登世子翻译，国文社，1987年）等。

我是宅男吗?

他年龄三十五六岁，尽管被妻子责骂，仍然把和儿子一起组装电脑、钓鱼当作兴趣。偶尔也读一读“结构主义”之类的书。在他的少年时代，FM−7[①]一面市，他就去购买；他爱读的杂志是《微电脑Basic》、*Login*和*Oh! FM*。他自认为是“电脑宅男”。虽说他也是N轨铁道模型迷，在动画方面迷上了《超时空要塞Macross》，之后又迷上了让全校为之疯狂的《机动战士高达》，尤其倾心于模型战士的制作，并一心埋头于制作立体透视模型，但他不觉得自己是狂热粉或者宅男。另外，他自认为是“流行音乐宅”“游戏宅”等，总是容易深深陷入兴趣爱好之中，自称与糸井重里和细野晴臣是一派的。

然而就在此时，这个30岁过半的大叔，读了和自己年龄相仿的人写的新书《动物化的后现代》，读过后他觉得恍然大悟，同时，他像浦岛太郎一样，发出了时光荏苒的感慨。现在，人们似乎不再按照某某宅来分类，在现在的社会里，人们似乎认为“宅”的种类和领域是内部自然运作的模糊领域……比如喜欢动画和动画美少女角色等，这些曾经的“同人向”事物便成为宅的代名词。当他不再关心《福星小子》《阿拉蕾》《北斗神拳》《龙珠》这些同班同学们为之疯狂的漫画的时候，这个男人预感到一丝不妙。“宅”之正道并非《微电脑Basic》、*Login*的广告上的，或是大街上装饰的《模拟人生》，而是有些难为情的、停留在黑白纸页上孤零零的成人游戏!

① 这是日本富士通公司于1982年发行的8位元电脑，正式名称为“FUJITSU MICRO 7”，简称“FM-7”。

目 录

001 **序章 超越的消失——80年代历史的相位**

001 平板化（flat）社会

006 “80年代”的神话

011 “80年代”的前与后

019 **第一章 原宿——“80年代”年轻一代的狂欢空间**

020 “竹之子族”的出现

023 NHK《原宿24小时》——“巴里巴里”的身份认同

026 “摇滚一族”身份的意义

028 学校工厂中的腐烂的橘子

029 “不良”的社会方言

031 原宿“场域”的复数性以及语言使用的关系

033 从人称代词来看《原宿24小时》的视点

036 学校化社会的中心及边缘

039 **第二章 “泡沫经济文化”的预兆——“80年代”年轻一代的组成**

042 80年代这一历史事实

045　MTV的出现
049　媒体制造的流行（*Popeye*）
053　被排除的“青春”

058　**第三章　“现在，就是这里！”的斗争**
——80年代的“中心和边缘”
058　走向“泡沫经济文化”
061　70年代的情人节和1988年的圣诞老人
062　“泡沫经济文化”的精神史背景
064　“学校化社会”的到来
066　从“癖坏感”到“卡哇伊”
068　“中心”的共同幻想及媒体的言论
077　媒体、技术的急速发展
079　“现在，就是这里！”的战斗
082　“中心”的平板化
083　非日常的日常化
086　平板与公共空间
087　人格解体征的时代

091　**第四章　“泡沫经济文化”的幸福探索**
——“御宅族”与“涩谷休闲风”的分水岭
092　“泡沫经济文化”是什么？
094　80年代的媒体（电脑、CD……）
102　全民时尚意识
106　泡沫经济带来的时尚激变
108　“进口商品”终于解禁
111　新兴消费层：学生
114　学生消费的形式：“信用”财产

116　80年代的学生创业
119　“泡沫经济文化”的低技术性
122　回顾“泡沫经济文化”的真实情况
125　“御宅族”与“涩谷休闲风”的分水岭

127　**第五章　电视剧的变化——都市的背景音乐、城市的诉说**
128　“后台花絮”时代的电视剧
130　直到《长不齐的苹果们》出现为止的社会
132　《长不齐的苹果们》的主张
134　偶像剧的分析：《男女 7 人夏物语》
137　电视剧反映的时代感
140　对话的原理（《长不齐的苹果们》）
141　影像的叙事
144　对自我身份认同的挑战
148　作为中心与边缘的叙事

150　**第六章　“没意思就不叫电视了！”**
——“隧道二人组”和富士电视台的时代
151　从小猫俱乐部到小泉今日子（历史被改写了）
152　消失的80年代西洋音乐
154　富士电视台的文化
157　“隧道二人组”流派
159　《富士夜未眠》的出道
162　后来的“隧道二人组”
164　“道隧”的仪式性

169　**终章　压抑中的解放——作为“战后终结”的80年代**
169　小确幸

170 80年代论的尝试
173 2006年的“昭和”

178 **读懂80年代的关键词**
189 **80年代年表**
217 **后　记**

序章　超越的消失
——80年代历史的相位

平板化（flat）社会

为了快速地追溯到1980年，我们先来粗谈一些宏观的问题。当我们从纵观数千年的视角来回望20世纪80年代的时候，这个时代应当被看作“现代民主政治”，还是现代的终结，抑或是后现代呢？对于这个问题，活在“当下”的我们无法给出答案。我们只能够依靠后世的历史学家来追寻答案。不管怎么说，我们都太拘泥于将“历史”概念看作一门学问，我们是曾经的那群高喊着“我们才是现代人”的后裔。是的，在日语中，“近代”一词的用法不同于“现代”[①]，而modern一词指的是对立于所有过去时间的“当下”。

的确如此，现代人凭借前所未有的规模和质的飞跃掀开了人类历史上划时代的一页。被称为工业革命，特别是第二次工业革命的科技应用，在全球范围内促成了交通和通信的革命，最终实现了全球一体化。除此之外，在法国大革命之后，“民主主义”成为世界的典范。这个时代是

① 日语的“近代”对应的是英文的“modern”，以及中文的“现代”，而这里的“现代”应当指的是当代。——译者注

“神”的超越性力量授权给现世权力代理人“王权”的时代，由他来统治臣子及庶民。我所说的这个时期也是从欧洲视点来看的历史草图，我们在这里先做个简略的概括。也就是说，在历史上，统治世界需要的是人们所共有并信仰的“超越性的力量”。

我们倘若把至高无上的、超越性的力量看作“神”，那么人们的理想和信仰便指向了同一个方向，如此一来，社会则会带领着人们，让人们仰望着天，这样，向天奋进，人们就会形成一个以“神”为媒介的社会。在世俗社会中，则会有人妄称自己的权力授权于神的王权。同时，位于社会底层的人们同天的关系则又形成了一个类似的结构，这样一来，社会阶层秩序就诞生了。法国大革命推翻了这种君主权力，至此，创造一种人与人之间真正“人间”①关系的（社会契约说、国际法等诸多规定上的）公共性则刻不容缓。

与此同时，我们是否意识到革命最终是需要杀死“神”的呢？曾经，信仰和世俗权力是一个整体，不取得信仰的基础则无法实现“社会”（的公共性）。比如说，呐喊革命政权“正义”的理想，也试图去维护已经不复存在的超越性的权力，正如以正义之名侵略伊拉克的美国。从当下的状况来看，这种启蒙的路径（通过理性来建立公共社会）往往无法一蹴而就。19世纪，大喊“上帝已死”的人，无论是尼采还是奈瓦尔，都见证了超越性权力的逝去。在这里，我将省略市场主义文化的百家争鸣，以及帝国主义的历史时代，而直接把目光投向战后的日本。

从明治政府开始，日本就选择了一条近代帝国主义国家的道路。正如“脱亚入欧”一样，近代化和西化曾是日本的理想。此后，日本授予天皇最高指挥权，并最终走向了战争。当时无论是“八纮一宇”还是“大东亚

① 这里“人间”既指的是日语中人类一词（人間），又指的是人与人之间。——译者注

共荣圈”，这些充满意识形态的赞美和口号，跟当时的法国革命政府鼓吹的“正义”如出一辙，都是一种不复存在的超越性权力的补偿。

然而，制裁战败后的日本的，是美国主导的占领军以及联合国各国。他们使日本保留了所谓象征性的天皇制，没有追究日本的战争责任，并且想借此来统治日本国民。这是目前广泛流行的解释。事实上，这是一种十分巧妙的做法，它使得近代帝国主义的天皇大权时代不复存在，仿佛在历史上天皇一直都只是一种象征性的作用。然而，不管在政治结构上如何变化，在大众社会层面上，可以说，是战胜国“美国”富足的生活方式俘获了百姓的心，并在他们心中埋下了羡慕的种子。想来，我们这些日本人的确是可怕的。随着战败的到来，我们对于自己统治者的评价发生了一百八十度的转变，我们似乎自然而然地接受了这些观念：这些统治者是“恶人”，而自己只是被“恶人”占领的“被害者”，占领军才是“解放者”。倘若象征性的天皇制没有继续延续，那么我们则无法抹去“弑父”的罪恶感。但巧妙的是，我们既延续了制度上的天皇制，又在心理层面上对美国满怀着无限的憧憬，二者叠加下，罪恶感消失了，正因如此，在1951年麦克阿瑟元帅归国之时，人们大呼，“谢谢你，麦克阿瑟”。也就是说，人们在电影，以及对占领军的窥探中，了解到了“美国式的生活”，而这才成为集合了战后日本大众社会理想的超越性。可以说，战败后，人们的心理越发扭曲，并无意识地把这种心理替换成了经济繁荣的美梦。也正是此时，扭转开始发挥作用[①]。

正如图0-1所示，一只手在拽着超越之点，一旦这只手放松下来，社会结构则会一下子坍塌，回复到平板状态。然而，事实上，各种各样的“理想”都在补充着超越之点的缺失，因此直到80年代，社会结构都得以

① 请参考加藤典洋的著作《战败后论》（《敗戦後論》，讲谈社，1997年）。或者大泽真幸的《战后日本的思想空间》（《戦後日本の思想空間》，筑摩新书，1998年）。

勉强维持。日本的“理想自我”是幕末以来一直得以持续的“文明国—近代民主式国家”，并逐渐转向了“全民中产阶级”的意识形态政治。

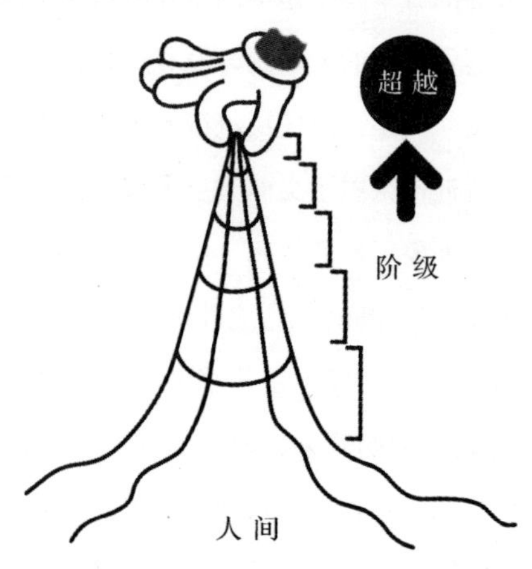

图0-1　超越的权力与世俗社会

那么，怎样才能使得顶点的外壳凋落呢？20世纪80年代中叶，“广场协议”导致了日元对美元持续走高，日本走出了日元升值的困境，而同时泡沫经济也迎来了市场的盛况。地价、股票以日为单位不断上升，日本迎来了“狂欢”般的经济景气。经过了泡沫经济期，随后，美国学者们也开始喊出“日本第一”（沃格尔）的口号。

在某种意义上，这其实意味着日本不幸的开始。其实，日本已经获得了理想的“美国式生活”。并且日本所憧憬的美国，以“不确定性”和“羸弱”的姿态，仍然尚未走出越南战争的后遗症。美国政治曾经承担着“父亲”（超我）的角色，鼓励日本成为“经济繁荣、景气发展、奋进向上”的国家，而此时的美国，倘若没有我们日本的妥协，国家命运都在日益摇摆……

1980年前后，突然间“超越之点消失”了，因此在平面的方格上，逃向“流行的前沿”的游戏开始了。在“理想”越发不确定的大众眼中，不如干脆将注意力放在“棋盘似的平面消费游戏”的“符号”上，试图与他者达到差异化（distinction：通过区别于他人以达到独树一帜）（参见图0-2）。这种差异化的游戏，再加之日元升值对经济形势的影响，从得到授权生产的限定“名牌商品”（Renoma、CLAYGE等品牌）到无数的“进口商品”（GIORGIO ARMANI、范思哲、BOSS……）等，商品走向多样化，相继竞争也随之出现。

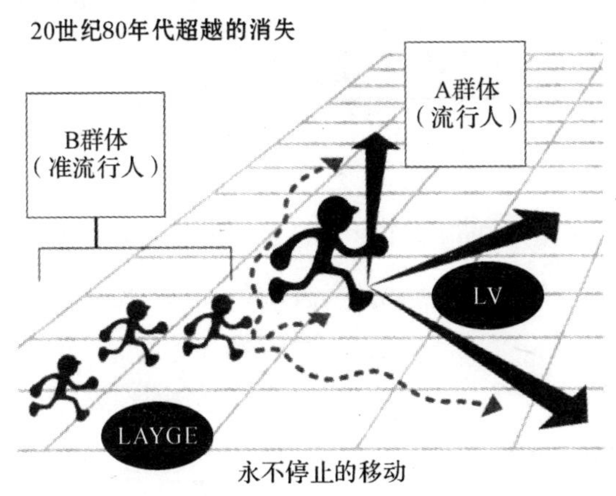

图0–2　棋盘上的消费游戏

图0-3中深颜色所代表的品牌，正如Renoma一样，曾经是“时髦”的代言，然后由于更多人拥有了该品牌的商品（大众化），因此其价值有所跌落，但由于消费数量较大，价格却又提高了。也就是说稀少性（脱离最大公约数）使得当初的消费者得到了“时髦”的必要手段（区别于他人），但是另一方面，流行现象的内核在于大众化（最大公约数化），因此商品最终将会被大量购买（将会有许多人穿）。因此，这里价格的攀升不是由于稀少性，而是因为大量需求所导致的。

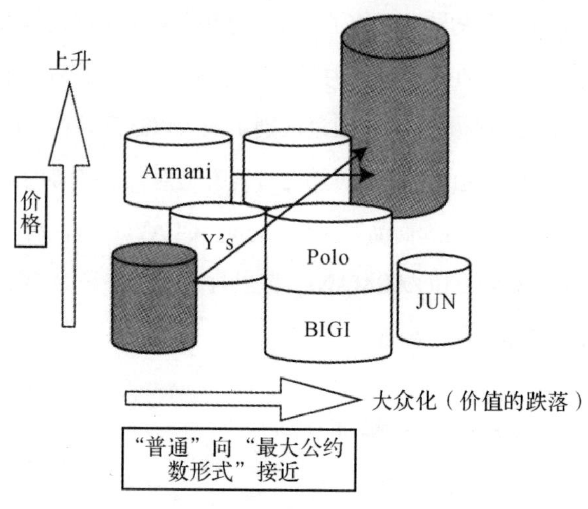

图0–3　品牌的结构

对于在平板化（flat）时代中的逃走游戏，在现在的这一时间点，我们才有事后分析的可能性。因此我们无须心急，下面我将逐一分析各个事件。

“80年代”的神话

在此之前，我们先来思考“80年代”的**表象（image）**。我在这里所说的表象一词，是指其对象像一幅版画一样深深地印刻在了我们的内心，以及社会所共有的“集合式表象”（imagerie）的意思。

而所谓的误解，其实也是集合式表象的一种。为了从语境上更好理解，我这里将解释20世纪法国哲学家让–弗朗索瓦·利奥塔（Jean-Francois Lyotard）的表象定义。提到利奥塔就会想到“后现代”，然而从如此激进的哲学家、政治思想家丰硕的研究成果中选取只言片语，的确有些太过简单化了。然而，某一种研究成果一旦成为热点，并影响到邻近的其他各领域的时候，这种误解往往难以避免。除此之外，利奥塔更偏重的集合式表象概念的形成，也正是出自他20世纪80年代即将开始之时所写的《后现代的状况》一书。这也是解析80年代究竟是怎样形成的，从现状分析的角度洞察时代的一本书。

那么，利奥塔究竟在何处遭到了误解呢？利奥塔称，时代正在朝"后现代"前行，而他对此敲响了警钟，然而世人均认为利奥塔是"后现代"的提倡者或推崇者。利奥塔在那本小小的报告书[①]中所说的，是社会单元（曾经的劳动工会、地区共同体，以及从国家到家庭）的逐渐细分，社会系统共同的基础（比如说意识形态的对立、社会变革等共同议题、道德规范等共同价值观）将会消失，在这种情况下，社会系统则会越发复杂，人与人之间通过讨论而达成逻辑上的一致性则会越发困难。并且，相对较大的共同体论证的公共空间将被取代，无处不在的语言游戏则发挥了作用。我知道我的概括不够严谨，但差不多是这样的论证[②]。

最为知名的便是在这本书的开头，利奥塔称"宏大叙事"已然终结。也就是为了某某主义的革命叙事的终结。我们不再与他者（自己所在的共同体的成员）拥有同样的梦想和目标，而是向着不同的方向前行。利奥塔

① 有兴趣的读者，可以直接阅读《后现代的状态》一书（小林康夫译，书肆风蔷薇出版社，1986年；版权变更后由水声社出版，1989年。原著为1979年刊行）。以利奥塔的议论为基础，还出现了哈贝马斯（Jürgen Habermas）与卢曼（Niklas Luhmann）的论争，开始了德国社会哲学家们的讨论。如果仍有兴趣，还可以参考拙论，《知识与信息》[《复数理论1》（《ポリロゴス1》），冬弓舍，2000年]。

上述利奥塔的著作，中文版译名为《后现代的状态》或《后现代的状况》。——译者注

② 从世界史的观点来看20世纪80年代，核武器的牵制力使得"冷战"开始，虽然消极，但事实上在稳定的格局下第二次世界大战后的"体制"出现了。这一时代又被看作各种矛盾喷涌而出，最终走向瓦解的时代。1979年伊朗革命、两伊战争的开始、美国的撤退，导致中东形势不安稳，80年代就这样开始了。在法国，密特朗社会党政权登上历史舞台。非洲由于旱灾导致许多人由于饥饿而死亡。而在美国，人们烦恼着谷物剩余过多，价格走低。在日本，洛克希德事件走向法庭，媒体报道了战后日本背后不可忽视的"昭和政商"和"右翼黑幕"力量，田中角荣前首相也于1983年由东京地方法院处以有期徒刑。

提出“后现代”的时候，正是世界迎来80年代之时。是的，笔者认为，“80年代”才是（也许是最后的）宏大叙事。我们经常用一句话概括80年代，然而进入泡沫经济期后期的日本社会和1984年之前的日本社会，这两个阶段情况完全不同。并且，“泡沫”的叙事也并非从天而降的，它从战后史的开端便埋下了伏笔，并逐渐缓慢地从1984年转移到1988年。

我们接着来说神话的问题。电视上一旦介绍起80年代，就会出现这样单一的景象，在朱莉安娜东京①等巨大迪斯科的舞池中，女孩子们拿着粉色或绿色荧光色的羽毛扇子（又称“朱莉扇”），一边挥动扇子一边跳舞，她们穿着（展现身体的）紧身的连衣短裙，梳着“一刀切”的短发（是指头发均一长度的发型）。在音乐界，提到80年代，就会想起欧陆节拍（Eurobeat）或是浩室音乐（House Music）等混杂的风格，这些音乐总能吸引人的注意。MTV常见的视觉系乐队文化俱乐部（Culture Club）或是杜兰杜兰（Duran Duran）等，现在来看颇有复古的感觉。

可正如罗兰·巴特（Roland Barthes）所警告的那样，所谓“现代神话”，其实在隐藏某种东西。被隐藏的是什么呢？巴特指出，那就是民族主义问题、社会阶级问题、对少数派的压抑问题等颇具争论的政治问题②。

然而，朱莉安娜东京在芝浦这片荒凉的土地上创建起来是1991年，而非80年代。同时，**80年代也非“泡沫经济文化”的开始**。对于记得那个时代的人而言，朱莉安娜东京其实被看作“泡沫经济文化”时代终结之肇始；而迪斯科跟泡沫景气相关，其鼎盛时期的象征应该是MAHARAJA③和

① 朱莉安娜东京是位于东京港区的一家迪斯科舞厅。——译者注

② Roland Barthes，*Mythologies*，Paris，Seuil，1957.［日版为《神话作用》（选粹），篠泽秀夫译，现代思潮社，1967年］。（中文译本翻译为《神话修辞学》或《神话》——译者注）。

③ マハラジャ（MAHARAJA）是日本80年代的高级迪斯科歌舞厅连锁店。——译者注

AREA[①]。但是，我在这里并不想阐述历史的细节。MAHARAJA和AREA开业之时，迪斯科舞厅还有一定的声望，它是“泡沫经济文化”的象征。然而，这也不过是小圈子的舞厅罢了。就像为了符合着装规定，只要打扮得像那么回事，谁（匿名的大众）都可以参与并体验“有钱人的感觉”。从一开始，在那个空间聚集的大众的匿名性，就是以社会阶级要素的平板化为前提的。

同样是在20世纪80年代中期，一些俱乐部和J-Trip Bar[②]等更加“注重兴趣爱好”的小型场所也收获了人气。当时因舞厅艺术而大火的日比野克彦随后发迹成为艺术制作人，他们向TURIA和KING & QUEEN迪斯科舞厅的金光闪闪的豪华吊灯和大理石地面的风格发起了挑战。六本木本店（又称：六J）老客户和艺人较多，以即兴艺术表演（happening）作为卖点，是非常符合“娱乐场所”的地方。但与此同时，这家店成了许多周末专门从千叶、埼玉赶过来娱乐的客人们的聚集地，他们会在青D（连锁餐厅Denny’s青山店）补个觉，然后一起等待天亮。简单总结一下，泡沫经济期鼎盛之时的人气迪斯科店，在山手线的内侧，并且这些地方往往是搭乘地铁很难到达的深不可测的“中心”之处。相反，泡沫时期终结刚肇始之时，新出现的朱莉安娜东京则位于山手线外侧略显萧条的仓库街。也就是说，这种位置关系的变化，正是时代变迁的象征（本书将使用中心和边缘的概念，反复论述这些问题）。

《金魂卷》（主妇之友出版社，1984年）一书是1984—1985年的畅销书，它是由渡边和博所写的，这一作品也衍生出两个流行语，“㊎”（圆圈富）和“㊥”（圆圈穷）。通过描写各种职业中同职业的有钱人的生活

---

① エリア（AREA）是80年代在六本木地区最有人气的迪斯科舞厅之一。——译者注

② J-Trip Bar是流行于20世纪八九十年代的日本舞厅。它们的特点是不追随潮流使用迪斯科等词，而是冠以bar或dance hall等名，区别于当时大火的迪斯科舞厅。——译者注

和穷人的生活，以及两者完全不同之路，展现并讽刺了生活方式、服装、所有之物的区别。而这本书也正是完美地描绘出了当时平板化状况的一部代表作。

> 解释起来太麻烦了，下面我就把有钱叫作㊎，穷人叫作㊋。㊎的强项是有余钱、很幸福，他总是笑呵呵的。因此，他看上去面善，受到很多人的喜欢。他也跟很多其他的㊎伙伴成了朋友，更加巩固了他㊎的地位。
>
> 而㊋的弱点是，他也想成为㊎。高级的速溶咖啡、美黑沙龙、在原宿竹下通手工定制的川久保玲品牌CDG。这些都是㊋的向往，他向往通过这些㊎的东西而达到逆袭，而这些东西在这个世界上有太多太多。结果，㊋变得越发焦虑，而在㊋的世界里越陷越深。
>
> 麻烦的是，㊎和㊋的人生轨迹一旦开始，就很难改变了。
>
> 曾经的㊋，他们是值得称赞的大众，他们活得堂堂正正。而现在呢，㊋的虚荣成了普遍现象，他们成了没有自知之明的人。（第9页）

简单小结一下，对于片假名的滥用是当时杂志上比较常见的问题，因此，从这种“卡哇伊”的效果来看，便知道《金魂卷》这一作品其实是对当时社会风气的一种戏仿。该书描写了众多当时较为火热的职业（从女播音员、室内设计师到商社职员等）和父亲、女大学生、不良少女等。书中以㊎和㊋的视角描写了众多社会性身份（表象），是一本新颖的幽默风趣的书。在各项之中，㊎和㊋的典型会依照经历、出生地、性格等对比进行分析，再通过时尚风格、兴趣爱好用形象生动的插画来解说。比如说，我们来看“学术新星”这一个项目，㊎的简历上面写着，毕业于京都大学经济学部，喜欢阅读德勒兹，是一位爱好音乐的27岁的青年才俊，他的形象设计中还添加了上衣和鞋子品牌的解说。这显然是以当时引领新学术的

《结构与权力》的作者浅田彰为原型而创造的。而㊢的版本，是一位死读书的研究生的故事（story），他赶上了新宿文化的末班车，迷恋杂志*JJ*里面的女孩，最后还是被女孩甩了，并遭到埋怨——“你太无趣了”。于是他更加埋头做研究，贫穷则又一次追赶上来。

上面我用了“故事”（story）一词，而20世纪80年代的“叙事”的核心正是《金魂卷》。当时的风气是，只要穿上乔治·阿玛尼或是川久保玲品牌CDG，谁都可以体验㊎的生活。虽然这样说是一种玩笑，但仍然有这么一种说法，在宾馆、舞厅或是迪斯科舞厅等各种场所，根据客人乘坐的车的不同，服务员的态度有明显的不同。并不是宝马、奥迪等进口车就一定好，而是**车牌号是“品川”或是“横滨”**的人就会得到热情招待。这听起来像是笑话，但的确是真的。当时有人在港区的汽车销售点买车，申请车牌的时候，特意把经销店写成所有者，把自己写成使用者，从而来伪造车牌所在地。

不管真实的经济差距（以及“文化资本”——我们可以暂且理解为“出身世家”）有多大，在每个人所生活的故事里，服装、包、汽车等东西仿佛可以打破社会阶级，而表象的世界，或者说幻想，才是80年代后期的重要特征。

“80年代”的前与后

人总是容易厌倦，容易遗忘。然而尼采曾经说过，遗忘才是动物的本性，作为有记忆生物的人类（因为会不停地产生内疚、怨恨、嫉妒、妒忌心）往往是不幸的。事实的确如此。但是，从人类创造“流行”的程度来看，人类还是容易遗忘的。也就是说，人们容易将注意力转移到新鲜事物上。正因如此，我们的社会才需要大量的商品，给人们提供遗忘的空间。所以，在19世纪30年代的时候，从法国社会起源的“流行”现象就与市场社会的发展密切相关［资产阶级的沙龙中“actuality”一词的流行、日刊报纸的盛行、零售商店商品展示橱窗所带来的商店的“精品店”（boutique）化、产业的景观（spectacle）化］①。

80年代终结后，紧接着便是90年代的到来。从表面上看，1990年的时候已经出现了人们对于“泡沫”、无脑天真文化的厌烦情绪。事实上，代表“90年代”之文化的出现应该是在1993年前后。所谓的具有代表性的90年代文化要素是“萧条的”“冷峻的”“残酷的现实社会与现实格格不入的自己”等，颇为阴郁。泡沫经济破灭后，经济的持续低迷对雇佣与升学等方方面面，甚至对社会结构也产生了不小的影响，而文化与这些问题息息相关。

学校、公司、家庭中各种问题的应对，同未来的焦虑所奋战的日日夜夜，这些都已然是残酷的现实了。但是人们并没有寻求一丝喘息，而是去观看、阅读、聆听更为残酷的“现实”（类似于现实），以此来忘记忧愁的传媒商品（我们暂解把其称为第三次滞留②相关的象征性的产物）的特点，我们究竟该如何概括称呼它呢？若要举出这种特点的具体例子，其实并不难。

---

① 请参阅鹿岛茂《新闻报王吉拉丹》（《新聞王ジラルダン》，筑摩文库，1997年）、山田登子《传媒都市巴黎》（《メディア都市パリ》，1995年）等。另外，关于这个问题，我也正在准备出版一本概括性的著作。

② 滞留（retention）是哲学家胡塞尔提出的概念，胡塞尔以音乐为例来解释人类认知中的记忆的滞留。通常人在听音和音程的时候，只会听到单独的音或音程。而旋律则是连续的音和音程，人在认知旋律的时候，会想起刚听到的音。胡塞尔将这种认知刚刚过去的音的现象称为“滞留”，而在听旋律过程中认知中的滞留称为“第一次滞留”，在听过旋律以后，在认知中再次浮现的旋律，胡塞尔称之为“第二次滞留”。在此基础上，贝尔纳·斯蒂格勒（Bernard Stiegler）提出了“第三次滞留”的概念，这是因为随着技术的进步，出现了可以录制音乐的录音技术，这样一来，相对于胡塞尔提出的、通过人体内部知觉所达成第一次、第二次滞留，贝尔纳将人体外部的机器所达成的记忆滞留称为“第三次滞留”。如此一来，原本人与人依靠面对面的方式交流，但随着技术的发展，人的交流对象逐渐拓展至人身体之外的其他记忆媒体。——译者注

比如，野岛伸司做编剧的TBS电视剧，就印证了这种时代的气息。我们来看《高校教师》（1993年1—3月）、《人间失格》（1994年7—9月）、《未成年》（1995年10—12月）这三部作品。在制作这些电视剧之前，可以说野岛伸司一直以来都与时代同步前行。1989年“泡沫经济文化”[①]鼎盛之时，野岛制作了一部富士电视台出品的电视剧——《大家相爱吗？》（《愛しあってるかい》、10—12月）。该剧是以“青山”附近的男子高中和女子高中为背景的校园剧。这部电视剧与前一年的《猛龙笑将》（《君の瞳をタイホする！》）一样，都是由阵内孝则主演、大多亮和山田良明共同制作的作品。《猛龙笑将》的背景也是位于“涩谷”的警察局，它描绘的是争夺女主的三角恋故事（事实上是三名男警察官争夺一位女孩的故事），主人公们后续又经历了同居、结婚，可以说这是一部滑稽喜剧类型的无脑电视剧。电视剧片名中“タイホ”[②]的片假名的用法也是当时富士电视台十分常见的轻松活泼的表达方式。《大家相爱吗？》也是学生和老师纠缠在一起的恋爱滑稽喜剧，阵内孝则所主演的老师经常说一句口头禅：“大家相爱了吗？”他总是用刺耳的声音反复地说着。描写邻近的男子高中和女子高中的交流主题十分常见，而这部电视剧原本就反映出了大众想要看到这种桥段的一种欲望幻想（phantasm）。配合着小泉今日子演唱的歌曲《学园天国》，电视剧展现了非常有趣的恋爱喜剧，但另一方面观众不禁担心着：老师到底什么时候工作呢？学生们到底还学不学习了？《猛龙笑将》也是如此。这些电视剧让观众觉得，面对一个案件，警察可以这么耗费精力吗？还有，把案子放在一边，自己沉浸在恋爱中，这样真的好吗？我在之后关于偶像剧的章节会详细论述，这其实是

① 关于“泡沫经济文化”的定义，请参考本书第四章。

② タイホ是“逮捕”的意思，通常日文也写作汉字“逮捕”，这里是特意将汉字写成了片假名。原片名为《君の瞳をタイホする！》直译为，“我要逮捕你的瞳孔”，中文通常译作“猛龙笑将”。——译者注

80年代电视剧的“结构”之一。比如，电视剧中虽然表现“我是一名导游”，但关于工作的内容却在电视剧中毫无展现。每个主人公顶着各种了不起的头衔，照常理讲应当十分忙碌，但他们往往从晚上七点就跟老同学们喝起酒来，每周多次不醉不归，还得忙着谈恋爱。80年代的电视剧就是这样的套路，完全不展现“残酷的日常现实”，只呈现依靠幻想而建立的世界。在警察局、学校这种严苛又强硬的“场域”，这样的故事往往很难发生，然而正是将（非）日常的愉快痛快地“投射”到故事中，这种近似亵渎的反差感才形成了这一时期的特征。

在我们详细论述野岛伸司的三部曲之前，我将介绍偶像剧中一部过渡性的作品。那就是1991年在富士电视台放映的《101次求婚》（7—9月）。这部剧的主角虽然是偶像剧女王浅野温子，但是男主角居然是武田铁矢。他在《3年B组金八老师》中扮演了一个深入人心的老师角色。他爱道德说教，人不帅但心肠好，又十分贴心。那为什么启用武田铁矢作为该电视剧的主人公呢？直截了当地说，就是因为他比较“土”。故事讲述了万年小组长、不起眼的中年人（武田）爱上了一位年轻靓丽的美女（浅野）。这样一来，“50年后，我仍然像现在一样爱你”这句台词就显得格外帅气。编剧应该是特意选取了一个“土味”情话的表白台词吧。这句台词从80年代的电视剧的标准来看的确十分羞耻。

就像相亲节目《道隧红鲸团》①一样，嘉宾要么说一句“今后多多关照”，要么说一句“抱歉”，或是“我愿意”，然后伸出手来示意。不需要太多语言的时代才是80年代。还有就是，主人公相信只要爱是真的，就不会有死亡，比如主人公乘坐在奔驰的货车上，一边伸出一只手一边跳了

① 1987年10月到1994年12月关西电视台的一档相亲节目，原名《ねるとん紅鯨团》，主持人为とんねるず（“隧道二人组”）。节目用“道隧”来戏仿“隧道”一词。——译者注

下去，结果他居然没出交通意外。但问题是，女主人公看到这样的场景，却流下了感动的泪水。按常理讲，正常人都应该大叫："危险，你这是干吗？"然而，女主人公就是被这种"老土"却"真实"的情感打动了。说到1991年，当时"泡沫经济文化"仍是主流。在那个时代，这部电视剧传达了"比起外表和头衔，更应寻求'真诚的心'"。我再说一部作品，那就是次年在同一频道放映的《在爱的名义下》这部电视剧。该剧的主人公是一对大学毕业多年后的老同学，他们再次相会，并相互述说分享着在社会上打拼的种种辛苦。这部电视剧反映了以往不曾描绘的暴力现实。在学生时代，"每个人都不一样，但是大家在一起感情很好啊"，能一起面对困难，然而走出校园后，有的人被工作压得喘不过气，个人的问题也只能独自面对了。除此之外，这部电视剧还描绘了80年代电视剧不曾出现的社会现实问题，渎职、贪污受贿、经济犯罪等。这部电视剧出现于"泡沫经济文化"即将结束的时期，主要角色之一仓田笃最后选择了自杀，而这正象征着日本社会从非日常的、浮躁的狂欢空间逐渐迈向了现实的暴力，或者说它回归到了残酷的现实。

并且这三部曲呈现了更为残酷的、无法止步的现实的暴力。乱伦、强奸、同性恋、霸凌、学校的腐败，还有死亡……在野岛所编写的电视剧里，从主题曲的角度来分析也非常有趣，为了不铺垫太多，我这里仅仅指出一点。正如小泉今日子翻唱的《学园天国》完美地呈现了80年代的浮躁，《高校教师》的剧中用民谣（folk song）和森田童子的《我们的失败》（ぼくたちの失敗）营造了电视剧的氛围。森田童子对于"季节"的感知性，正如坂口安吾"逐渐堕落"的感受一样，是一种与众不同的世界。在树叶缝隙间流淌的春光里，你或许会唱着"看看疲惫不堪的我"[①]？抑或是描绘春天悲伤幻影的《苍夜》（蒼き夜は）中的两个人，

① 这句为森田童子《我们的失败》的歌词。——译者注

唱着“回去吧”“再睡一会儿吧”，或是“这样下去就完了”，甚至“就这样走向死亡吧”。在这时，这种“对于年轻人而言没有希望的社会”，或者“成了失败者”等并无明确依据的挫折感，不可思议地交织在一起。

然而，或许90年代，甚至延长到2000年乃至现在，经济的停滞、社会矛盾的叠加，以及绝望感已然成为十分严峻的问题。1979年的日本赤军劫机事件的最后，“脱政治”的集团转向已经一目了然。这里所说的转向不意味着放弃革命，而是保守主义的从左向右的改变。时代早已经不是糖果合唱团的时代了，而转变为崇尚粉红淑女（Pink Lady）的“卡哇伊”风尚的时代。如果我们把在战后那段贫穷的时期中，在那种不富足的生活环境下，有志之人一同构筑的“理想社会”的时代称为“政治性时代”，那么复兴社会正义和“一流国家”的理想，随着经济的发展被物质的充足所替代了，这个时代，我们也可以称之为“消费性时代”。

70年代后期“漠视”（しらけた）的氛围，出现在政治性时代终结的时期，更为直接的便是60年代末的全共斗运动的悲惨结局所导致的一种“挫败感”。无独有偶，象征“日本奇迹”的伊奘诺景气也在1970年7月结束了。长达57个月的GNP（国民生产总值）年均增长10%的经济发展速度也受到了重挫。这也是大阪世界博览会召开的时期。至此，“战后日本”得到了喘息的时间，也得到了回顾过往的机会。政治、经济两方面的挫折，使得几乎所有国民，无论是主张改革高度经济发展下的体制弊端的人们，还是讴歌并推进高速经济成长的人们，都选择按下了暂停键。

这一年，赤军派由“淀号劫机事件”走向了非现实之路，而三岛由纪夫感叹着国家的堕落并结束了自己的生命。环境问题也在这个时候逐渐出现。然而另一方面，随着彩色电视机的普及率突破50%，我们享受着《整人摄影机》（どっきりカメラ）、《无羞耻学园》（ハレンチ学園）、《到时间了》（時間ですよ）等略带傻气的电视节目。所有的事情一直都

是这样，来的时候十分突然，然而消失的时候却是一点点逐步散去。它就像是一个亡灵，而时代就像是在亡灵同未来的争斗中不断前行。

20世纪70年代的年轻人就像“三无主义”（无力气、无关心、无责任）的叛逆之子，但他们既不是突然出现的，也不是一起出现的。左翼运动逐渐呈现小规模的趋势，然而，联合赤军的浅间山庄事件以及东亚反日武装战线的爆炸斗争等运动不仅被当时的媒体大肆报道，而且直至80年代仍然持续着（三里塚斗争等）。然而，另一方面，社会就像当时的“跑车热”现象一样，开始做起了未来的美梦。就这样，过去同未来相互纠葛，相互牵制。可以说，时代的确在凋零。但“未来”却又是充斥着美食、购物、休闲等，以消费欲的各种形式来到我们面前。与之相比，我们在当下，没有了过去的挫败感，而是一直在等待不会到来的未来，也就是说，我们面对着对无法预料未来的焦虑的紧迫感和无力感，这种双重感受就像是没有岸的沼泽地，我们则在里面盲目地游着。

表1　按年代划分的比较：正面评价的人格、对象以及负面评价的人格、对象

年代	70年代	80年代	90年代
+	普通/冷漠 诉说	轻佻浅薄	认真/冷漠 沉默
–	认真/轻浮 沉默	认真/阴郁 沉默	热情 轻佻浅薄 诉说

那么，笔者称90年代为“萧条的/冷峻的”文化，其象征性的作品还可以举出下面的例子。樱井亚美[①]之后的一些种类的小说、cocco[②]的身体伤痕的歌唱、北野武电影的走红等。除此之外，还有一部作品，岩井俊二导演的《关于莉莉周的一切》，虽然是2001年上映的，但这是一部完美地展现了这一倾向及氛围的作品。

① 樱井亚美，日本小说家，1996年以《无辜的世界》出道，出道起作品多描写十多岁的少女，*Made in Heaven*（2001年）之后，小说主人公的年龄设定和职业设定逐渐丰富起来。

② cocco，活跃在90年代的日本女歌手。

前面我简单地提到了本书的主题可以简化成这样一个问句：你是听杜兰杜兰（Duran Duran）的音乐还是选择浩室音乐（House Music）？也就是说，20世纪80年代需要被分开来看，一面是前期的“混沌时代”（1984年以前），一面是平淡无奇与奢华高调相斗艳的“泡沫经济文化”期（1986年以后）。在前半期，战后的政治、经济、文化等方方面面，以及作为日本人这一身份认同上的诸多矛盾一起涌现，并草草收场。这个时代也是“暴走族”以及“校内暴力”横行的时期。同时，从80年代末到90年代，战后的“断绝期”走向了“泡沫经济文化”，并经过了转型期（1986年到1988年左右），流行音乐中出现了采集音乐、制作音乐、电子合成器音乐，除此之外，在录音制作方面，电脑技术被大量投入使用，同时歌曲的翻唱以及引用逐渐增加，就这样，“平板时代”到来了。

第一章　原宿——“80年代”年轻一代的狂欢空间

1980年，山口百惠隐退，松田圣子出道。那一年是经典偶像形象与不良少年的偶像形象新旧交替的时代，也是日本汽车生产数量荣登世界第一的一年。我在序章已经有所论述，在脱政治化的消费社会中，年轻一代急速地转向电视、杂志以及信息媒体。哪怕是在咖啡厅跟朋友们侃侃而谈，媒体都承担了提供周边生活环境信息的职能。电视上元气满满的搞笑艺人和偶像，其实只不过是社会的表面现象罢了。这一年，在漫才①热的喧嚣之中，也出现了这样的事件，20岁补习学校的学生用金属棒球棒杀死了熟睡的父母（当时社会还在宣扬，在我们这种牧歌般的时代中，这种杀害父母的事件是极少数的例外）。一方面，媒体积极引导一种社会性的流行；另一方面带有负面价值观的信息则被忽视了，比如为何我们的社会会出现这种“不得志的补习班学生”。这些问题逐渐成为社会中隐藏的阴影。

我们再来看年轻一代的文化。在从20世纪70年代到80年代的过渡期中，“应试考试的竞争”和暴走族、校园暴力等“反社会”行为，与组成社会的年轻一代形成了鲜明对比，因此社会出现了同一时期的“双子”现象。新时代的到来，使得生活的“环境”（同自己息息相关的经济、社

① 漫才是日本的一种站台喜剧形式，类似中国的对口相声。

交、劳动、将来的种种抉择等各种条件）发生了翻天覆地的变化。也正因为如此，一直无法适应新环境的一部分人出现了，而权力阶层想要清除这些人，因为这些人是威胁了他们作为“主人”地位的“绊脚石”[①]。

“竹之子族”的出现

1980年，年轻一代的街区——原宿出现了许多身着粉色或黄色浅色系的手工制衣服的人，在步行街跳着舞。他们的衣服并非高价的物品，但他们的衣服颜色质地鲜艳、手工缝制得也十分简单，他们脖子上还戴着一些“亲子体验活动”教室中常常用作装饰的金色银色的彩带。挂在胸前的名牌、小玩偶、徽章等夸张的装饰，再加上一双朴素的布鞋，这产生了极大的反差。还有许多人戴着墨镜，这在当时是十分与众不同的。因为这些年轻人喜欢的时尚服装店是位于竹下通的“竹之子精品店”，因此NHK（日本广播协会）将他们称为“竹之子族”。这些“竹之子族”还在代代木公园到表参道之间的街区（原宿放射23号线）跳着舞。对他们来说，这些步行街不仅仅是和朋友们相聚跳舞的场所。与其说这是一个场所，不如说是“大放异彩”的舞台，因此有些人甚至会特意坐电车来围观。在这里，男性也会画上眼线、眼影，穿着三原色的日式短褂外套样式的披风（绸缎质地的连体衣通常价值3000日元左右）闪闪发光，跳着芭啦芭啦（Para Para）舞。在“竹之子族”中还有人成了电视偶像。1981年借由歌曲《E心情》（E気持ち）而大火的冲田浩就是其中的代表人物。但是这种情况只是个例外，对于大多数年轻人而言，在步行街跳舞，他们的穿着和舞蹈

① 这种状况一直延续到从1984年到1986年的过渡期。田村研平曾指出，“在过渡期中，消费和文化的平衡被打破，因此很难摸清新兴的大众形象”。他称80年代前期为“后战后期”。（《“新人类”与“全共斗”世代》，《新人類と全共闘世代》，*Voice*，1986年5月号）。

是为了表演给现场观众们看的①。

“竹之子族”通常是在学校中途退学的，或是无法适应学校、职场的一群人。他们中的大多数人的动机都是通过舞蹈和衣着来同自己“兴趣相投的伙伴”相约于每个周日。“梦英琉”“流紫亚”“不恋达”“龙虎舞人”“雅莉格丝”“安德里斯”等等，每个小组的成员之间的团体意识十分强烈。“竹之子族”小规模活动的出现始于1979年，而80年代中期在同一地点出现了“R&R族”。“竹之子族”通常喜欢引人注意的迪斯科舞曲（“Loving You Baby”“Dancing Sister”“Hello Mr. Monkey”“I Like Your Love”等旋律十分流畅的、在当时被称为Candy Pops的音乐）。而“R&R族”的原点则是五六十年代的Oldies的音乐风格，扭动脚踝和腰，并抬起脚，跳着摇滚乐式的舞蹈。他们的装扮也是50年代的复古风，复古飞机头、皮革上衣、牛仔裤或者马尾辫、裙摆很大的长裙，跟随着比尔·哈利（Bill Haley）、查克·贝里（Chuck Berry）、胖子多米诺（Fats Domino）的歌曲一起舞蹈。

然而，在“竹之子族”和“R&R族”内部，即便不属于同一个派系，人与人之间仍然有一种“同一集体”的意识；相反，在“竹之子族”与“R&R族”之间，二者虽然在同一空间活动，但他们相互对彼此毫不关心。他们并不是敌对关系，只是对彼此毫无兴趣。

有关“竹之子族”，有一部十分优秀的纪录片——NHK《原宿24小时》（《年轻的广场》，1980年），我们借助这部纪录片来倾听聚集在原

① 关于“竹之子族”的服装，还有以下这样的描写。“他们的风格也许可以说是先锋派日本主义，日式袴、灯笼裤上面穿着像披风的上衣，头上戴着发带或者蝴蝶结，再画上一个十分有存在感的妆容。这就是最为经典的造型。当然大体上也可以分为几种派别，啦啦队派、美国50年代复古连衣裙风、偶像仿妆风。这些风格共同的特点就是拉风显眼和廉价感。原宿成了‘用较少的钱就能买到时尚尖端服饰’的地方。与‘竹之子’现象相得益彰的是，原宿街头风使得这些有魅力的商品牢牢地俘获了当时少男少女的心”。生驹芳子，《80年代东京的时尚进化论》，伊藤正幸等，《80's（八十年代全验证）》（《エイティーズ“八〇年代全検証”》，河出书房新社，1990年）。

宿的年轻人们内心的声音。

负责采访的小分队是纪实文学作家中部博（当时26岁，比新人类[①]、泡沫经济世代较早的一代）和作家川上庆一（当时30岁，属于后团块一代[②]）。中部为了弄清“竹之子族”出现的文化背景，采访了当地的商业街的人们、时尚产业，甚至还采访了警察，他通过采访来探寻“社会如何看待”原宿年轻一代的文化。川上与“竹之子族”和“R&R族”并没有太大的年龄差距，他采访了这些聚集在原宿的年轻人。他出于“无法理解”这些人的心理，想要探寻当事人的想法。他们的分工十分明确。节目主要分为几分钟的导入部分和正篇部分。导入部分所介绍的中部和川上两人的采访立场对于纪录片的构成和每一个场景（基本上都是采访）的设定和意义都起了非常重要的作用，有关这一点我后面会继续论述。

“竹之子族”的舞蹈通常被称为芭啦芭啦舞。这种舞起源于20世纪70年代末的迪斯科，即根据不同的音乐习惯性地做着“固定的”动作，大家随着音乐跳着一样的舞蹈。他们会根据箱子（迪斯科厅）的不同而选择不同的动作。在原宿街头，不同团体的动作有所不同，同时，地区不同，舞蹈动作也不太相同。但原则上，在同一个舞池，大家要跳整齐划一的舞蹈。摆动双手，一只手举高并往左右晃动，在歌曲的副歌部分也是舞蹈的高潮，手部动作变得多且复杂。“竹之子族”的成员们需要参与迪斯科舞蹈，参加原宿街头的团体，并定期跳舞，如果独自学习舞蹈，许多动作会“设计”得不容易上手。也就是说，他们之间其实形成了一种常客一般的身份认同（伙伴意识）。迪斯科主要集中在新宿的B&B、New York・New York、XENON等被称为“冲浪迪斯科”的地方，那里聚集了年轻一代。

① 80年代后期流行的一个词，指的是新感性及新价值观的年轻一代，仿佛是新的人种，因此被称为新人类。（参考《广辞苑（第四版）》，岩波书店）。——译者注

② 通常指的是1950年到1959年出生的一代人。——译者注

除此之外，在“冲浪迪斯科”，他们不会给客人会员卡，许多店铺会设计独创性的钥匙扣发给客人，因此这也成为常客的身份认同的一环。

在芭啦芭啦舞蹈出现之前，20世纪70年代的迪斯科流行着这样的舞蹈，两三人（同性居多）在迪斯科舞厅面向一面巨大的镜子，跟随美国黑人的R&B（节奏布鲁斯），一齐往左右前进并重复，并走向镜子再回来。在80年代中期的时候，迪斯科芭啦芭啦舞已然被看作落伍的舞种了，甚至有些店会禁止这种舞蹈，而大家会各自跳着各自的舞步（然而，到了90年代，芭啦芭啦舞又一时性地流行了起来）。

在“竹之子族”之中，有些人原本跳迪斯科，但由于夸张的衣着和芭啦芭啦舞被禁止，他们就被迫离开，甚至放弃了原来的街头场所。迪斯科要搭配的音乐被称为Hi-NRG，而到了80年代后半期，逐渐被称为欧陆节拍（Eurobeat），它营造了一种“狂欢式的氛围”。

NHK《原宿24小时》——“巴里巴里”的身份认同

让我们回到采访“竹之子族”的川上。川上采访了一位男孩，这位男孩对自己妹妹的化妆颇有兴趣，于是他也在原宿的街头化起了妆。川上问道：“化妆有意思吗？”“并不是有趣……化妆能改变自己。”男孩回答道。他用蓝色的眼影勾勒上眼线的轮廓，再涂上大红色的口红。对于“竹之子族”来说，引人注目的夸张的妆容才是胜利。川上又采访了另一位女孩，他问道：“为什么要穿着夸张的衣服？”女孩回答：“那自然是想让别人看见。”是的，“竹之子族”跳舞、打扮、来到原宿，是为了“让别人看见”。我这里所说的“来到原宿”的意思是，在这里聚集的少男少女不仅仅是社会结构组织（学历、就职）中被边缘化的一群人，在地理上，他们中的大多数也住在埼玉、千叶以及东京郊外。只要问，“你为什么来原宿”，大多数人会回答，“来到原宿，感觉一周积攒下来的压力都能解放”，或是“因为有意思啊，我一直盼望周日”。也就是说，他们来到这里能够排解日常生活中的郁闷，在“周日”这个时间，在“原宿”这个解放区聚集，对他们来说就像是一种重要的狂欢。

这部纪录片伴随着佐藤雅一（亚井咏一[①]）温柔的歌声——“你喜欢新宿吗？”（はらじゅく好きかい～？）的开始（“我带着爱意问候那些不被眷顾的人啊/为那些太过诚实而又愚笨的人而歌唱”）。这首歌与其说是前卫的流行音乐，不如说是20世纪70年代的爵士式的叙述型歌曲。配合歌曲出现的是4点半的清晨，国铁始发列车开出原宿站的景象，随后，终于出现了定场镜头，纪录片开始了。然而，场景并不在原宿，而是郊外的街道，埼玉县北本的田园风景。一位叫作弥生的15岁的女孩快速地迈步向前，身边是农田，镜头聚焦到了她的身上。她身着一件浅粉色的连衣裙，胸前戴着蝴蝶结，肩膀上还有白色蕾丝领。她行走着，手上拿着“竹之子精品店”的纸袋子和录音机，纸袋子中装的是在原宿跳舞用的衣服。字幕解释道：“周日上午十点，弥生走出了家门。”从高崎线北本站出发达到原宿大概要一个半小时。下一个场景，弥生已经加入“竹之子族”的大军。她身着黑色镶着白边儿的长裙，还戴着发带。并且，她与许多人一样，在脖子上戴着金色的闪光彩带。

川上问道：“‘巴里巴里’是什么意思？”弥生这样解释道：“嗯……巴里巴里嘛，就是最棒呀，超开心呀，这种意思……比如可以说想跳舞的心情十分巴里巴里。”就算把“巴里巴里”这种印象式的词语改成“最棒”“超开心”等说法，也很难向无法与这种经历产生共鸣的采访者传达这种意思。然而，川上立刻就用起了这个刚学会的词语，他一个接一个地问着：“怎么样？巴里巴里吗？”没一个年轻人回答“嗯，巴里巴

① 原文为亚井永一，经译者确认，疑为错误，应为“亚井咏一”。——译者注

里”，只是回应道，“嗯，挺开心的”。为什么会这样呢？因为“巴里巴里”就像是一种slang/argot（俚语/隐语），它像是一种暗号，属于同一种身份认同的伙伴之间的用语，因此他们直觉地发现川上的说法有一种“与自己不一样”的感觉，因此不应该回复。川上其实更像是来原宿观看“竹之子族”的“观众”。一位来看热闹的大叔（战中/战后派），戴着草帽从池袋赶来，这是他第二次来。他原本是来看原宿年轻人的，但看了之后，他说，“感觉不太好”。于是川上问道：“大叔您这个年纪的时候在做些什么呢？”大叔回答道：“嗯……还在学校呢。早一步的人都到了进航空队或是幼年学校[①]的年纪了，现在的孩子真幸福啊，能做自己喜欢的事儿。”[②]

那么，他们为什么聚集在原宿呢？川上就这个问题采访了一位看上去15岁左右、戴墨镜的女孩，她说出了大多数人都会给出的答案。

女孩：“我的朋友们也在玩，我是他们叫来的。”

川上：“怎么样，来了之后觉得有意思吗？”

女孩：“有意思，而且能交到朋友。”

川上：“还是想要引人注目吗？”

女孩：“是的，想得到关注，**想成名**。但很难吧。”

---

① 幼年学校指的是日本为了从幼年培养干部将校候补所设立的全住宿制教育机构，创立于明治时期，学校募集十三四岁的男孩入学，学习三年后进入陆军士官学校预科继续学习。

② 本书的论述部分（非理论）许多采用了本土方法论（ethnomethodology）的手法。除此之外，笔者的专业之一是语言样态分析（话语分析），我认为将来的研究应当引入会话分析的成果。然而，本书仅关注了在说话中语言的语义学，并没有从形式的视角（从说话停顿之中解读问题等方法）来分析connotation（言外之意）。

图1-1　“竹之子族”的舞蹈

“摇滚一族”身份的意义

“竹之子族”出现不久之后，“摇滚一族”随之出现，他们是一群忠实于模仿洛卡比里（Rockabilly）的群体。从视频中可以看到，他们中的一部分人身着特攻服（暴走族集会后“暴走”时所穿着的衣服）。如果说“竹之子族”是一群具有新倾向的软派，那么“摇滚一族”就是正统的不良一族，同时他们这一群体又比较好融入。比如说，他们的一种具有代表性的、莫名其妙的时尚就是把带刺绣的长款钱包放入裤子后侧口袋里。

然而，“摇滚一族”聚集在原宿的理由同“竹之子族”的理由是一样的。也就是，他们想要逃离“学校化社会”。

下面是一段访问一位“摇滚一族”女孩时的对话，略有些冗长，还请见谅。

川上：“你多大了？”

女孩：“嗯……16。”

川上：“是高中生吗？”

女孩：“嗯嗯，已经退学了。”

川上：“为什么要退学？”

女孩：“嗯……因为没意思。”

川上：“为什么觉得没意思？”

女孩：“嗯……因为周日跟大家在一起当‘摇滚一族’更有意思。”

川上：“但是啊，你周日来当‘摇滚一族’，平时都怎么过的呢？”

女孩：“嗯……平时就在家听摇滚乐啊，很有趣。”

川上：“哎？那就是说你现在什么都没做呗？”

女孩：“不是啊，我在工作。我平时要是去学校的话，就要扎马尾辫，头发也要染成黑棕色，还得戴个头绳。”

川上：“去学校的话，会被老师批评吗？”

女孩：“是的，老师说不可以这样打扮。”

川上：“所以你就不上学了吗？”

女孩：“不，其实也不是这样的。我只是想去学校时能自由地打扮，但是老师说不可以。”

川上：“那现在退学了，你觉得怎么样？”

女孩：“嗯，每天打扮成自己喜欢的样子，每天当个‘摇滚一族’，特别开心。”

川上：“你从没为退学而后悔？”

女孩：“从没想过。”

川上：“真的从未想过？”

女孩：“因为比起跟学校的朋友在一块儿，跟夜晚的朋友在一块儿更有意思。”

川上：“你有对象吗？”

女孩：“我，我不知道。”

川上：“唉？”

女孩："我不知道。"

川上："不知道？自己有没有对象不知道？"

女孩："我有喜欢的人。也是我们一群人里的。"

川上："也是你们一群人的？那你们肯定亲过了吧？"

女孩："手都没牵过。"

川上："为什么呢？"

女孩："嗯，因为害羞啊。我们只是一起跳舞很开心，见到那个人也很开心。"

学校工厂中的腐烂的橘子

1980年（昭和五十五年），《3年B组金八老师》第二季，这部以"校园暴力"为主题的电视剧播出了。这部作品堪称经典，当年的许多观众，以及重播之后新一代的观众心中都有许多难忘的有名桥段，那就是剧中说到"腐烂的橘子"的场景。

当时是校园暴力横行的时代。报纸上曾多次报道有人用棒球棍打碎学校玻璃的事件。校园暴力以及暴走族的争斗随后有所缓和，但那已经是1986年的事了，首都圈农村终于出现了校园暴力减少的趋势[①]。

社会急速地向消费社会转变，在时尚界，设计师品牌［当时把山本耀司以及川久保玲的时尚系列（发展出了乌鸦一族、乞丐服的潮流）叫作设计师品牌，把PERSON'S、ABAHOUSE等通过统一的室内装潢所展现的"卡哇伊系"叫作特色品牌］十分火热。在硬派意味着非常"老土"，连说起来都觉得"不愉快"的时代，应试考试竞争愈发激烈，"学习→（好

① 同年，千叶县西北部的某一个街角的保龄球中心，有一群对峙的少年团体，拿着金属棒球棒打群架，这一事件被报纸曝光。第二天早上，再去现场的时候，只看到空旷的停车场和斑驳的血迹，仿佛预示着某一个时代的终结。

的）大学→（好的）就业”的理想化的生活方式逐渐普遍化，随之出现了众多无法适应环境的人。当时许多的不良少年，放弃了以往的“新式复古”的（New Traditional）、工装服的硬派路线，开始穿着竹下通独立品牌糖果色系的衣服，或是一些特色品牌。那个时代是“痞坏感”逐渐走向“卡哇伊”风格的时代（东京迪斯尼乐园于1983年，即“‘后战后期’的元年”，正式开园）。那些殴打老师随后进入未成年管教所的人，还有那些故意制造噪声并骑着中型摩托车闯入校园的人，他们也许是对那个时代的最后的抵抗者。普通家庭达到了小康水平，他们拥有较高的生活水平和地位，以及死守安稳的守财奴一般的个性，因此他们希望“清理街区”来强化治安管理，这个情况同米歇尔·福柯分析的18世纪后半期十分相似。

《3年B组金八老师》讲述的是前不良学生加藤优从荒谷二中转学到樱中的错综复杂的故事。电视剧中，加藤的台词“我才不是腐烂的橘子”从此家喻户晓。加藤与以前学校发生了冲突，随后金八老师去了警察局，金八老师说，我们不是在栽培橘子或制造机器，我们培育的是人。在当时，人们喜欢把“人”比作橘子。干净又新鲜的橘子和同样干净新鲜的橘子被放在一个纸盒箱里，腐烂的橘子会使得别的橘子腐烂，因此需要被拿出来，这就是当时的逻辑。而象征传送带式学校社会中被排除的人的，也许正是竹之子族。

“不良”的社会方言

同现在的不良少年相比较，无论是刚才所提到的“摇滚一族”的女孩，还是原宿街头的男孩女孩，他们的遣词用语都十分有礼貌。然而，当时还存在着许多社会方言，比如“打起精神”（ビッとしちゃう）、“巴里巴里”（バリバリ）等等，我们也来思考一下这个问题。

在日语中夹杂着许多“年轻人用语”。然而，“年轻人用语”中，比如在句尾加上“之类的啦”（みたいなー）来缓和语气（这也是20世纪80年代用语），还有“完全OK的啦”（全然OK）等等，主要都是大学生（包含一部分市中心的私立高中）所使用的语言，就像后者逐渐被许多人使用，“年轻人用语”也存在方言的情况，它的使用根据地区的不同而有所不同。而“卡哇伊”一词如今已经全民皆知了，但也有一些词语是局限在某一年龄层的社会方言。

“社会方言”的假定的定义如下。“社会阶层（职业、教育水平、年龄、性别）的语言差异，也是个人、集团的社会身份认同的指标”。其中，词、词组、句子、词缀等语法要素自不必说，在会话中所使用的特殊符号也被称为社会方言。也就是说，社会方言包含下面四个意思，“行话”（通用语：主要是职业集团中的内部用语、专业用语）、“slang/argot”（俚语、隐语：在封闭的小社会团体中所使用的说话方式和语言）、“日常语言”（口语）、“脏话”。

严格来说，“日常语言”指的是在放松的氛围（亲密的圈子）中所使用的语言，它不同于公共语言（敬语等），也与书面语有所不同，在这个层面上，它不应当被看作社会方言的下属部分。与此同时，与“日常语言”相同的是俚语，它是关系到语言使用水平（从俗语到敬语的等级）的一个概念，因此我们在这里只论述“年轻人用语”，而不讨论这些问题。那么“年轻人用语”所包含的标记性可以用图6来表示。

表1-1　语言的社会类型与使用范围以及对年轻人用语的影响度

	中心/边缘	内部	社会阶层（教育）	对年轻人用语的参与度
行话（通用语）	/	+++	++	+++（自上而下型）
俚语、隐语（俗语）	———	++	———	++
日常用语	/	+	+	———
脏话	——	++	——	+

（“+”为影响度大，“—”为影响度小，“/”是指不相关）

原宿“场域”的复数性以及语言使用的关系

表1-1表格项“中心/边缘”的意思，我将在后面的章节详细论述，它指的并非简单的地理性关系。所谓地理性关系，是指以东京为中心，神奈川、千叶、埼玉为边缘的一种思考方式。本书将这样的地理性关系看作一种“topos”（位置），并将其看作“geographia”或者“地理关系”等相关名称。与之相对应的，比起社会构成体中的位置关系，更为抽象的“相位”是一种“thesis”（通过与其他事物的位置关系而规定的立场）。广义来说，“社会关系”也是一种“相位”。更进一步说，在涩谷站和代代木站之间，从明治神宫到表参道的一条街就是原宿，也就是说“地理关系”并不一定是自然之物，它是都市形成和行政划分造成的日常生活中实践的场所，我们可以将它看作“nomos”（所在之处）来思考这一问题。然而，年轻人所向往的“原宿”并不是这样的地理关系，而是对于他们而言“周末去了便可以参与狂欢”的一个场所、一个事件发生的场域，也就是“chora”（处、场面）。我这里之所以使用希腊语，是因为这么做可以粗略地将多个“场所”的概念区分开来，并突出日常日语中“场域”的多义性，这样的用语应该可以带来一种新的思考方式。

我们回到表1-1，“内部”指的是，在团体之间，这种更小的人际关系中语言使用的可能性。也就是说，大学中我们使用的“论证”，哲学学科中我们所使用的“辩证法”等，这些都是专业术语，是学术圈中的用语；就像学生间会使用“活社”（イベンサー：活动、社团）等词，在寿司店会把茶称为“あがり”，把生姜称为“がり”；在娱乐圈还有“ピン”（漫谈，指的是独角戏或一个人登台表演的艺人）、“ゲーマン”（五万日元）的说法，也就是说这些词原本是在手艺人、艺人之间内部流通的行话。如此一来，跟“我是不是帅呆了”（オレってさ、かっこいいじゃん！）这种“日常用语”相比，其适用范围更加狭窄，多在伙伴之间使用，与“站街”“饭场”[①]（都在收入不稳定的职业间使用）这种行话相比，这些词语同社会阶层相关度较低。俚语（隐语）则多集中在青少年的年龄层，使用的年龄层有限［年轻人用语，比如警察曾经又被称为“マッポ”，在法语中还被称为“poulet”（鸡）］。同时，这些词语又被看作不良少年的用词，因此在社会上一般被视为包含消极的意思。另一方面，在日常用语和脏话里，［“孙子，老子干死你”（てめえ、ぶっとばすぞ！）］这样的说法与年龄无关，因此它和“年轻人用语”的相关度较低。

那么，我们所讨论的“巴里巴里”一词，不仅在“暴走族”、失足少年、少女的圈子里得到了广泛的应用，也是原宿“竹之子族”以及“R&R族”的用语。也就是说，这个词既是行话，又是隐语，也是一种脏话。关于这个词的起源有许多种说法。其中之一是来自歌手横滨银蝇，他的许多歌曲唱出了“暴走族”以及向往“暴走族”的“流里流气少年少女”的心

---

① 原文“立ちんぼ”，指的是一直站着的人，通常指的是从事风俗行业或贩卖毒品行业的人群。原文“飯場”原指的是日本矿山工作的工人吃饭、住宿的地方，现在引申为休息、食堂的意思，但包含一种脏乱的否定的含义。——译者注

声，他于1980年发行了唱片《搞死》（ぶっちぎり）而登上歌坛，瞬间获得了众多人的支持。次年1981年（“数据时代的开始”），阿拉丁乐队[①]发布了《完美无缺的摇滚帮》（完全無欠のロックンローラー），用演歌的、浪花调[②]的形式演绎了摇滚，他们一面梳着飞机头，一面说着台词，“老子是不是十分巴里巴里？”因此“巴里巴里”一词就像“踩足”（油门）、“搞死”（其他的摩托车）等用法一样，是源于“暴走族”的一个词语（这个词的发音让人联想到拆掉消音器的摩托车的引擎声音）。除此之外，由于“竹之子族”和“R&B族”也常常使用“巴里巴里”一词，因此这个词语得到了广泛的传播。而另一方面，经常放在句尾的“（那么）指教了”（そこんとこ、ヨロシク）的说法，也是“暴走族”比较熟悉的短语，然而“R&R族”有时会用这个短语，而“竹之子族”却很少使用。

“暴走族”的“集会”像是一种秘密结社，只在内部的伙伴之间进行，而“竹之子族”亦是如此，原宿是他们的一种解放区。因此他们都不理会观众的存在，正因如此，当有“同自己不一样”的人突然问道，“你们巴里巴里吗？”时，他们之间使用的词语其实并不意味着相同的暗号。在这里，采访人川上几乎毫不在意地、不断地以一种高压姿态来询问，其实起到了纪录片的一种无言作用（connotation：以一种包含的意义），反而起到了非常重要的效果。

从人称代词来看《原宿24小时》的视点

在本篇开头的导入之处，川上和中部就采访的方向进行了交谈，在交谈中已经看得出二人的观点有所差异，这也形成了绝妙的碰撞。

---

① アラジン是活跃在20世纪80年代的日本乐队。——译者注

② 浪花调是日本民间说唱故事的一种形式，由三味线伴奏，分为说和唱两个部分。产生于江户时代，明治后逐渐兴起的一种表演形式。——译者注

中部："这次呀，我们负责采访原宿，我呢，看到这么多**年轻人**聚集到这里，好像一个大广场呢，我也感受到了自由的气氛。但是，这种事情呢，不一定能够长久，也许马上就会消失，只不过是昙花一现吧。其中的能量，**我们也不好给一个肯定的评价**，也许就会像泡沫一样消失了。然后呢，又出现了各种各样的、许许多多的现象，但感觉不过如此而已。"

川上："大部分的广场的聚集都很难持久啊。所以啊，这回到底会怎么样，我觉得我不是很懂做这些事儿的**那伙人**的想法。嗯，我也觉得他们不会长久，虽然是这么想的，但我还是想要亲自采访这伙人，并得出一个我自己的答案。"

中部："我就是在这个意义上想要思考一下啊，他们究竟能够持续多久，也就是说，周围的这些成年人呀，还有管理的人啊，从可能性的角度究竟能不能让他们持续下去，我想思考这个问题。"

二人的态度一目了然，中部把"竹之子族"看作一种能量，一种年轻人所形成的新的形态，并想要探寻这种形态的可能性。而川上则并非如此，从他的遣词中（"那伙人"等等）可以看出，他把"竹之子族"看作"无法理喻"的事物，并且他带有一种与之存有代沟的心态，与他们产生了一种距离感，并以一种俯视的姿态来看待他们。中部的遣词用语，就是一个典型的知识分子。然而，川上虽然也同样使用了"我"（僕）这一知识分子一般的礼貌性的第一人称，也是象征着职业自由的第一人称［日语"僕"的这一常用语，倘若在文字和电视媒体中等各种工作场合（非日常的）使用，就会有一种倒错般的行话的感觉］。但是从节目的采访来看，川上的视角是一种“体育精神”[①]或者说“体育比赛”性质的。比如说，在采访弥生的时候，川上问道：“为什么每周都加入‘竹之子族’来跳舞呢？”弥生回答：“比如说，我明天也许就死了。”（今后不知道会发生什么，但是我想尽全力享受当下。）而听到弥生的回答，川上怒气冲冲地打断了她，并说道：“说什么呢？还说什么死不死的话？我们年轻的时候，一直想要体验更有意思的东西，还有很多梦想呢。”

那么，川上在导入部分所说的“那伙人”，我们倘若把这一词换成较为委婉的说法，就是“他们”。“他/她”以及“他们”这些词正像莲实重彦在《反“日语论”》中所指出的，是“疏离感的代名词”[②]。对于“我”/“你”的这种面对面交流，“他（们）”只不过是第三者，是“外部”，是其他人。倘若自己明明在场，而却听到其他人用第三人称来谈论自己，比如“他喜欢漫画吗？”或者，“她去美国留过学吗？”等等，我们能够感受到一种距离感。在保持了这种距离感的同时，以一种冷漠的视线来注视某一对象的时候，就会使用到第三人称。

除此之外，语言是一种很奇妙的现象，在“竹之子族”和“R&R族”中，他们互相之间经常使用“巴里巴里”这样的暗语，这些暗语正像是他们穿着的时尚的服装一般，起到了“展现自己”身份认同的一种装饰的作用，另一方面，暗语更是表明了与内部和与外部之间强烈的团体意识。

作为“地理关系”的原宿，或者是作为“相位”的原宿，长久性地成了年轻人文化的聚集地。1970年左右的原宿，也是边缘化的年轻人所聚集的场所，但作为社会关系的这种“边缘”的含义是与80年代有所不同

① “スポ根”是“スポーツ根性”的缩写，原指的是20世纪六七十年代在日本流行的一种动漫类型，也就是在体育的世界，通过忍耐和努力来打败对手的主人公成长的故事，这里用来指代像体育精神一般的性格。——译者注

② 莲实重彦，《反“日语论”》（《反＝日本語論》，筑摩文库，1986年，124页）。

的。换言之，1970年前后的“雷族”，是有钱人家的公子哥、败家子、败家女，原宿对他们而言，是摆弄高档玩具摩托车的场所。他们是在经济上较为富裕的阶层，他们居住的地方也是一流的高档住宅。也就是说，1970年的原宿的年轻人是“主动选择”边缘化的一群人，他们才是真正选择追赶潮流的、有闲暇而因此选择了成为不良少年的一员。而在这一点上，80年代与70年代截然不同，80年代聚集在原宿的年轻人是在“学校化社会”的系统下被排除的一群人。聚集在原宿的年轻人们，无法升入好的学校、好的大学、好的公司，也就是他们无法成为为GDP做出贡献的“学校化社会”的精英阶层，他们拒绝上学，甚至退了学，他们就这样成为“资本主义工厂社会”中的逃兵。前者在相位上是时髦的（高位）、富裕家庭（高位）出现的现象，而后者是被动成为边缘化的年轻人，在相位上的“不良少年”（つっぱり），他们在地理位置上也处于郊外。

学校化社会的中心及边缘

60年代充满社会运动能量（全学连、全共斗/战火中的一代、团块一代）的年轻人可以说是“敢愤怒的年轻一代”、叛逆的年轻一代。由于经历了学生运动的挫败，对他们（后全共斗/后团块一代）而言，漠视的70年代随之到来。如果我们来看“战后”的这一时代，正如NHK的热门节目《X计划》（于2005年12月停播）中所讲述的一样，这几代人把“经济的繁荣”当作最大目标的核心理念仍未改变。但是从70年代再到80年代，年轻一代完全成为被驯服、被规训、被管理的对象。这就是“学校化社会”的出现。随着“学校化社会”逐渐接近完成的形态，从这个结构中被排除的人，以及想要进行管理的人，二者之间的摩擦与纠纷自然而然地逐渐增加。这就是相位意义上的中心与边缘的斗争。

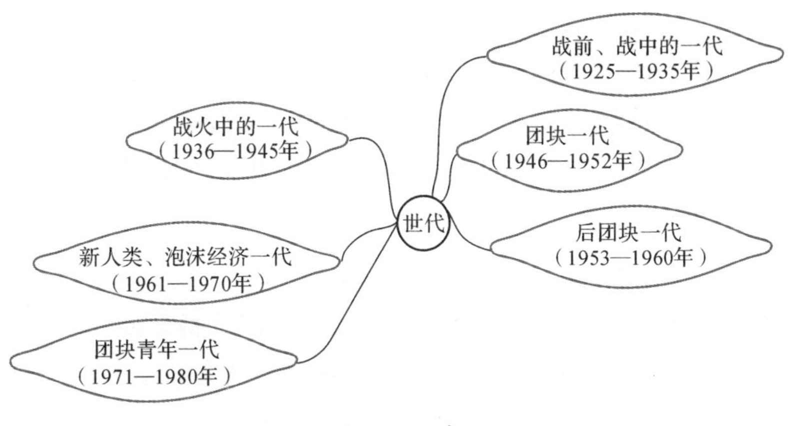

图1-2　世代

在这一章的最后，我来概括一下20世纪80年代初期的原宿文化。“普通人（素人）走上市区（街头）并（向他人）展现自我舞台”，这种文化逐渐出现。这一简单概括同后续的章节也有连续性，请读者牢记。

前一年第二次石油危机所导致的经济发展的低迷开启了1980年。校园暴力和“暴走族”的问题逐渐显现，另一方面，在大众文化领域，不是70年代的因“爆裂”而产生的反抗，而是出现了新的征兆，那就是通过与“卡哇伊”的事物同一化，从而将痛苦与困境“以一种积极的形式，而非消极的形式”转化为一种空虚。这一象征性的现象就是“竹之子族”的出现，他们不去反抗社会矛盾和压迫，而是沉迷于自我满足的消费，预示了多年后“泡沫经济文化”的特征之一。

“学校化社会”的完成，是优质劳动者再生产的一种实现形式——对于战后日本首要目标，即通过产业发展达到经济繁荣而言，优质劳动者是必不可少的。同时，它也是“战后”的“压迫”导致的一大消耗性的“景观式狂欢”，它预示了“泡沫经济文化”的风潮，也展现了接受这种泡沫经济文化的一种狂躁症（アンテフェストゥム）之征兆。然而，这种“学校化社会”以及消耗（consumation、享乐或死亡驱力）的征兆，很可能让人陷入井底之蛙般的草率推断的结论，也就是把这种现象看作“后现代”。第二次世界大战属于近代化（第二次产业革命与大众统治/煽动性的政权、全球化、经济价值的普遍化等等）的一部分而这一历史事件所持续影响的“战后”时代即将终结。

本章以聚集在原宿的年轻人为对象分析了前泡沫期的特征，并在此基础上描绘了泡沫期之后（20世纪90年代式的现象）的景象，至此，本书终于进入了对“泡沫经济文化”这一历史时期的意义的分析。以“萧肃/冷峻”为关键词的“后战后”90年代的文化，包含了泡沫经济前期压抑的状况，以及与之相对应的泡沫经济后期的阴郁的状况（post festum）。然而，在我们论述“后现代”之前，我们需要论证位于“后战后”终点的80年代究竟是怎样一个时期。在第二章和第三章，我将分析“泡沫经济文化”出现的“混沌期”、“断绝期”以及“转型期”。

第二章　“泡沫经济文化”的预兆——“80年代”年轻一代的组成

20世纪80年代中叶（转型期），“时髦”（trendy / トレンディ：当下流行的事物）是“泡沫经济文化”的关键词之一，该词语本身就是从美国输入的，也表达了一种思考方式。这个词语从市场营销领域逐渐走向时尚领域，再普及到了普通媒体，得到了广泛的应用［刊载商品及各种信息的杂志《日经TREDNDY》于1987年（“经济泡沫破灭”之年）创刊，也是小学馆*DIME*创刊的第二年］。“时髦的运动”“时髦的店”，泳池吧变成了咖啡吧，迪斯科舞厅也变成了俱乐部，这是因为所谓“时髦”指的就是“现在流行的事物”，因此该词语中包含了“当下”的一种不安感，以及“流行”的一种无所依靠的感觉。

在这个词语出现之前，流行着“NOW的（ナウイ）”“现在的”（いまい）等略显粗俗的流行语，可见那个时代有多么的空虚，这也可以参考序章我所引用的利奥塔的论述。这些现象与80年代新学术中风靡一时的词语“后现代”也密切相关。所谓modern指的就是现代，之后又衍生出modernity（现代性）、postmodernity（后现代性）等概念。而现代指的就是历史的一个时期，然而我们无法这样轻易地下结论——“我们生活的当下已经脱离现代了”。这是因为，对于仅仅活在当下的这个时间点的人们来说，时间性及历史性是复杂的。这种繁杂的时间性与空间完全不同。比如，“从九州搬到关东地区”这种移动是非常简单的。然而，我们所感受的时间，只能依靠后世的历史学家来分析。我们之所以能够感到从前的时代（中世、古典主义时代，一直到现代）与当下存在着显而易见的差异，这是因为我们是从一个未来的视角来看的。生活在当下的我们，也许会因为1830年法国报纸所营造的“现实感”或喜或忧，我们也许会追踪新闻、追求时尚、追赶新鲜事物，但是我们不过是被过去和未来所束缚的、活在“当下”这一牢笼中的一分子罢了。我们就像是动物，虽然不是“后现代”意义上的“动物化”，但就像生活在动物园牢笼中的狗熊或是狒狒，即便冲出牢笼走在了街上，大喊着“我们自由了！终于冲破牢笼了！”但从历史的角度来看，绝没有这么简单。

让我们回到利奥塔的论述。利奥塔于1986年在美国以“重新书写现代性”为题做了演讲报告，在演讲中他提出了“后现代”这一词语的不合适之处[①]。他指出，在历史研究的演讲报告中，多以“后现代”“后现代主义”“后现代性”等词语为标题，他表明此次的演讲将不会使用这些词语，并解释了他不使用的原因。利奥塔指出，在前缀上，以“ré-”（再次、重新）代替“post-”（后）来使用，同时用（动态的）动词“书写”一词来代替（固定的）实词“现代性”一词，这种词语的使用方法有十分大的优势。他进一步说明了使用这种方式的原因。“在文化史中，我们经常使用‘pre-’（前）或是‘post-’（后）等用语来表示时代的划分。所有这些采用××以前和××以后的划分方法，都使得我们忽视了‘当下’这一现在的时间点，这样是不可靠的”，这是因为“只有从当下出发，我

① Jean-François Lyotard，*L'inhumain*，Galilée，1988，p.33.日文翻译《非人》（篠原资明、上村博、平芳幸浩译，法政大学出版局，2002年），本书引用源于原著，根据原著进行了重新翻译。（中文版本请参考《非人——时间漫谈》。——译者注）

们才能系统性地对有关年代顺序的（年谱式的）、连续性关系进行展望研究”。

利奥塔说，所谓现在，一直是“多余的”。“已经发生之事”（hustéron）和“将要发生之事”（protéron），二者的差异在于“现在”，然而，把历史重新放置于过去与未来之间，这并不是预言家的任务。在报纸上，众多问题被报道，于是它成了“事件”，进而成了“新闻”，而最终又成了“记录资料”；与之相似的是，历史学家记录了“已经发生的事情”，由此，这些已经发生的事情才能成为一般意义上公认的“事件”，进而成为历史的一部分。然而问题是，属于未来的事情、未来突如其来的不确定性造成的“事件”，则是无法预测的，也正因为如此，才有了“事件”（未来）这一概念。[对于这个问题，皮埃尔·诺拉（Pierre Nora）等历史学家也从未忘记]。如此一来，对于生活在当下的“存在者”（当下、此处之物本身）来说，“当下”就意味着未来与过去的差异，然而当下却是我们一直无法看到的。①

因此，利奥塔说，“与modernity（现代）相对应的，不如说是（在此之前的）古典主义时代”。历史在“运动”的原理下，（的确由于现在的结构而被预先规定了），被看不见的未来之不可预测性所束缚，在这种意义上，“后现代”本身就存在于现代之中，而且它的含义也只存在于现代的时间性之中②。比如，黑格尔主义的马克思主义学说把阶级斗争的克服和劳动解放看作“宏大叙事”，而利奥塔在《后现代的状态》一书中，将

① 关于这一点，请参考雅克·德里达（Jacques Derrida）/贝尔纳·斯蒂格勒（Bernard Stiegler）《电视回声学》（*Echographies of Television*，原宏之译，NTT出版，2005年）。以及拙论，《事件的场域、网络的技术、政治哲学》（《出来事の場、ネットワークの技術・政治哲学》，《文化》第一号，明治学院大学教养教育中心附属研究所，2003年）。

② “现代性，也就是现代的时间性在其自身的内部，拥有一种想要超出自我形态的冲动，因此，在这种事实下，现代包含着后现代的意义。”（ibid.，p.34）

其称作不可能的当代，这一“宏大叙事”本身便一定是从现代中所产生的“现代–以后”这种对未来的预测。

80年代这一历史事实

幸运的是，当我们再次回望20世纪80年代这一决定性的转型期的时候，当下已经有了足以分析观察的、一定的历史时间距离。在那个时代，发生了怎样的历史转变呢？现在，终于到了回顾历史的时刻。然而，本书的出发点是，将“泡沫经济文化”终结后的90年代中叶所开启的“全新时代”看作零的起点，将目前的状况看作它的一种延续，也就是说，本书至此所论述的内容并没有脱离序章中以电视剧为例的印象式的分析范围。

80年代，获得了较为可观的可支配收入的家庭，他们居住在郊外，开着不错的汽车，周末在家庭餐厅聚餐，回家的路上借几盘录像带，他们所心满意足的这种生活方式，浅田彰曾称之为“乐观的虚无主义”。

进入1990年，当时，泡沫经济还未破灭，地价还维持在疯狂般的高价水平，因此，这些有代表性的家庭放弃了首要的“房产”的要求，开始追求一些轻奢消费，这就是为什么它们被称作“乐观的虚无主义”。如果可以接受这个“乐观的虚无主义”的说法（或者说如果我们将北田晓大的用词转变一下），序章所论述的90年代的氛围，我们也可以称之为“嗤笑犬儒主义”。对未来不抱希望的年轻人们，不再追求无脑的“搞笑段子”。而是在更有攻击性、更为残忍的事物上来感知与“搞笑段子”相似的东西。关于这一点，为了超越印象式的论断，我们需要更加认真仔细地考察80年代再给出结论，我们还将考察80年代与当下状况的异同点。虽然在此我能够列举众多现象来论证，在这里仅仅举出一个迹象。

图2-1　拍摄于1979年的长谷川康之（J Trip Bar节目的知名制作人）学生时代的私藏照片（*BRIO* 2004年10月号，92页）

以杂志为中心，近年有关20世纪80年代的特辑陆续面世。然而，面向80年代曾经的年轻人的杂志（比如*BRIO*），同面向当下年轻人读者的杂志（*TITLE*等），两者大为不同。80年代之后的六本木的境遇是凄惨的。六本木不再是“前沿之地”，不再是“成熟人士的街道”，90年代之后，所有人开始逃离六本木而选择去别处游玩，六本木一时成为荒凉之地，变成了小流氓和甩卖王聚集的地盘。比如在*BRIO*发行的特辑《六本木教会我的事》中，杂志就是从正面回应了六本木当下给人的负面印象，并热切地缅怀了过去。

另一方面，在流行文化系列的音乐杂志中，人们议论着80年代正是“嗤笑的源头”①。80年代的MTV的音符，不再是年轻人们缅怀的事物，而被看作一种白痴又洗脑的音乐和舞蹈，杂志上介绍的是那些极其廉价，又极其华丽的时尚，仿佛这些杂志是在企划一期让读者捧腹大笑的特辑。

① 与最新上映的《星球大战》的CG特效相比，初期的电影的确特效略有不足。然而，对于经历过同时代的《星球大战》的“BRIO”一代人来说，乔治·卢卡斯的技术天才演绎出了梦一般的场景。我们直到现在也能够毫无违和感地观看这部作品。

那么，在80年代的前半期（混沌期、断绝期），如果我们将目光放向世界，又处于怎样的状况呢？首先，在这之前，1978年左右，第二次石油危机到来了，经济形势依旧低迷。路易威登的分店进驻西武百货商店，而另一方面，吉野家的牛肉饭定价300日元，当时的广告“太好了，爸爸，明天能打出本垒打了！”（电视广告）十分火热，那时的社会总是存在着一种矛盾感。在原宿，“精品店竹之子”开业，而在京都，出现了第一家不穿内裤的咖啡厅[①]。当时流行的词语“窗旁族”[②]似乎道出了被当作板凳队员的上班一族的悲哀，而另一方面，在电影《周末夜狂热》的影响下，年轻人们仍然精力充沛地叫着“今晚燥起来！”除此之外，“不确定性的时代”（该词来自一本经济史畅销书）成为当时的流行词。紧接着的80年代，与之相关的事件还有《太空侵略者》系列游戏的走红、YMO（黄色魔术交响乐团：以细野晴臣、坂本龙一以及高桥幸宏为中心的乐团）的出道。（继网球游戏、打砖块后出现的）《太空侵略者》系列游戏的出现推动了（电子）电视游戏的发展，80年代，电子游戏厅的商业模式也随之确立，继而出现了风靡一时的红白机。借由“侵略者主题”的走红，键盘电子琴也随之出现，之后YMO登上历史舞台。如果按现在说法，YMO是新浪潮系、Techno音乐系的乐迷，而他们又“精通”着各种音乐类型，创造了当年的奇迹，特别是次年1979年发行的专辑——*Solid State Survivor*取得了显著的成绩，该专辑收入的“Technopolis”，以及“Rydeen”等歌曲快速传播，甚至家喻户晓，连当时的小学生都能够唱上几句。我在这里提到YMO，并不是从一个流行音乐发展史的角度来讲的，而是想说，YMO是真正打入美国市场的十分少见的组合。

① 不穿内裤咖啡厅是一种曾经在80年代初期的日本流行一时的色情行业。——译者注

② 窗边族是指的是在职场内，不受重用的职员。此名词的由来是因为这类职员的办公座位常被安排在窗边角落位置。——译者注

20世纪80年代的美国，硬摇滚（LA金属[①]、打击金属……特别是克鲁小丑乐团、鼠王乐队，还有略晚出现的金属乐队）频繁地荣登唱片榜前列，1985年以吉他手高崎晃为中心的LOUDNESS乐队，用旭日旗的图案制作了专辑*Thunder in the East*（歌词为英语）的封面，在美国Billboard音乐榜单上排名第74位，这是当时日本乐队史无前例的好成绩。

即便如此，无论是在美国、欧洲还是日本市场，Techno音乐以及重金属音乐并没有长时间地处于中心地位。一提到80年代的音乐还是会一下子想到文化俱乐部、杜兰杜兰等偶像流行音乐，接着是《闪电舞》《军官与绅士》《浑身是劲》，再到《保镖》等电影原声带音乐，除此之外，还有迈克尔·杰克逊、王子、珍妮·杰克逊，再到鲍比·布朗等黑人音乐。涅槃乐队那种主题深刻的摇滚乐的出现，使得本书所谈及的“90年代”仿佛首先出现在了音乐领域，他们的音乐预言般地给人一种与世隔绝的感触。[②]

MTV的出现

我们在这里先让视线回到1983年的“世界”。1982年，非洲大陆撒哈拉沙漠以南的地区发生了严重的旱灾，1983年到1984年之间，出现了大规模的、严重的粮食危机。这一时期，世界市场正逐渐成为一体，而在美利坚合众国，由于粮食产量过剩，暂时性地导致了农产品的贬值。这两个问题正是“中心与边缘”结构下产生的奇妙的、不合逻辑的、矛盾的表现。

① 日本独特的叫法，是20世纪80年代活跃在美国的许多摇滚乐队和音乐人制作的具有当时风格的音乐。代表乐队是Mötley Crüe、Quiet Riot等等。——译者注

② 他们的音乐不像是原宿的“竹之子族”或是冲浪一族们的、用磁带录音机收听的那种音乐，而是在昏暗的街道，带上耳麦听着的时候，能感受到充满继续前行能量的音乐，这些音乐也让人们开始憧憬自己来演奏的梦想。

在非洲，大约1.5亿人遭受着饥饿、营养失调甚至死亡的威胁，在这种影响下，经济增长越发低迷（1983年只有0.8%），作为发达国家的世界战略之象征的世界银行所推行的政策，导致了高额的债务累积，在乍得问题、厄立特里亚纷争下，出现了更多的难民。另一方面，欧美兴起了民间救济运动。这就是那个时代的样子。

在亚文化领域中，提到20世纪80年代，就一定会想到MTV的出现。在MTV出现之前，The Buggles这样的电子流行乐（Technopop）歌手就已经在歌词中唱出了“收音机明星的悲剧”（“Video Killed the Radio Star”）。时代的确逐渐向影像发展。TOTO乐队收录在专辑*TOTO IV*里的一曲《非洲》，在副歌的部分，他们冷酷地、反复地歌唱着“非洲不下雨呀！”而这首歌所在的专辑获得格莱美最佳专辑也正是1983年。他们原本是一个由录音室乐手所组成的技术向的、融合爵士风的乐队，然而当时正好是“工业摇滚”的时代，TOTO乐队也凭借着抓人的流行摇滚的旋律风靡一时。哪怕是“非洲”宗教式的音乐，或是极其严肃的政治信息，也可以作为一种产业，成为被消费的对象。

在美国，随着有线电视的普及，MTV获得了大量的人气。MV（Clip）开始对唱片的销量产生巨大的影响。文化俱乐部、杜兰杜兰等“新浪漫主义”（视觉系）走红，另一方面，播放次数较多的王子、迈克尔·杰克逊、麦当娜与当时迪斯科的12英寸唱片的市场销量一起走红。在日本，比如《银座Now》等娱乐节目也会播放外国音乐的影片，同时，还出现了小林克也《最热门歌曲USA》等专业介绍音乐的节目。麦当娜的歌曲“Borderline”便是如此，生或死乐队（Dead or Alive）、香蕉女郎（Bananarama）、迈克尔·弗图纳提（Michael Fortunati）等，可以说迪斯科DJ的选择，还有12英寸唱片的销量，这些都与专辑的热门度息息相关。

提到MTV，不得不提的便是迈克尔·杰克逊的歌曲《战栗》

（Thriller），该曲拥有充足的预算，因此拍摄的MV十分有冲击力。这首歌曲不仅编排了故事，还通过特摄技术，向观众展现了“明星脸”以外的信息。另外，作为20世纪80年代最具代表性的明星之一——麦当娜，从歌曲“Like a Virgin”（1984年）到Vogue（1990年），连续演绎了荒唐滑稽的短剧（婚纱和狮子的演绎等），作品也越发精致。但这些影片基本上都是通过身体的展现来传达信息和舞蹈。麦当娜最初的MV“Lucky Star”（1983年）是由亚瑟·皮尔森（Arthur Pierson）仅仅花了半天所拍摄的影片①。这部让人感到成本低廉的影片内容，只有麦当娜和两位伴舞在摄影棚中不停地跳舞。并且，他们的舞蹈像“竹之子族”的“芭拉芭拉”舞一样简单，同样的动作所有人多次重复。麦当娜身着背心，背心上面还套了一件网格的无袖短衫。这种衣着，在日本以原宿为中心的地区逐渐开始流行。麦当娜本人的穿着，连同裙子一身都是黑色，头上还斜戴着一个略显滑稽的巨大的蝴蝶结。另外，Borderline（1983年）的MV还进行了外景拍摄。该故事由彩色和黑白的两个场景交互出现，一面展现了主人公女孩的日常生活街景，一面展现了作为模特的女孩拍摄写真集的摄影棚。街景中的女孩，穿着十几岁女孩最具代表性的街头时尚——牛仔上衣（牛仔外套）；而摄影棚中的女孩则穿着性感的裙子，喝着香槟。接下来的故事走向是，她在写真模特的工作上获得了成功，还成了杂志的封面女孩。最后她用更高级的时尚感向男性（观众）投向挑逗的、轻蔑的视线。这样的故事仿佛是身边也会出现的小镇女孩一步步向上爬的故事，正因为故事的露骨，才使得其达到了戏仿的效果。

“Lucky Star”一开始的歌词这样唱道：“你一定是我的幸运之星/因为我需要你的照亮/你是否知道？”而最后这样唱道：“你也许是我的幸

---

① 约翰·费斯克（John Fiske）《抵抗的快感》（《抵抗の快楽》，山本雄二译，世界思想社，1998年）。原书名为*Reading the Popular*。——译者注

运之星（只是如此）。”

MV的质量及呈现的样子（作为影片作品的评价）对于唱片（CD）的销量有多大贡献呢？特别是，在当时的日本MTV尚未普及，那播放影片是为了销量，而影片播放量与销量之间存在直接关系，这些结论仍存在疑问。[①]但至少在20世纪80年代，一般来说，作为广告、电视剧主题曲、特定类型音乐的歌曲，MV对于唱片（CD）销量的影响较小，相比之下，DJ对于迪斯科舞厅的影响较大。这从公信榜的点击量数据中即可得知。这也是因为，当时街头还没有出现巨型荧幕，除了小酒馆的影碟（LD），以及一部分迪斯科厅以及唱片店有一些较小的屏幕外，“电视的环境”尚未普及。当年，就算是在高人气的迪斯科厅，也没有屏幕。

关于迪斯科的玩法，我在第一章已经有所论述。它继承了70年代末的风向，在80年代初期的新宿（“B&B”“纽约纽约”）等地，两三个人以同样的动作往前走，转个身，再反复，这种“创造了把自己呈现给自己，并同舞厅中的成员互相注视的契机”，这种舞蹈成了主流。同时，在六本木广场大楼，以及涩谷的大型SPAZIO等地，从学生到公司职员，迪斯科厅有着广泛的客户群体，这些人通过舞厅的照明效果让自己成为“展现的/被观看的对象”。在一些舞厅中，除了某些曲子能够让全员参与，基本上都是通过某个团体和个人来展现舞蹈的。用录影带来学习嘻哈动作的这种兴趣爱好，在80年代是没有的。虽然迈克尔·杰克逊的《战栗》以及王子的“When Doves Cry”等精致的MV当时得到了广泛讨论，然而在迈克尔·杰克逊的*Beat It*之中，他只是伴随着艾迪·范·海伦（Edward Lodewijk Van Halen）的吉他跳舞，可以说是十分简单的影片了。除此之外，大多数MV都像刚才所说的麦当娜的影片一样，给人以廉价的感觉。

---

① 以下有关电视的分析，是在《智慧之树》（石田英敬东京大学大学院教授主办的）项目中，我受到了某研究生有关music clip分析的启发而思考的内容。

这也是上文所述的，在“Borderline”一曲中，麦当娜的时尚成了日本大街小巷可以看到的时尚（1985年以后才慢慢出现日元升值的现象，因此在此之前，牛仔品牌顶多就是BIG JOHN或是EDWIN，最常见的便是伊藤洋华堂的品牌）。

媒体制造的流行（*Popeye*）

也就是说，迪斯科热从新宿到六本木，并且从边缘地区逐渐走向了中心地区。比较典型的发展模式就是，迪斯科一旦在某个繁华的街区流行起来，就逐渐向年轻阶层发展，而在该地区不受欢迎后，便会向另一个新的繁华街区发展。六本木就是这种现象的代表，六本木的广场大楼以及AREA所在的日拓大楼周边（几乎）曾经每一层都有迪斯科厅，然而80年代末（从1988年左右开始），迪斯科在该地区失去了人气，后来在青山、西麻布等地，又出现了新的游玩之地、餐厅和酒吧。从“竹之子族”时代开始，经过了乞丐族、乌鸦一族，在被称为“普通人”的街道中，以涩谷为中心流行着这样的装扮——POLO或是LACOSTE品牌的Polo衫、欧式牛仔裤或是Levi’s 501牛仔裤，夏天再光脚穿一双莫卡辛鞋，冬天在Polo衫外面再加一件皮绒外套，拿上一个LV的包。BCBG、法式、休闲风，之后又到来的涩谷休闲风，等等，当时有各种各样的名称。可以说从80年代中期到80年代末，这个时期是人们消费着失去个性的品牌的时代。在其背后，“御宅族—时髦”的两极化似乎在加速。正如世界分为南北两极，在80年代，文化领域的中心和边缘的结构也在扩大。

从70年代起，无论是*Popeye*所提倡的生活方式，还是80年代之后写着“BCBG风格时尚”等指南手册的增加，身着路易威登和香奈儿使得人们的欲望得到满足，这掩盖了他们原本对生活的不满。而所谓“*Popeye*式”

的生活，就是以冲浪/迪斯科为中心的。作为大学生的一员却无法融入大学圈的人们，与自己关系较好的朋友们一起开着家庭聚会的生活。这本身就是美国媒体所创造，又由*Popeye*进一步再创建的生活方式，这种“并不存在”的生活方式通过杂志这一媒介，成为读者们开始憧憬的、“自己所没有”的对象。

田中康夫的小说也认为这种生活方式的呈现同媒体的宣传密不可分。比如，“我们当时在WEST，沿着银座六丁目外侧的大道。这是一家古典式的咖啡厅。跟母亲二人来到银座的时候，我们总是在WEST或是清月堂喝茶”。这句话源自1989年的短篇小说集《三田纲坂，意大利大使馆》（三田綱坂、イタリア大使館）。在这部书中，城市的名称、商店名、品牌等固有名词频繁地出现，这些信息也就是作家所呈现的方式。如果说田中康夫是在势利地呈现*Popeye*上的生活方式，那么林真理子就是走向了讽刺一方。在《高高兴兴买东西回家》（《ルンルン買っておうちに帰ろう》，1982年）一书中，她写了这样的对话：“我那个时候每天晚上都跟庆应的男孩子开着进口车去六本木玩。我们还喝了一种叫‘Candy’的葡萄酒”，“真的假的！高中生，喝‘Candy’？你不是在开玩笑吧。那儿离我现在住的地方不到五分钟，那种高大上的店，我到这个年纪还没踏入过一步呢。”也就是说，主人公虽然住在饭仓（麻布台），但是这种“奢侈的生活”仿佛与自己毫不相关。

无论是跳着迪斯科舞蹈，还是去有名的店里花钱摆架子，那个年代是“素人才会成为被观看对象（成为偶像的）的时代”。正因为如此，在*Popeye*上，充满着为此而准备的信息。

*Popeye*在1985年8月10日推出了“恋爱特效药”的特辑。封面图是一位在人行横道上拿着一大捧花的年轻男子，这场景不禁让人感到一种戏剧性（剧场感）的开端——走在人行横道上，向“那个女孩”献一捧花。

虽然杂志的读者几乎都是日本人，但是封面的男子却是一位给人以好莱坞感觉的西洋人。在封面上，杂志宣传着“制造一场不让人觉得无聊的约会”，这句话里仿佛隐藏着一种杂志自我讽刺的感觉。这是因为，以*Popeye*为代表的商品目录杂志明明已经将餐厅等信息广泛地普及了。

图2-2 *Popeye* 1985年8月10日号

另外，封面同样写着，“让anan女孩、Olive女孩也神魂颠倒”。从这句话我们可以看出，当时的社会已经通过购买和阅读杂志的类型，从时尚以及生活方式来分类人的个性。杂志特辑还告诉读者“最后一步要不动声色”（24页）的行动指南——从“风趣幽默式”到“提前预订好酒店式”等十种类型。“风趣幽默式：是由性格外向又风趣，十分受女孩欢迎的立教大学K君推荐的……”，等等。除此之外，还有挑起物欲和消费热情的标题，如“恋爱的特效药——感动的金钱、钻石大作战”（30页）。在这里，还有一行黑体的小字，写着“三万七千五百日元以下的礼物比较理想”。

图2–3　特辑“巴黎的年轻学生——只会在周末当一个不良少年”（*Popeye* 1985年8月25日号，36页）

如今的2006年，大家纷纷议论起“有些坏的大叔”和“艳丽大叔”的话题。这些购买*LEON*的读者，也许曾经受到过*Popeye*上如何自我表现的启蒙指导吧。比如说，当时在*Popeye*上还有过这样的文章。“总做一个规规矩矩的高中生真是太无趣了。至少在周末，当一回不良少年吧”。也就是说，稍微脱离日常生活、向他人演绎“不良”的行为是当时的必修课程。并且，这些文章的技巧就在于模糊地设定“行为主体”（谁来实行……），从而广泛地接受目标对象（读者群）。如此一来，这种本应“自我独特”的时尚方式，以数万人规模的形式出现在了涩谷街头。与现在相比，在20世纪80年代，由杂志引导的市场下沉所导致的时尚独创性的欠缺现象更为一目了然。正因为如此，本书（以及大塚英志）认为，80年代的社会仍处于根源性的贫困[①]。

那么在商品目录杂志的增刊*Hanako*出现之前，*Popeye*通过特辑“东京

① 然而，当时倘若与穿着相似的人一个一个擦肩而过，也许不会有现在这种羞耻感吧。

NO.1的我们的故事”向我们展现了商品目录的厉害之处。1985年2月25日号的特辑副标题为“Popeye搜查队找到的‘现在就是这里’的39个地方”（画线处为笔者所加）。这种“现在就是这里”的强调正是“流行”的基本要素。杂志介绍了“东京十大地点”，包含了时尚、晚餐、周边产品、蛋糕、酒吧等各个方面的“现在就是这里”的地方。除此之外，还根据地点——代官山、人形町、原宿、麻布十番、有乐町等介绍了各个地方的“我们精选的东京hot menu”。这里所谓的“hot”并不是指热菜肴或者热饮，而是表示“现在这种选择十分热门”，以介绍一种制霸街头的“最前沿”选择（作为一种约会选择）。

被排除的“青春”

80年代的年轻人们，绝不会再把“青春”挂在嘴上，他们可能没有意识到自己正值“青春”。然而，从现在来看，所谓品牌消费的狂欢，这正是80年代的“青春”吧。它正是同近代化同时诞生、与近代化并肩而行，并同时衰败的“青春”的行进姿态。这也是19世纪的独特的用语——“青春”，它的特征就是年轻和尚未达成目标的一种不安定感，还有对于未来的不安和希望等。这被认为是在随着产业化技术化所形成的社会复杂性中诞生的概念（与民族国家创建运动相关的浪漫主义运动不同）。

每个时代都有每个时代的关于年轻人的表象。二战前的年轻人和现在的年轻人，无论是在时尚还是生活方式、兴趣爱好、休闲、社会地位等各个方面均有不同。当然，70年代和80年代的年轻人，他们的形象也有所不同。细小的变化逐渐积累，才不知不觉地使年轻人的表象发生了变化。由于年轻人的表象通常反映了社会状况（政治、经济等制度），因此也可以将其看作历史的表象。有关“青春”的话语，总伴随着挫折和失望的符号。在每个时代的变化中，年轻人的表象截然不同，然而不变的是，青春一直都是“不可能的青春”。如今，我们常常提到现代的终结，那么表象“现代”这一时代本身的“青春”将会去向哪里呢？中村光夫说，“所谓人生正是不懂人生的人所创造的”（《关于青春》），“正因为如此，青年们总是活在未来。他们以构建未来的可能性来忍耐当下生活的空白”（《关于幸福》）。“当下的空白”的空虚正是历史的必然，如果说将一切期许于未来的希望才是青春的话，那么可以说，这种“明天一定会比今天更好”的想法，正是现代进步史观的产物。然而，正如本章的开头所引用的利奥塔所述，当下的所谓“现代”本身，以及历史本身的持续都应该被怀疑[①]。

在19世纪以及20世纪前半叶的进步史观之中，人们总是会有这样的预感——“所谓当下，它永远是一个将会到来的全新的时代”，“当下”还会让人产生一种朝气蓬勃的意象，仿佛未来充满着梦想。然而，在另一方面，人们离开住惯了的农村，进入大城市的工厂打工，在大城市里所有人都冷漠而孤独。而正是近代化，才使得年轻人感受到这种异化。“青春”总是同小说、诗歌、印刷的文化息息相关。然而，在80年代，不仅仅是文学、漫画杂志，流行的、提供信息的杂志，以及电视等影像媒体纷乱交错，制造着“青春”的氛围。

我们先给“80年代的事物”下一个假设的定义。“它是一个认为通过消费及拥有便可以实现变身（实现与周围人的差异化，也就是超越他人，逃离阶层）的年代，它从1986年开始逐渐加速，并到1993年结束”。

---

① 在日本（和德国），不同于利奥塔所论述的意思，人们总是把“后现代”曲解为历史阶段的一部分，正如“现在才是后现代”一样。然而正像比尔·雷丁斯（Bill Readings）所说的，利奥塔的原意是，“利奥塔并没有把后现代性看作历史时期（在现代性之后出现并开始的事物）……而是把它看作，牢记对于自身可以做根源性修正的可能性的、延续现代性的事物”。（Bill Readings，Inthroducing Lyotard.Art and Politics，Routledge，1991）。

在本章我通过继续前一章的讨论，引用利奥塔后期的论述来阐述有关“后现代”的非有效性。我们可以把80年代的前半期看作“不均衡”的时代。可以说，80年代是吃着牛肉饭、身着LV、听着Techno和重金属音乐的时代，还有食物过剩的美国和饥饿的非洲，这体现了全球化（一体化）前夜的体制混乱的一种状态。

在此基础上，“泡沫经济文化”的转型期（1986—1988）逐渐到来，我们看到了“时髦”（流行）的现象是如何以杂志媒体为中心扩散开来的。并且，我还重新定义了“后现代”这一概念，当我们把这种流行现象看作现代必经之路的时候，此概念十分容易引人误解。除此之外，我还论述了当我们把视线放在80年代前半期的时候，以MTV为中心的世界是如何一步步被卷入视觉叙事的框架之中的。即便正值“泡沫经济文化”之中，“青春”一词仍然以另一种形式存在，这也证明了“泡沫经济文化”是现代文化的一个阶段。

日本互联网的使用开始于1993年（同年文部省下属研究所KEK、千叶大学、NTT及其他的服务器开始运营，并出现了浏览器NCSA Mosaic；1995年，infoweb以及Asahi网络等网络供应商开始运营，美国雅虎也于该年成立），而真正应用于个人以及私企则始于1996年、1997年。电视台涌现出多个频道，也是这个时期（WOWOWO于1991年，CS于1992年），互联网的发展以及电视台的多样化，与本书所称的“萧肃/冷酷”的90年代（在现代之中开启了全新的阶段文化）文化基本并驾齐驱。我虽然说并驾齐驱，但我并不认为媒体新时代（New Information & Communication Technologies）创造了新的文化，或者说规定了新的文化。问题还是在于对“时髦”的理解，也就是流行的形态究竟是怎样的。

流行（时髦）必须“总是最新的事物”。然而，“泡沫经济文化”的流行，无论从传播速度还是传播范围来看，其中心却是在技术上远远落后于当下的印刷媒体。也许我们可以这样认为，正因为这种有限的信息源，才导致了“泡沫经济文化”流行系统的形成。而在当下互联网的环境下，每时每刻更新的网站（网络购物、微博杂志、博客……）信息十分丰富，无论是网络还是电视都能够让人更准确地找到符合自己兴趣爱好的选择。在这种条件下，流行作为一种“集团幻想、强制性的集团观念”的现象反倒是减少了。这样的变化如实地反映了“时髦”的机制，也就是说“在一定程度上，只有在与他者所共有的嗜好（类似、模仿）的框架（有限的信息及购买机会）之中，才会形成一种流行的竞争”。与同（面向他者和自我的）意识紧密连接的“流行”密切相关的，与其说是一种信息传播的迅速性，不如说是隔周或每月出刊的仪式性、有规律的杂志发行的同时性和广泛性（有一种他者也在阅读的想象）。为这种形式起到补充作用的，正是20世纪80年代涌现并在90年代逐渐消失的追赶“时髦”形式的信息综艺节目（1986年开始的朝日电视系列《Oh！L俱乐部》是最具代表性的，主持人是田中康夫、南美希子）。随着“个性化”时代的到来，大量地放映同一性的信息，并形成一种流行现象变得更加困难，同时，这种方式也无法抓住目标对象的兴趣了（近年来搞笑综艺节目的盛行，都是遵循着低预算、高收视率、平淡且不出彩的法则，看到这些节目总给人一种电视放映要走到尽头的感觉）。

我将再次申明，这种大众流行偏好的心理，是源于被他者认可的需要。相比泡沫经济时期，现在在大街上跑的更为常见的高级车是奔驰车。为什么不是阿斯顿·马丁，也不是玛莎拉蒂，而是奔驰（在不考虑零件更好入手、乘坐更舒适等条件下）？这是因为，人们追求的不是小众的“稀少性”，而是由于“奔驰等于有钱人开的车”，这正是一种“简单易懂的印象（符号）”所导致的结果。在这样的情况下，这与车主经济条件的实际情况（富裕程度）无关，奔驰是社会上被广泛认可的高级车，这才是关键。在“泡沫经济文化”中，虽然进口商品的稀有性和新鲜感受到青睐，但在全球化的当下，在地球上的任何一个角落（主要是发达国家），给人以“高级”的固定印象的奔驰、香奈儿、爱马仕等品牌才能够成为优先“流行”的事物。

第三章 “现在，就是这里！”的斗争——80年代的“中心和边缘”

走向“泡沫经济文化”

本书认为，“泡沫经济文化”出现于1986年到1993年（1986年到1988年是转型期），1984年到1986年为断绝期（与“战后”相断绝），1980年到1983年则为社会流动期（“战后”/“后战后”的混沌期）。这也受到了序章所论述的“80年代论”这种以十年为期进行划分的年代论的影响。70年代在某些方面与80年代有着共通点，而在某些方面却是截然不同的。比如，在70年代后半期，抽离的氛围与消费文化的萌芽，这些在80年代都有所延续。这也就是“非政治”的时代到来了。小此木启吾曾详细解说过心理学家埃里克森（Erikson）的理论，并在其理论的基础上，提出了更具普遍性的概念——“社会性延缓”（moratorium）人群，也就是说，这一时期之后，特别是对政治毫不关心的阶层的人成了大多数。1968年到1969年，以学生为中心，后来又将全体公民一同卷入了“全共斗运动”，随着1970年6月23日的《新日美安保条约》（1960年签署）的自动延长，它给全共斗运动画上了模棱两可而又没有结论的败北的句号。这种挫败感和失望感似乎浇灭了对政治的热情。而且，这种无处宣泄的愤慨，似乎走向了一个出乎意料的方向，从而奠定了消费文化的基石。

“全共斗运动”最初是由反对越南战争等一系列政治问题，以及大学的批量生产式教育、学费涨价、对于反对运动的处理方式等个别问题引发的社会运动。随后这种运动以一种模糊的形式演化为个人不满情绪的爆发，从而使得“全共斗运动”应运而生。而这种爆发也很快沉静了下来[①]。60年代末，全世界都在爆发学生运动，众所周知，这始于“Mai68”［在日本俗称“（巴黎）五月革命”，当然，这并非革命］。以此事件为开端，在当时（也？）出现了另一个争端，地点位于巴黎郊外移民区紧急设立的装配式建筑——巴黎大学楠泰尔分校（现巴黎第十大学），众所周知，争端的原因是学生数量的急速增加所导致的学校环境恶化以及大学的自治问题。然而，另一个原因是，当时内阁要在全法国实行类似日本的各个大学的自主选拔考试。这也是法国针对学生数量增加的处理方案。就学生数量增加和大学环境改善等各种问题，反抗的学生们从一开始就在某些方面上被分割成了两个阵营。

我们说回日本，“全共斗运动”最初是以个人形式来参与这种模棱两可的斗争的，当时产生了许多新的自治体，但是这些自治体很快就被时代所忘却了。显而易见的是，在这种“自动延长”的、悬而不决式的败北之中，有一些东西消失殆尽了，正如某些挥之不去的想法烟消云散了一般。这样一来，时代的断绝就产生了。《新日美安保条约》自动延长之后的一个半月后，发生了以血还血的“肃清”内部团体的暴动，其开端事件便是海老原俊夫[②]（当时是东京教育大学大学生，21岁）惨遭杀害事件。想要贯彻政治目标的人们（虽然只是极少数的人），仿佛被社会关了禁闭一

① 关于那个时代的氛围，可以参考六本木幸树的《生活，即使不用语言，用爱》（http://homepage3.nifty.com/mahamaha/ikiru.html）的第五章“影像与诗——1970年”，它描绘了以冈林信康为中心的民谣音乐的历史。

② 原文写为海老原敏夫，经考证应为海老原俊夫。——译者注

般，孤立无援。再加上三岛由纪夫剖腹自杀事件（1970年）的出现，赤军派、联合赤军的一系列事件，三里塚问题的泥潭之争，以及各派系逐渐扩大的内部暴力等，使得这些政治集团的行动被称为“过激派”，而他们的行为变得冷酷而残忍。对于政治运动，学生们表示“我不干了”“我也不参加了”。就这样，学生们一个又一个地回到了课堂，也许正是这些接二连三的放弃，打消了学生们的士气。

这些学生原本是“右手握着Journal（《周刊朝日Journal》）、左手拿着Magazine（《月刊少年Magazine》）”的一代人。那些想要通过参加运动而实现“自我变革”的人们，多数都是被时代的潮流所裹胁的一群人吧。在这个意义上，20世纪80年代的“寻找自我类型”（参考上野千鹤子、斋藤环的著作）的大学生们的所作所为，可以被看作四处寻找marque（即标记，marque在法语中是标签的意思）的一种连续性行为[①]。如今，人们说起“朝日Journal”，就把它当作一份在亚文化的领域的有名杂志，特别是在筑紫哲野担任编辑主任时期所介绍的“新人类”（1984年到1987年《年轻大神们》《新人类的骑手》等企划）等主题方面赫赫有名。然而到1992年停刊的最后时期，它仍然是一份严肃的政治、启蒙杂志。正如“朝日Journal”通过转型撑过了80年代，曾经的“全共斗”斗士中的一部分，也从学术界转向了工业界，他们成了消费社会的基础。然而，这并不意味着他们单纯成了消费者。应该说，消费社会所引诱的人大多是“全共斗”一代。也许有人认为，正因如此才导致了“后全共斗”一代“抽离”感的增加，然而关于这个问题的答案，我们暂且不议，我们首先把视线转移到70年代消费文化的出现方式上[②]。

---

① 我是1988年进入大学的，大概我是实时阅读《朝日Journal》的最后一代人了吧。

② 堤清二（辻井乔）生于1927年，因此比“全共斗”一代早两三代，是年纪稍长的“战火中的一代”，他不仅沉醉于共产主义思想和文学，另一方面他还是西武流通集团的代表，是消费文化的实际代表人物，也是在梦想和宿命中分裂的典型人物。堤的孩子们是“新

70年代的情人节和1988年的圣诞老人

提到青春，人们首先想到的便是恋爱。那么“全共斗运动”的政治挫折是否导致了“青春”的终结呢？“无论何时都不可能的青春”，它与恋爱有着藕断丝连的关系。象征着消费文化式恋爱的，就是情人节这一社会性活动的出现。50年代末，西武百货商店打出了口号——“Valentine's Day，送家人一份礼物吧”（这也是美国在20世纪固定下来的宣传用语），然而进展十分不顺。而提到情人节便想到巧克力，这已经是70年代的事了。

我们来看1970年和1975年国产巧克力的销售份额的对比，巧克力销售额从1061亿日元大幅增加，达到了2545亿日元，单单是1975年的情人节巧克力销售额就达到了185亿日元①。甜品制造业其实早已在20世纪30年代便开始宣传“情人节要送礼”的信息，到了70年代，这一理念才终于固定下来，并一下子得到了普及②。而且，在同一时期，同家人一起庆祝圣诞节也逐渐普及。然而，当时人们的生活方式是这样的，周末休息一天半，暑假还能有多一天的休假。人们会把公司发的巧克力蛋糕拿回家中共享，也就是说以家庭为中心的巧克力消费居多。而所谓的“泡沫经济文化”，即“承包直升机吧！让我们在高级的酒店里干杯”，这种消费模式显然与当时的消费截然不同。

20世纪80年代初期，网球俱乐部、赛季运动等小团体俱乐部活动十分

人类”一代，这点也颇值得深思。北田晓大《嗤笑日本的“民族主义”》（《嗤う日本の“ナショナリズム”》，NHKbook，2005年）的论述等可以作为该问题思考的出发点。

① 关口英里《现代日本的消费空间》（《現代日本の消費空間》，世界思想社，2004年）。

② 从我个人的记忆来说，1978年左右，无论是城市还是农村，“女性要赠送男性巧克力”的风潮已经出现，并且还出现了“白色情人节”回礼“棉花糖”的风俗（意味着“抱歉”；送糖果则意味着“今后请多关照”），当时，这些符号性仪式的表达已经广泛传播，至少在巧克力上已经十分普及了（关于这点也有其他的说法）。

火热（穿着私人定制的运动衣、冲锋衣、球场夹克，冬天听着松任谷由实的歌曲，前往苗场王子大饭店），当时的杂志媒体已经开始营销圣诞节要和恋人一起度过了，但是，当时流行的方式是在一间小套间中和很多人一起开派对。80年代后期的“泡沫经济文化”中，最具代表性的“和恋人一起度过圣诞节”的习惯逐渐固定下来，在圣诞节前后，东京都内、横滨市内的高级宾馆（全日空酒店、长富宫饭店、羽田东急等有可以观看夜景的休息室或者酒吧，这种酒店十分热门，可以说人们正是把酒店当作一种景观在消费）预约爆满，这才出现了平安夜年轻人一齐出动的异样光景。

一过夏天，“圣诞节有安排了吗？”这句话仿佛成了学生们之间的问候语，倘若一个人在家度过圣诞节，那甚至会被看作被社会排挤的、无法忍受的一种痛苦。无论是在街上还是在FM电台中，都能听到外国的圣诞节音乐，人们把这些音乐放在热门歌曲中一锅乱炖式地翻来覆去地听，而涩谷、原宿的街头全都装饰得十分有氛围。这就像是迪士尼乐园这种奇妙缤纷的世界，跳出了日常生活的感觉，人们在特定的日子来到了日常的街头。而衍生出这种狂欢式的景象（spectacle）的正是圣诞节这一社会活动。之后，学生自主创业的公司以及策划活动的社团，甚至会提前预约热门的酒店，做起了黄牛的生意。这就是80年代末有关“泡沫经济文化”鼎盛期的故事。

“泡沫经济文化”的精神史背景

那么，**泡沫经济之下，社会结构和文化究竟发生了什么呢？**我们的确需要讨论这个问题。当然，在转变消费方式的过程中，以杂志为中心的媒体起到了重要的作用。比如街头信息杂志*Hanako*、青年杂志*Hot-Dog Press*以及*Boon!*，这些杂志以改变生活方式的名义不断向读者提供消费方式、流行商品、景点甚至穿衣搭配的方案。在这些信息的传播的背后，是从日元升值到泡沫经济形势大好的这一段时期中可支配收入的增加。然而除了以上这些经济层面的要素（当然，经济方面的要素是重中之重），我们也需要从精神方面来思考这一问题。

在本书之中，直到“泡沫经济文化”时期，近代日本走过的路主要可以概括为以下几点。1.明治时期的近代化（交通、通信技术、西欧文化和生活方式的传入）；2.到第二次世界大战为止的昭和反动期（“近代的超克/世界史的主体”“大东亚共荣圈”）；3.战败后（“战败”的记忆的压抑和政治主体的放弃＝作为最大目标的“经济繁荣”、*Project X*）；4. 20世纪60年代末社会运动的挫折；5.“学校化社会”的完成（“抽离”的70年代）；6.“中心与边缘”的冲突。接下来，我将以第6点——从“中心与边缘”的冲突走向平板式的“泡沫经济文化”之路为中心进行考察。在此之前，对于这种年代顺序的整理我将会补充一些想法。正如以欧洲为中心的世界地图所示，从古代到19世纪，“世界”指的是西欧，而这个时期的日本，在地理关系上是远东地区，在政治文化的相位上则被看作野蛮（操着未知语言的夷狄）。也就是说无论是从geographia（地理关系）来看，还是topos/ thesis（相位）来看，日本都是“边缘”。我们不能轻易忽略的是，“黑船”这一象征代表了欧美技术的发展，特别是交通和物流、信息流动的速度以及规模的革新带来的政治社会结构变化的结果①。然而，在这里我只想说明的是，这预示着世界系统化或者世界市场化的时代正式拉开帷幕。明治政府推进近代化，是想要通过获取技术来入侵“中心”。而就第2点来看，这种想法发生了变化。所谓现代这种范式不过是西欧的东西罢了，正因如此，中心就一直处于西欧，要想“超越”这一点

① 拙论《福泽谕吉与〈交通的近代〉》，以及本人博客“教养之道”，1998年。（《福沢諭吉と〈交通の近代〉》）。

成为新世界史的主体，这种想法同法西斯式军部的意愿不谋而合，也就是二者的目标都是达到一种脱离现代范式的转换。这种企图丢弃地理性关系的做法，不过是一场企图构建新的“中心与边缘”关系的消极骗局。第3点如同第1点一样，这次的尝试是想要通过经济实力（相位的，并且接近于做梦一般的）来进入“中心”（受尊敬的一流国家）位置。被压抑的“记忆”仿佛幽灵一般地回归，或者说歇斯底里式地再次出现，而这正是80年代以后的现象。在这个时间点上，棘手之事再次出现，那就是从“边缘”向“中心”迈进的日本社会，在这一原本被视为均一的空间中，出现了新的阶级差别，社会内部之中“中心和边缘”不断出现。这种矛盾，成了第4点所展现的。当人们已经意识到这一问题的时候，第5点——学校化社会的权力的规训教化（福柯）的时代来临了，而这最终导致了第6点中的各种冲突的出现。

“学校化社会”的到来

当代规训教化的特征是，公权力不仅来自政府，而且还深受跨国企业经济活动利害关系的影响，也就是来自商业、治安方面。“学校化社会”是权力机关（不仅是警察、行政、政府[①]，还有社会统治层）为了粉碎、阻止学生运动所设置的，可以说，它正是以学校这一意识形态装置为中心，并在教育这一场域下不断再生产的结果（宫台真司、皮埃尔·布迪厄），实际上，这种结构也被商业所利用了。

“痞坏感”时代向“卡哇伊”时代风格的变化，标志着“中心与边缘”冲突时代的终结。这一时代中，用于商业用途的“卡哇伊”的Hello

① 日本的“政府”一词指的是“行政归属的内阁及其下属行政机关的总体”，“行政”则指的是“国家或公共团体的执行机关”。——译者注

Kitty会指名道姓地质询（interpellation）道：“喂，说你呢！”（质询的概念是路易·皮埃尔·阿尔都塞提出的），也就是说，意识形态结构（以及媒体的文化结构）一旦内化，一个人独自度过圣诞节的年轻人，就会被周围已经内化了的视线和声音包围，他就像是被突然叫住了一般——“喂，说你呢！”这种“声音”其实就意味着一种禁止脱离规范的诱导的声音。当这种声音被内化的时候，就是“学校化社会”完成的时候。而随之出现的，则是不需要频繁的权力介入就可以自动运转的社会、平淡的社会、平板式的社会。

在失去了面孔的社会中，人们通过身着品牌（标记）来向自己和他者呈现一种身份认同（正像是公司职员的徽章），这使得我们的社会成了展现自己社会定位的便利的社会。品牌（标记）表现了定位，而景观式的生活方式表现了从孤独感中的逃亡。这些现象都是“泡沫经济文化”特征的一个侧面。以杂志媒体为媒介，人们通过认为自己同“大家”一样来充实自我空虚的中心（寻找自我游戏的中心），通过将信息全部不漏地浏览来消解自己知识的模糊。自己是否没有赶上大家的脚步？人们为了消除这种不安，就通过消费来满足欲望，而这种不安其实是一种寻找虚假身份认同的无限循环，所谓的自我实际上是在不相关的游离的媒体关系之中所建立的。他者存在于想象之中，或者说，存在于写真照片之中。

“学校化社会”的目标是建构一个满足顺从而又渺小梦想（拥有自己的房子、自己的车、周末去家庭餐厅吃饭）的、“优质GDP贡献者”的再生产结构。在意识形态上，人们较为保守，人们更关注小的经济目标，公司仅仅只是实现目标的一种手段而已，人们却完全投身于公司，如此一来社会就会持续生产那些对政治毫不关心的人。1972年，认为“自己是中产阶级”的人大约在73.2%，而1984年则到了81.8%，在1985年，升学适龄期的一般人都进入大学、短期大学、专科学校进行学习。岛贺阳弘道称之为“社会的均质化”。岛贺阳指出，此时（1984年12月），文部省将“注重个人差异的教育”导入初等教育期，然而这种做法可以说完全是本末倒置的。以培养毫无个性的集体为国策的“学校化教育”的完成之时，也是“个性化神话”的诞生之日[①]。

从“癖坏感”到“卡哇伊”

我曾经说过，在80年代冲突时期到泡沫经济期的过渡中，从“癖坏感”到“卡哇伊”的变化就是其中一个侧面。

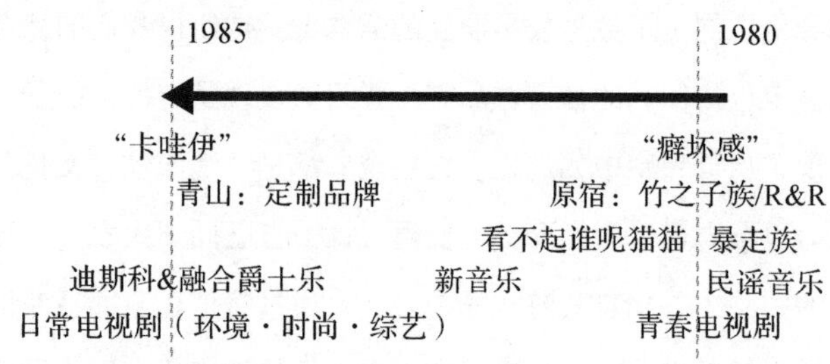

图3-1　80年代前期“泡沫经济文化”前夜的社会现象

“竹之子族”早已经舍弃了特攻服、工装服、灯笼裤，而是穿着可爱的糖果色系的衬衫或者背带裤。而西式学生服[②]（半学生服、长学生服、短学生服[③]）无论是领子的高低、高腰线、白色光面皮带，还是龙的刺绣，这些细节都是展现所谓“男性气质”的要素，也就是彰显硬派的

① 乌贺阳弘道，《JPOP是什么》（《Jポップとは何か》，岩波书店，2005）。

② 原文为“ヨーラン”，该词出现于前文所提到过的横滨银蝇的歌曲“ツッパリHigh School Rock'n Roll（登校編）”，所谓“ヨー”就是日语“洋”的发音，表示西式的，而“ラン”一词来自“学ラン”，它指的是学生服，之所以用“ラン”是源于江户时期“オランダ”（荷兰）和日本贸易频繁，所以日本把所有西式服装都称为“ラン服”或“蘭服”。——译者注

③ 分别是半ラン、長ラン、短ラン，它指的是不符合规定的变体学生服，根据尺寸大小又可以分为半、长、短等等。——译者注

“癖坏感”，他们摆出的态度是，“老子（老娘）只是穿着打扮得边缘而已”，随后又翻脸说，“那又怎么样呢？”然而这种硬派，所谓的“流里流气”的样子，逐渐被“看不起谁呢猫猫”[①]等“小挂件”的风格吸收兼并，随后转变为“卡哇伊”的风格。这种现象的出现源于第二次石油危机，从经济不景气向经济发展的恢复时期，也就是20世纪80年代前半期。而青春题材的电视剧、民谣音乐在人们眼中仿佛是70年代的过时的东西。可以说，贫穷已经不再流行。比起内心，人们更重视外表，并且正如“卡哇伊”所象征的，“不需要的东西”以及附加价值才是有价值的，这是个悖论式的商业时代。从《出走吧！青春》（《飛び出せ！青春》，1972年）到《夕阳之丘的总理大臣》（《夕陽が丘の総理大臣》，1978年），一直担任青春题材电视剧的编剧镰田敏夫，进入80年代后也开始制作《给星期五的妻子们》（《金曜日の妻たちへ》，1983—1985年）以及《男女七人夏物语》（《男女7人夏物語》，1986年）等电视剧，这些都是（像“婚外恋”题材一样）本质上从多余的事物上来表现价值的流行电视剧。

“竹之子族”退出历史舞台后，“卡哇伊”一直是人们消费的对象，JJ/Popeye[②]一族、泡沫时代的一刀切短发[③]加上一身紧身连衣裙、意大利进口、涩谷休闲风/温柔休闲风等，这些眼花缭乱的时尚，在这一时期结束前起到了过渡作用。原宿依然是当时风尚的象征，1986年迎来了人气的高潮。当时的竹下通，在巷子里面有一个很大的场所，包含租赁店铺在内总共有将近600家商店。从原宿站到明治通（LAFORET旁边）短短400米左右的竹下通街道，周末的人流量超乎想象，倘若想从人群中走出来可

① “なめ猫”是80年代诞生于日本名古屋地区、穿着“暴走族”衣服的卡通猫形象。原名为“全日本暴猫联合 看不起谁呢”，特别是宣传语“看不起谁呢”十分火热，就简称为“なめ猫”（“看不起谁呢猫猫”）。——译者注

② *JJ*、*Popeye*等均指当时杂志。——译者注

③ 是指头发均一长度的发型。——译者注

需要相当大的力气。与这条街平行的、靠里的一条小巷（俗称莫扎特小路）有老店铺VAN，还有设计师品牌PERSON' S的店铺，从这里走可以避开人群。然而，大部分的店铺都是主打来历不详的、“洋里洋气的便宜货”（山根一真，《原宿少女市场研究》，*BIGMAN* 1986年6月号）的杂货店或者服饰商店（DELIGHTS、NOAH、HARADA、MARCHER、CHICAGO、FONTANA）等等。山根看到这些杂货，觉得它们的庸俗感十分强烈，但是所有的东西都以“卡哇伊”的概念合并统一。带有巨大蝴蝶结的红色书包（1500日元），绣着蛇、花、般若等图案的刺绣贴（780日元），乌鸦的口罩（600日元），猫怪麦克拉屎图案的烟灰缸（2000日元），胡萝卜大萝卜形状的耳环（500日元），魔女帽子（5800日元）……这些商品的消费者主要是高中生、初中生（84.6%），他们之中有69%的人身上带的钱不到1万日元（杂志同上，1986年4月《竹下通特别调查》——调查样本有436人）。而这些人终于在泡沫经济期成了大学生或走入了社会，他们是零花钱超过10万日元的一代人。

“中心”的共同幻想及媒体的言论

众所周知，“中心与边缘”源于以民俗学为研究素材的山口昌男（特别是《文化与双义性》）的研究概念[①]。这个词本来的意思是说，作为“topos”（也就是地理上且相位上）的村落居住区、政府机关处、商店是“中心”，而在大山之间的地区是“边缘”。这在“拓扑学”［也就是分割生活社会空间（nomos）和自然空间（φύσις）的标准、界限的理论］

① 山口昌男的研究是重新评价源自日本的独特的事物，但直到现在，他的作品仍然没有被翻译成外语。近年来，全球化的问题中，有关经济史的世界体系学派（伊曼纽尔·沃勒斯坦等）再次受到关注，而关于本土习俗的变化，民俗学中的“中心与边缘”的模式值得再次讨论。

中，生活世界的中心与带有异界和常世[①]双重性的“边缘”，二者相重合。换句话说，“边缘”被看作一种“互相幻想化”（这是在包含与他者的相互关系这一点上区别于自我幻想和共同幻想的吉本隆明的用语，它包含了一种性的含义）。

所谓20世纪80年代，就是这一“中心”不断被“共同幻想化”（这构成了当代神话）的过程。比如说，有这样一句话，“在银座，大家都有带老花的东西”。然而，倘若银座不是唯一的地方，倘若没有所谓的“大家”，也没有“老花”的东西的存在，那会怎样呢？支撑着这个“中心”幻想的是媒体，比如前一章我所提到的*Popeye*里的叙述。下面我将以*Popeye*中“时髦”的叙述战略为典型，从以下三个示例中来讨论这一问题。另外补充一下，*Popeye*有着悠久的历史，在80年代，与该杂志不分伯仲的是一份面向青少年隔周发行的*Hot-Dog Press*，前者面向的是都市的、会玩的读者；后者面向的是小城市及农村的、在恋爱上不受欢迎的年轻人。后者总是频繁地发行关于性以及恋爱指南等俗不可耐的特辑。后者是更多介绍前沿的信息和商店，并且，该杂志还有姐妹版*Olive*，从这点来看，我们可以遵循斋藤环的分类——*Popeye*是“蛰居族—原宿系”；而*Hot-Dog Press*则是“寻找自我型—涩谷系”[②]。

① 常世是日本神话及宗教中重要的世界观，它指的是永远不变的领域、死后的世界，而与之相对应的是现世。——译者注

② 参照斋藤环《年轻人的所有》（《若者のすべて》，PHP，2001年）等。

事例1：创造刻板印象的故事方案

田中康夫《思考真正的好地方　少爷们的生活》

（*Popeye* 1986年2月25日号小特辑）

“大家是否知道，从小就**一直**就读于学习院的女生，跟从小就一直就读于日本女子大学的女生，她们的face有很大的不同吗？这个问题是近年来，在东京做田野调查的**研究者们之间热烈议论的话题**。简单来说吧，学习院的女生，长相又古风，较为清秀，她们的面容看起来很高雅。另一方面，日本女子大学的女生们，她们最爱的食物是炸鸡，她们嘴巴很大，长着一张像鸭子一样的脸。二者都生活在目白区，为什么会产生这样的差异呢？在思考少爷们的问题之前，我先来论述一下这一问题。”

学习院：“学习院的女生，她们多住在**文京区的小日向、本驹込**等大宅院里面。在这之中，只有五反田的**池田山**和涩谷的**南平台**不是那种大宅院。在她们之中，每几个人当中就有一个人，她的祖父同别人一同创立海运公司，后来还成为一流企业；而她父亲是那家公司的部长。从她们的学历来看，**从小学到高中一直就读于学习院，只有大学就读于东京大学**。”“她们的母亲也是学习院毕业的，比丈夫小三岁，也许是因为跟丈夫的妹妹是同班同学，所以在初中时代他们就互相认识。家在目黑的大岛神社附近，出身教育世家，两代人都是学习院大学的教授。”“然而，这些学习院家族基本上都在三笠会馆用餐。……她们的家庭直到小学高年级，都不允许她们喝可口可乐，吃快餐店的汉堡，她们一直遵守这些规矩。就算吃汉堡，她们也认定，汉堡应该买位于广尾的**东京FREUNDLIEB的汉堡面包胚**，而内馅儿应该是母亲特制的，做好的汉堡应该和热牛奶一起享用。她们那古风又清秀且高雅的面容也许正是受了饮食生活的影响吧。”

日本女子大学：“另一方面，日本女子大学的女生，她们住在如**世田谷区的深泽和上用贺**一带。她们的父亲毕业于再普通不过的学校，在时尚公司工作，中途决定辞职，并创建了自己的时尚公司。创业成功，一路走到了现在。……最初，一家人住在破旧的公寓里，现在终于住上了全屋取暖完善的独栋房子……家里通常有两个孩子，两个孩子都从中学开始就就读于日本女子大学附属学校。”“长着鸭子脸的女生，不仅仅是大学就读于日本女子大学，而且她们的母亲在良好的饮食上总是懈怠。她们的母亲总是以上兴趣班、网球课回来晚了为理由，在店里随意买些吃的，或者干脆让年纪尚小的孩子吃快餐。对小孩子来说，大口咬着炸鸡，可需要些力气。另外说一句，要一口吃掉炸鸡，嘴总要张得很大才行。就是这样，可口可乐的成分和炸鸡的油，才造成了日本人本不该有的体味和鸭子脸。”

“最近来讲大学的男生们追捧的对象不过都是这样的女生罢了，她们的样貌是通过这样的饮食结构诞生的。”（黑体强调处为引用者所加）

题目中写着“真正”二字，田中康夫的观点是，“比起介绍那些让你们觉得很帅很了不起的东西，不如给你们看看真实的情况”，他表现了一种启蒙的姿态，他所展现的是：一些人想要超越大众趣味实现上升，但结果往往是原地踏步，他的论述缺少了反讽的意味。也就是说，他在没有跳出这一问题的框架的前提下，暗示了事情的“真相”。然而，这出现在“真实”中的固有名词虽然包含了真相，但是如果考证一下的话则完全是虚构的。所谓“鸭子脸”的女学生，事实上根本不是东京都市研究者热议的对象。田中的这种写法，是走错一步则会变为一种妄想的、写作者驱逐

自我的写法。并且从文体来看，他用了“一直”（ずぅっと）等“可爱”的词语，还有“face”（フェイス）这样并没有特别必要的西洋文字，这表明了从摩擦时代开始，时髦的时代也混入了“卡哇伊”的元素，也证明了外国输入的文字更受欢迎。顺便说一下，当时的学生们的说话特点是在句尾加上“之类的啦”（～みないな）。还有“开玩笑的啦”（なんちゃって），他们想将一切事物都说成虚构的东西。

另外，所谓“趣味”既是选择的问题，也是判断的问题，因此，地段的名称所代表的固有名词包含了众多类似于品牌的要素。的确，从小日向到池田山，再到深泽，第一山手与第二山手（第三山手）[①]的对比十分明了，在田中所称的“真实”的价值观中，我们看到了与新兴势力（暴发户）相比，老店（嫡派）的优势更显著。从开成高中毕业进入东大已经变得太过于理所当然，出身于旧式名门从而进入贵族学校，在学习院高中毕业升学。就算是吃汉堡，也要吃“东京FREUNDLIEB”的，且要手工制作。在他的文字中捏造出的那种家庭状况仿佛随处可见的样子。然而，他的论述不过是面向那些拥有更多信息的上等人（只有少数人认可的）的刻板印象。读者真的会相信这些话吗？根据饮食结构不同长相会有所不同，同一个女子大学的姑娘也有老店和新店一般的区分，也许，对这些伪科学一般的论证，读者并没有信服，而是当作一种戏仿在阅读，并且可以肯定的是，他们其实同时在认真搜集一些新的信息（地段名称以及商店名称）。

这其实是一种由出身世家、血统“叙事”所形成的消费阶层社会化的战略。从杂志版面上看，“消费地点、消费品”的照片平铺在左右两侧，

① 东京的地形，西北部是略微高起的台地，东南部和南部是洼地，其过渡区域的地形宛若手指，因此会将地势高的一侧称为“山手”，地势低的一侧称为“下町”。而第一山手指的是本乡附近，第二山手是四谷、市之谷到青山、麻布附近，第三山手则是世田谷、木黑、杉并一代。

分别写着“麻布的国际商场”、“高岛屋本店”、“THE CRESCENT”（芝公园的法国料理店）、“银座和光”、“袋鼠皮的皮鞋”（和光）、“日航酒店的咖啡厅”、“大来卡”、“松涛幼儿园”等等。从这些细节上就编造出了出身世家的故事。这才是老套的推论，从事物的一个方面就判断整体，从而套用某个框架，这或许是一种偏见，然而，如果将其认真分析，这应当就是修辞学上所说的“提喻”。也就是说，对时髦的叙述，其特征就是“提喻”。因为提喻会把语言意象化。提喻是指通过对象的一部分来表现整体的一种比喻。如果用一种更广为使用的话来说，这里就是坪内逍遥在《文之姿态》中所说的一种意思，也就是说，“为表达事物之整体，须以一而类，如以食物中之米而代之，通过‘投人以米’来表达‘投人以食’的意思”。再比如，在政治上经常说到“结构改革”，实际上它包含了财政改革、行政改革，以及邮政改革多种要素，但用一个词就可以代表全部，这也是小泉纯一郎的话语中频繁使用的提喻表现。

事例2：

街上总是很刺激。Tokyo Stimulus Lane

田中康夫撰文、佐藤丰彦绘制的东京驾车出行地图及散步连载攻略

“不好意思来晚了。我想让你来一趟‘伊皮泽里’。从日比谷道南麻布”

——*Popeye* 1985年8月25日号

“在伊皮泽里酒吧，十五分钟之后，可以吗？”英明这样说道。

“今天啊，工作刚完。一会儿要是去帝国饭店，就太晚了。所以抱歉了啊。”

电话那一边的叶子一直沉默。是不是太任性了。……英明在涩谷的东邦生命公司工作。……叶子在日比谷的旭化成工作。她是今年

毕业于成蹊文学部的女孩儿。**成蹊这个大学真是不可思议。清瘦的美女、明艳的女孩子在学校不受男生欢迎。受欢迎的是身高158以下的，所谓“可爱”型的女生。**

这也是在“泡沫经济文化”过渡期时田中康夫所写的文章。这篇文章同事例1的文章不同，是以连载故事的形式写成的，题为《街上总是刺激》的文章。每次故事的设定都是约会，主人公主要是大学生或刚进入社会的新人。故事发生在特定的舞台（东京、近郊等地点）。大学名称和企业名称是真实名称，最后根据观察经验（？）得出“成蹊大学，美女不受欢迎”的主观结论。这些结论的可信程度的确可疑，但田中康夫真的会不遗余力地去街上或大学做“田野调查”吗？笔者自己在学生时代由于工作的原因，也频繁出入东京的各个大学，我曾经多次在大学的食堂或咖啡厅见到过田中康夫。我记得他一直在做笔记。除此之外，他还写过“他们二人是明治学院大学三年级的学生……低年级的学生上学的校区，在横滨一个特别村的乡下，他们都在经历如此严苛的洗礼”（1985年4月10日号），他轻而易举地就可以说出我们学校横滨校区（俗称户塚山）的情况，可见他非常了解。在那期杂志上，还介绍了城郊约会的前一个阶段，其中，还对拉面店按照街道、街区分类做了介绍，从这些信息也能看出他对此十分了解。香月、土佐口、桂花，还有没有多次去过就没法儿注意的白金台五丁目的“中华荞麦面店”，这些都出现在杂志上。正因为田中康夫跟读者站在同一起跑线上，因此他的信息来源不能依靠媒体，而是通过亲自前往、亲眼观察，来走访各处，他还通过与年轻人的交流亲耳听到最新的信息情报。

在事例中所举出的公司职员十分忙碌，当时他们又被称作青创（青年创业家、Young Executive），这是人人称颂年轻商业巨子的年代，因此从

图3-2　《街上总是很刺激》的版面设计（1985年8月25日号）

西服到工作笔记本，各种各样能彰显青创的小商品都卖得非常好。所以，在《街上总是很刺激》中登场的“帅气”主人公，当然一定要忙碌。并且在帝国饭店约会，也就是说要尽可能地工作并多赚钱。而“伊皮泽里”是外苑西通（俗称地中海通）日本红十字医院附近的BIGI公司所经营的一家意大利餐厅广尾（现在叫CICADA）。这个设计很妙。文章连载的时候一定还要附上地图，并写清具体的解说，也许读者会想，倘若男女二人都是从自己的公司赶来，那么在日比谷和涩谷之间就要坐地铁吧。不然不仅要一方白白等待，从日比谷走到银座，也实在让人不忍于心。因此两个人就要坐出租车从两地出发汇合，而“伊皮泽里”就是最早能够汇合的地点。

另一方面，日比谷、丸之内、涩谷、青山，在这些地方工作的人究竟有多少呢？而在其中，在半夜的东京市中心餐厅约会的人又究竟有多少呢？这不是巧合，在杂志中所看到的情侣们的（作为相位的）“中心性”，也就是从日比谷到涩谷之间的数公里的地理关系，仿佛正同日本的中心相契合。在相位上具有“中心性”特征的地点，不一定真的位于地理位置上的中心。然而，日本，或者说东京这一社会，就是这样构造的街区。而这种构造由十分擅长用固有名词来写作的田中康夫完美地再现了。日比谷、丸之内的nomos（日常空间）也有夜晚的一面（帝国饭店、各个餐厅等），而西麻布、南青山则是恒久的、将狂欢空间化的街区。而被驱逐出“中心”、被驱逐出东京的人们，在社会的边缘地区落脚，“边缘”的姿态全部变得不可视，终于，在20世纪90年代，它们以“郊外”的面孔回归大众视线，这就是这个时代的叙事。

事例3：反讽

泉麻人，《现在什么比较好呢》

（*Popeye* 1985年9月10日号小特辑）

（编辑部）“这次我们让各位就今后的‘流行’发表了观点”：

泉麻人：“今后，人们会在家附近的咖啡厅碰面，或是一个人在住所附近散步，这应该是未来趋势。这样的话，假如一对情侣，男生在西新井；女生在蒲田，两人看看平时熟视无睹的景色，道一声‘还有这个啊’，刚落下话音，两个人就增进了距离，还能感受一种新鲜感的喜悦。

“继品川、横滨的车牌之后，相模的牌照也会大火啊。

“今后准备开丰田Soarer车的人们，赶紧搬家到相模吧！相模的车牌一贴，挡泥板处也装饰一下，头发也搞成小卷烫。然后不能管车叫成‘Soarer’，而是要叫成‘High society’。开着High society奔向六本木广场大楼里侧的冲浪的一伙人，这就是老派的做法。车载音响要靠吉川晃司和威猛乐队来决一胜负！”

这篇文章作者也是20世纪80年代式的人物，他就是泉麻人。90年代之后的年轻人，再来读田中康夫的文章，也许会笑出来，然而让当时的读者捧腹大笑的，则是上面这样的文章。1986年（“泡沫经济文化”开始）的时候，泉麻人已经逃离“泡沫经济文化”这一游戏，他通过与对象保持距离来观察，并呈现出一种反讽的态度。田中康夫的“阶层化”战略是通过利用geographia（地理位置），以及topos（相位）分类的叙述（差异化），然而泉麻人的写作方法是与田中康夫截然不同的。他逃脱了“泡沫经济文化”的框架，并且将田中康夫式的写作戏仿化。什么比起银座，西新井更好，比起听灵魂乐，更要听吉川晃司和威猛乐队的音乐，并且他还说把当时已经不再流行的Soarer车（Soarer在一段时期同本田Prelude人气相当，然而这个时期，宝马和奥迪已经出了新款，Soarer成了叛逆青年开的车了）上安上“相模的车牌”。如果想到当时车牌照的价值，再想到被人吹捧至极的“品川”和“横滨”的车牌，就知道他说的习志野和相模的牌照（这些车通常带着电光牌照，那也是叛逆青年的最爱），其实是一种强烈的反讽。六本木广场大楼的例子更是如此。

媒体、技术的急速发展

正如我一直以来论述的一样，如果把1984年左右看作是二战之后的断绝期，那么前一年，也就是1983年是怎样的时代呢？我尽量避免详细的论述，我们先来看一下1983年中年表的关键词。“压力社会”（拒绝上班症、厨房综合征、灰姑娘焦虑、奋斗徒劳综合征），“学校的矛盾”（流浪汉连续死亡事件、户塚帆船学校事件……）当年的畅销书是《积木崩塌》（该书是冲突时代的象征，描绘了非法行为和家庭内暴力问题），《高高兴兴买东西回家》（新时代的预感），电视剧《阿信》（前一个时代最后的余音），“想要接触人的身体的欲望”（对橡胶模型飞机、铁皮玩具等新科技玩具的抵抗），“试管婴儿”（日本首次），咖啡吧，乌鸦一族，以及小混混一族的流行……这些流行元素十分混杂，在商业上，“痞坏感”也被“卡哇伊”所吸收，而在社会上、观念上则即将实现无色无味的“干净”的（以国家的身体为基础的）“学校化社会”。

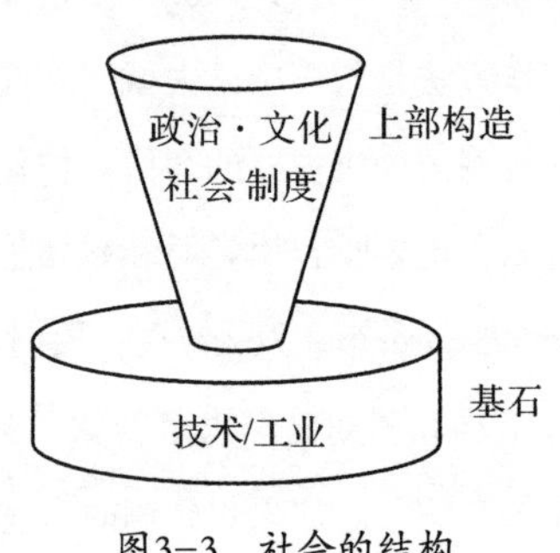

图3-3　社会的结构

遗传工学、信息通信处理技术的发展，以及现在已成为固定体系的前沿科学技术的正规化，大约出现于1984年到1986年的战后断绝期，并且与之后出现的“泡沫经济文化”发展的转型期相重合。我在这里想论述的是，“所谓文化，它指的不是媒体、技术，它是与表象、创作相关的”。1985年“广场协议”的前后，媒体、技术得到了广泛的应用，包括家庭磁带录影机的普及，红白机的火爆，电脑、文字处理器的普及，新媒体的实验，电话网的新服务，电脑通信的广泛化，等等。在热门电视剧《向太阳怒吼》中，石原良纯出现的那一集（1984年），老板（石原裕次郎）说了“微型计算机”一词，他回答说，“现在没人会这么叫了”。与文艺复兴和工业革命相比，这次所谓的信息革命是十分特殊的，所有的情报、知识和信息都需要通过计算机转换成数字（二进制）语言，而不遵从于这一路线的知识和信息则被排除在外。除此之外，知识、信息的蓄积本身成为财富，成为一种商品[①]（软件等内容的贩卖、数据库的使用等），因此，知识和信息的获取成了被开发和被投资的对象。正因如此，媒体科技的数码基础的发展，呈现指数式增长。

的确，红白机和文字处理器十分方便，它们提供了游戏并减轻了工作上的劳力和风险，然而，科技是文化的基础，以科技为工具所创造之物正是文化，这点不会变化。对于科技的急速发展，贝尔纳·斯蒂格勒称之为“象征的贫困”[②]，这也许是因为我们人类的创造能力原本是通过创造物品来达到一种快感的（生命的动力），而科技剥夺了我们的这种感觉。这一问题与“寻找自我”的扩大也许有一定的关系。人脱离自我意识，并且从观念中出发，创造某种事物的行为，或者创造出作为表现的作品（可以是一幅素描也可以是一首诗）的行为，这原本是一种**作为象征世界的社会与作为想象世界的自我**二者之间的一种和解方式；通过观看和触摸出现在这个世界上的某一个作品，源自象征的观念性事物再一次作为一种感受使得我们能够找回自我。换句话说这一过程是自恋（narcissism）之镜，斯蒂格勒称之为“根源性的自恋”，倘若没有这种原初的爱，就没有对于他者（其他人以及世界上的事物）的爱。

“现在，就是这里！”的战斗

“广场协议”之后的另一个变化，自不必说，便是日元升值导致了进口商品的增加，这又使得舶来品急速贬值。在第一章介绍的原宿那部纪录片中，年轻人们喝着合成果汁（果汁含量不高），而在20世纪80年代之

① 参照Manuel Castells，*The Rise of the Network Society*，Blackwell，1996等。

② Bernarad Stigler，*De la misère symbolique*，tome 1&2，Galilée，2004等。

后，百分百果汁的消费仿佛成了一种理所当然之事①。

日元升值导致进口商品涌入大街小巷，而在此之前，比如前一年的1985年，“进口商品”（或者进口的东西）很少见。除了Renoma、CLAYGE以及迪奥等贴牌产品，爱马仕、古驰、范思哲等欧式品牌对于大众来讲还是未知的世界。购买直接进口的商品是不太可能的。

在序章，我已经简单地论述了“时髦的时代”（泡沫经济文化）中关于品牌（徽章）的辨别性特征的战斗。人们就算通过所谓“更新潮”的服装和发型特征，进入了“流行”圈，之后也会有源源不断的追随者和模仿者，因此他们不得不逃到下一个流行圈中，这就是“棋盘上的消费游戏”。毋庸置疑的是，面向数万读者发送信息——“现在，就是这里！”，通过在杂志媒体上传播这种流行信息，上述的趋势则会越发显著。举个例子，某杂志介绍了涩谷神宫附近的商店在售卖帅气的莫卡辛鞋，库存只有30双。而该杂志读者有10万人以上，假设读者中有0.1%的人有购买意愿，结果是，能够买到的人只有30%，70%的人都没能买成。如果这种活动周期性地进行，也就会导致倘若不在杂志媒体发售日之前购买，就无法真正地进入“流行”圈，如此一来就产生了“时间的战斗”。人们不得不超越周刊及双周刊发行的节奏。进口商品的增加也是同样的逻辑，这加速了“时髦”的战斗。比如说，买手预判意大利的某某品牌的新款墨镜的第几号特别好看，这样一来，他们就会拼了命地让工厂从生产到流通的环节尽可能地加快，比其他公司更早“引入”日本市场。而日本的零售店，也会想要领先其他店铺一步，也想要卖出更多商品。从消费者一方来看，他们想要进入“流行圈”，从而比所有人都能够提早拿到产品。

---

① 由于美国经济的不景气，1985年召开了广场协议，（次周）日元开始升值，“进口”增加（衣服、日常用品、汽车等）。而食品上，1988年实现了牛肉、橙子的自由化，之后12种农产品※实现自由化。随着可支配收入的增加，生活方式也发生了重要改变。（这里※指的是，芝士、果酱、水果粉末冲剂、非柑橘果汁、番茄汁、砂糖调味品、糖类等等）。

这样一来，这种大规模的“关于‘现在’的战斗”就不停地重复、拓展。

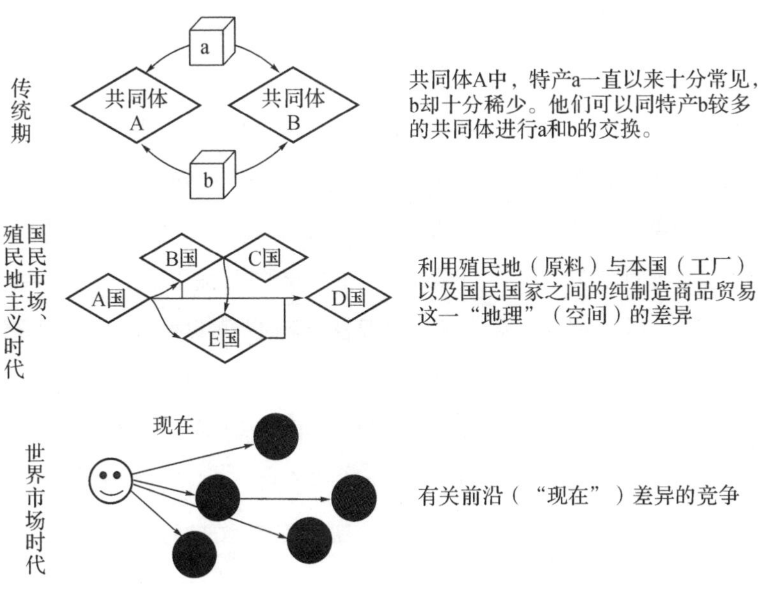

图3-4　共同体之间交易的结构

有关时髦的叙述特征就是“现在，就是这里（这个）！”的重复性指示。“现在”和“这里”都是转移词（shifter），也就是可以无限替换使用的词语。所谓转移词，可以这样理解，你和朋友在咖啡厅聊天，你们互相用着“我”如何如何，而互相把对方称为“你”，也就是说，在语言游戏中，说话人（发话人）与听话人（共发话人）通过交替的模式来进行。并且，“现在”的意思是，无论何时都是当时的那个时间点，明天、后天、“现在”均是可以往后无限延长的。“现在就要去台场！”，也许下一周就变为“现在就要去汐留！”，或者变成了“现在要去麻布十番！”（20世纪80年代，本牧、横滨湾区、湾岸、舞浜、六本木、南青山、涩谷

Fire街、古董街、溜池等，各种“时髦之地”，多到让人头晕目眩。）

“中心”的平板化

如此想来，向“泡沫经济文化”转型的20世纪80年代的后半期，无论是在相位上还是在地理关系上，或者是在时间上，中心和边缘的关系逐渐消失，所有事物都处于一马平川的、平坦的、平板式的时空中，只要没有凹凸和障碍，就可以得知明天和后天将会同样处于无重力的时空中。品牌（徽章）的定位之争，并不像以往社会阶层秩序一般的僵化，商品往往是略赚一些钱就可以获得的东西，商品甚至随时都可以更换，而所谓真货与假货也并无区别，也不存在急迫选择某种意识形态的问题。相反，想要一直赶上“流行”的潮流，则需要不停地转向。假如前一年的流行趋势是乞丐装，那么即便是同一品牌，今年倘若没有换上全身黑色宽松的乌鸦一族时尚，那么就跟不上流行的浪潮了。这是兴趣爱好的问题，而绝不是意识形态的问题。并且，像“竹之子族”一样，按照自己兴趣爱好，不辞辛苦手工做活儿的这种主动性的象征行为逐渐消失了，人们只会消费已经做好的商品，采取被动的态度。意大利、法国、西班牙仿佛已经不是遥远的西方国家，它们出现在杂志介绍的涩谷和青山的商店里。“现在”没有尽头，一直上演着浮游和无限期的循环。

正如我在*Popeye*杂志分析时髦术语中所指出的，存在着众多地点名称、街道名称，以及其他固有名词，而正是在20世纪80年代后期，这些词语无需多加解释和论证，它们作为“时髦的证据”被广泛使用。通常来说，二战后的日本，街道和街区是自然而然形成的，有同样兴趣爱好和工作种类的人们，以居住和开店的形式聚集到一起，从而形成了各地的特色。其中也有例外，比如西武集团的“公园街”等店铺是以商业战略形式而成立的。也就是说，有的街区及其广义的品牌固有名称，如符号一样被使用，因此解释可以被省略。这也正说明了成品（ready-made）时代的到来。比如，在90年代，也许有人会说，“我只听J-WAVE广播”（“不听FM东京那种以谈话类和日本音乐为主的电台，对NHK-FM那种古典、演歌类的节目也没有兴趣”），这实际上是将自己的兴趣爱好告知他人的非常省力的行事话语。1988年创办的J-WAVE与现在的氛围非常不同，音乐、谈话、广告的比例大概在8∶1∶1，当时的节目不被唱片榜牵着鼻子走，经常播放“有品位的”外国音乐，不论歌曲的新旧；而节目的谈话也几乎都是用英语进行的。并且电台以港区作为大本营，“都市的品位”就成了他们的卖点，因此甚至有人说电台“不读从千叶、江东区寄来的听众来信”[①]。也就是说，“港区”成了“区别于，且超越于”“千叶”和“江东区”的地方，这两个地方同“相模车牌”一样都被赋予了消极的意义。

非日常的日常化

就像小松和彦等人很早便论述的，80年代的生活世界迎来了“全方位的非日常”时代的到来。曾经的商店，在早饭结束的时间开门营业，在日暮时分结束营业。夜晚的街道安静、悄无声息。然而随着便利店的登场（在城市，便利店于1980年前后普及），人们可以24小时进行消费。可以在半夜买本杂志，再买些零食点心或是啤酒。原本消费本身曾经是一种非日常的行为，在日常生活中，衣服、餐具就算坏了也可以修修补补继续使用。然而，随着消费走向稳定化，每日的生活节奏的界限慢慢消失。而迫使这种变化出现的正是社会结构和社会生活结构本身发生了变化。一整

① 乌贺阳弘道，《JPOP是什么》，第5—6页。

夜，与物流相关的卡车在路上行驶，便利店则聚集了许多年轻人。“盛装”原本是特殊的节日所穿着的衣服，而流行品牌（徽章），在永无止境的狂欢空间肆意彰显。那个人、这个人、那处地方、这处地方，所有都被纳入狂欢之中。因此，在日常成为狂欢、狂欢成为日常的社会中，可以说，真正的狂欢气氛和狂欢之场所反倒消失了。无论是便利店还是人气商店、人气餐厅的连锁店迅速进入“郊外”，即便不是东京的中心，在柏或是町田，“中心”式的消费仍在进行着。

本书所使用的“中心与边缘”说法，是受到民族志学者爱德华·希尔斯（Edward Shils）的启发，再加上人类学家山口昌男将其严密概念化的想法。这也正是20世纪80年代初流行起来的概念，越是讨论，其内涵就越是深刻，它也是一个经得起持续推敲的优秀概念。从中心（神圣、规范、日常）与边缘（污秽、逃离、异界）的区别来思考生活（日常空间）。这也许是村落的地理关系（村子的中心、周边的居民区和耕地区、交界线、山与川的异世界）影响了世俗的信仰形态的相位（日常所生活的此岸、灵魂所居住的彼岸，在盂兰盆等特殊的节日里回归中心的灵魂），并将这种心理状态模型化的概念。中心（共同体）通过将“非日常”的事物、边缘的事物排除在外，以保障秩序的运行。通常来说，在节日等特殊时期，能够将“死亡”和“异界”再现而实现力量的复苏。而被排除于边缘的事物，正如无意识的压迫一般，不断地回复到中心（亡灵）。另一方面，边缘蓄积了非常态的力量，通过魔术式的力量和新发现，可以追赶上中心。粗略来说，他的书就是向我们展现了这样的思考方式（《文化和双义性》，岩波书店，1997年，223页）。另外还有信仰，外敌、怪物入侵等意外的来袭，这些当然也是来自边缘。

然而，“边缘”看似被“中心”压迫、排除，但它可以随时回到“中心”，来威胁日常秩序。节日虽然说是威胁，但是它被形式化了，人们有意识地打破日常的规范，通常被禁止的故意打破身份象征的行为也出现在了非日常的空间之中。并且，“边缘”不仅仅是意味着危险，它仍有积极的一面，它可以帮我们将新的发现导向日常空间（nomos）。山口昌男考察了许多风土记，他关注了这种“边缘”的模糊性（双重作用），他发现了风土记中记载着这样一种混沌——“边缘”既是“狂妄之神”[①]，又是危险且令人崇拜的“胜利之力量”。

下面的话题略有唐突，舞蹈是什么呢？20世纪80年代可以说就是以“竹之子族”的“芭拉芭拉”舞开始，以迪斯科舞池中的扇子舞结束。“竹之子族”众多的民俗服装，以及迪斯科中加入扇子的不和谐的演出，这些意味着什么呢？众所周知，折口信夫把大声地发出声音、脚踏大地的舞蹈看作艺术的起源。相扑深蹲的姿势亦是如此，“起跳”“脚踩大地”，并且发出声音驱邪的法术行为正是艺术的起源。在当代，就像人们在转读[②]大般若经书的时候，会敲打太鼓、用经书敲打经桌、发出很大的声响。敲、打、按照一定节奏发声，在许多仪式中都会见到。这些行为，从源头来看仍然是驱邪的法术行为。聚集在原宿的“竹之子族”，身着华丽的衣裳（非日常性），反复着同样的舞蹈动作，用录音机重复播放着响亮的音乐。从这些行为来看，80年代前半期，是**“边缘”（逃离社会的一群人）向“中心”的最后的入侵**，与其说“竹之子族”是闯入者，不如说，他们也许是承担祭祀、巫女角色的驱邪仪式的旗手。他们拼命想要驱散的，也许正是80年代后期**“泡沫经济文化”中所出现的平板式的而又永远没有尽头的日常化的时代**。

① 荒ぶる神，即狂妄之神，日本神话中不听从天皇命令的神。——译者注

② 佛教用语，“转读”的意思是，在法会上，仅仪式性地诵读众多经书的部分内容——经书名称、译者名、开头、中间和结尾几行。与之相对的，全文诵读叫作“真读”。——译者注

平板与公共空间

如果把这个“平板”（松浦寿辉）和“没有尽头的日常”（宫台真司）的含义，以一种“连续”的意向来理解，那么他就没有真正认清事实。其实，“日常”的真实感觉是非连续性的、片段式的，也正因如此，它才产生于“时髦”的时代。西田几多郎在1937年的演讲中谈到时间不是直线性的，而是环形的。通过假定一个“现在”，将时间限定为一种空间。以“现在”的视角来看，可以看到时间的延续。“过去”与“未来”不可思议地并设在一起。西田把它称为“矛盾的同一性”。在这个场域，人类创造的、原本被动的历史转化为了向未来前行的能动的事物（西田所说的“历史精神”）。这就是所谓的理性主导的人工操作。在我们的日常之中，在意识与无意识相伴的自然状态下，时间并非无条件限制地跟随于意识，时间也并不作为意识以及使得一切活动可行的基础，时间更不能作为思考对象。把焦点放在时间之前，可以感受到其他（人和物的）真实感觉，能获得自己的切身的现实感。这种连续性的时间，让人们不再关心同自己紧密相关之事，而让时间变成与他者共有的公共之物，要想达到这种效果，就需要前提，比如说在一定的地理范围内、在某一共通时间之中，人们所做的一种约定行为。不仅如此，在现代，假如某人意识到某一个时间会在电视上播放足球比赛，他便会早早结束自己的工作，在节目开始之前就回到家。这也是我们忘却了亲密性的时间，而将自己的行动同电视节目表（节目单）保持一致的表现。

公共时间浮出社会大约在19世纪。伴随着铁道的建设、通讯网络的铺设、国内标准时间和世界标准时间的设置等，19世纪与时间相关的众多问题显现出来，为了不脱离本书的主题，有关这一问题我会在其他文章中论述。在这里我想说的是，或许正是“报纸”（日刊报纸）这一媒体引入了公共性时间。黑格尔所说的“世俗化的晨祷”指的就是每天早上，每个家庭都会阅读报纸，19世纪30年代，这一时期被看作西欧报纸购买（不再是传阅）的普及化时期。并且，加布里埃尔·塔尔德（Gabriel Tarde）曾指出，“自己正在阅读的报纸其他人也在阅读”，他提出了这种读者之间疑似的连带意识。他从“公众”的角度，分析了19世纪到20世纪的变迁①。终于，在20世纪还剩四分之一的时候，起到了“民族国家”奠基石作用的媒体，成了本尼迪克特·安德森（Benedict Anderson）以民族主义为研究对象的基础。

人格解体征的时代

非连续性的、某种意义上来说技术式的时间又是什么意思呢？**“时髦”时代中的时间仿佛是“狂躁的、人格解体征式的时间”**。并且，在20世纪90年代以后，关于时间意识的一个大转换仿佛仍在继续。媒体（杂志）在热切地呈现着“现在”，如此一来“现在”的统一性就被割裂了，复数性的“现在”作为他者之物浮游在表面。人格解体—现实解体综合征（又叫作“真实感丧失症”）指的是缺乏对一切事物真实感的症状，比如就算明白身边的花、人、桌子摸得到看得见，也无法根据真实感觉做出质的判断（比如“花真漂亮”等），再比如就算理解了电影、电视剧的每个场景，也无法理解整体的故事走向，又如对于头脑中已理解的他人，无法做出相应的真实感觉的行为（如保持礼貌性的距离感等）。在人格解体—现实解体综合征患者中，还有人这样诉说自己的症状。

关于自己，我脑袋中清楚地知道自己就是自己，然而在某一个

① 比如，《世论与众群》（《世論と群衆》，稻叶三千男译，未来社，1968年）。

瞬间只是意识到“我”解体了，仿佛一个完整的我、完整的自我消失了。对于时间也是一样的，看看表就清楚地知道现在是几点几分，然而我却完全没有时间流逝的感觉，无数的“现在”片段一个个消失了，我完全感觉不到那种“现在”与“现在”之间，“时间”与“时间”之间的感受，一整段的时间就这样流逝消失了。或者可以说，我感受不到“现在”的扩散[①]。

上述是木村敏对于时间的双重性的论述。刚才所提到的所谓公共时间指的是，“钟表指示的时间”或者“第三人称式的、作为现实的和公共性表象的时间”。电视节目时间表、车站时刻表，以及电视、电脑上所显示的时间，这些时间都是公共性的时间。与此相对的，现象学家们所说的“生存的时间”（欧仁·闵可夫斯基，Eugène Minkowski）以及所谓“生成”（gebsattel），这些都属于一种亲密无间的时间。“‘当下’或者‘现在’的鲜活的现实存在，与毫无关联的第三者绝不可能共有的时间，就是‘私人’的时间存在”。木村认为，这种私人的时间是可以同拥有亲密的相互第二人称（互称“你/我”）以及第一人称复数（可以说‘咱们’）关系的人共有的时间。

我仍然存在疑问，也就是有第二人称和第一人称复数关系的人之间，是否共有这种“生存的时间”呢？（比如说作为某一个报纸的读者群的“我们”，能否共有这种时间呢？至少他们不是虚假的关系，而是一种真实的关系……）因此，我在这里不讨论这个问题，而是把这种区别于“公共性时间”的概念称之为“亲密性时间”。正如木村所指出的，所谓亲密性时间的“现在”，用海德格尔的话来说，指的就是每一次的“我同我自身之事”中的“我”。“我”可以丈量未来自己的死亡、当下以及过去。

① 木村敏《作为关系的自己》（《関係としての自己》，美篶书房，2005年，58页）。

也就是说，我可以把时间空间化。“竹之子族”中有的年轻人说着“也许明天就死了”，他的意思是想要尽情地享受现在所做的事情。然而，当“现在”一词是由媒体建构出来的时候，当我们处于一个割裂的时代之时，这种“我”的亲密性时间就变得十分空虚。**“我的现在”就像是容器，承载着芝浦、表参道等众多地点，以及众多流行的服饰**。

“全共斗运动”后，20世纪70年代后半期的“抽离”氛围以及消费文化的萌芽出现了，紧接着是80年代狂热的消费文化。政治从社会价值的一面剥离脱落。70年代后半期，情人节以及平安夜，这两个节日成了固定的国民性的活动。然而，到此为止也许我们可以把明治以后的近代化的历史看作直线的。

这是与此同时进行的统治权力所主导的“学校化社会”之实现的一个侧面，这个统领性的结构被商业利用了。从此，在众多商品的世界之中，“喂！说你呢！”一语仿佛在质询并倡导着消费。当下，信息社会所盛行的模式是劳伦斯·莱斯格（Lawrence Lessig）所说的由“architecture”（架构）所主导的管理（或者是德勒兹所说的“管理社会”）模式，在这种模式下（生活）行为环境和社会机制本身的设计使我们处于被统治的地位。然而，在这之前，我们不应该忘记的还有从学校（“伦理”）到消费生活方式（“市场”）管理这一连续性的结构。这是因为，所谓“architecture”（架构）主导的管理加深了以学校–消费为基础的管理社会结构。

年轻人文化从“痞坏感”走向了“卡哇伊”，这种兴趣的变迁，是平行于这些社会变化的。在对*Popeye*杂志的案例研究中，“上流”的“叙事”不断出现，而在这种虚构性中众多读者也吸收到了隐藏在缝隙之间的“真实”信息。“中心和边缘”叙事的扩散，成了消费者的动机，没有实体的地名、商品名在叙事中的出现，加强了刻板印象。商品目录杂志中与叙事所并行的信息的呈现，使得消费者卷入了“现在，就是这里！”“现在就要买它”的“与时间的斗争”。

从1980年开始，时间意识的加速和生活方式的同质化逐渐显现。媒体有力地推动了公共时间的共有，“现在”（当下）不知不觉地由媒体呈现出来，而亲密性的“自我的现在”变得不复存在了。并且，便利店的出现使得生活方式逐渐同质化，所有的特殊性、风土、时节都被剥夺，我们的生活环境被平板之上所罗列的固有名词所取代。这种“现在”的分裂与“节奏”的公共化，是80年代后半期向“泡沫经济文化”前行的基础。下一章，终于进入走向“泡沫经济文化”的过渡期（与战后的诀别、经济上的泡沫爆发）和中心期（泡沫的出现、使人忘却昭和—战后的经济景气）的论述。

第四章 “泡沫经济文化”的幸福探索——“御宅族”与“涩谷休闲风”的分水岭

关于“泡沫经济文化”这个词语，本书一直尚未探讨它的概念，下面我将尝试着给出一个定义。“泡沫经济”一词原本指的是不符合实体经济发展的土地价格或股票价格的高涨，以及在变本加厉的投资之中所产生的投机式繁荣，它就像“泡沫”一样膨胀，总有一天会破裂。在这种状态下，市场有足够的金钱，并且能够无阻碍地流通。因此泡沫经济与现在所谓的“不景气”不同，现在我们所说的导致经济不景气的原因在于“流动性偏好”（凯恩斯主义经济学）和“货币的拜物教主义”（fetishism）（经济人类学），即并非总体货币量不足，而是货币成了银行储蓄，这使得货币一直处于一种不流动状态。在前一章简略的基础论述之中，我已经指出了技术的革新关系着经济的活化，在这些多方的影响之下（可逆的、具有反馈性的），上层结构（社会）发生了改变。这就是生活方式，特别是消费方式的改变。生活的节奏着实发生了变化。事实上，就连“文化”的定义，我们都需要用大量笔墨来阐述，在这里，我们就暂且使用一个相对抽象的定义[①]。

“泡沫经济文化”是什么？

“泡沫经济文化”是泡沫经济带来的诸多影响之一，其特征是“高度依赖以媒体为媒介的沟通样式”[②]。这包含了上一章论述的杂志、下一章将要论述的主题——电视节目，以及本书未涉及的网络通信和电话的娱乐性使用等等。**“泡沫经济文化”这一用语指的是“由于泡沫景气而发生变化的象征领域”**。象征领域指的是上一章所述的上层结构所对应的事物、可以语言化的事物、符号性的事物，无论哪种其实指的都是“人工的”并且“有意义的”全部事物[③]。从艺术到服装、交通标识、法典、墙上的涂鸦、雕刻在木头上的印记等等，不直接作用于自然的繁殖力的所有领域，经济活动、作为技术领域产物等各种事物也都包含其中。这里我们有必要参照阿夫拉姆·莫勒斯（Abraham Moles）对“文化”的定义。

> 所谓“文化”，一般是指以社会为媒介的、由人类制造出来的人工式的环境。如果说我们现在所身处的这个人工式的环境，全部被

---

① 在这里讲述一下我个人的经历。2002年我被分配到学校的教养教育中心，趁此机会我也认真思考了有关“教养”的含义。（这里的日语“教养”一词不同于中文，可以译为“文化、学识、素质”等，日本众多高等学府都设立教养学部，指的是文理综合的素质课程教育——译者注）。我认为“教养”与“文化”有着密不可分的联系。这从现象来看存在着两面性：一是个人的判断与思考能力或者积累的知识，二是受到社会性、历史性规定的象征物的积蓄过程。然而，如果认为这两者密不可分的关系正如“culture”一词的两种译法一样，这样的想法未免太过简单。事实上，两者的结合更为深刻。正因如此，关于我认为的教养以及文化，我大概写了有300张草稿的内容，但我仍然觉得没有将这个问题思考透彻。因此在这里希望读者谅解，这里我所说的定义仍然是一个十分公式化的概念。

② 主要指的是数字媒体的前一个阶段，以及出版媒体的顶峰时期。

③ 西蒙栋（Gilbert Simondon）在他的技术哲学中这样谈道，他不认为“文化”是将技术排除于非有意义领域的人类中心主义的东西，而是主张“技术对象”才是自然和人类之间的媒介。

包括在“文化”之内，那么它所包含的范围就远远超出了以前历史学家们所定义的艺术和学问。……人工式的——也可以说是带有社会印记的事物，它同物与服务，全部都属于“文化”。这些全部是依靠人类创造的事物，它们反映了人类的样子。就连盘子的形状、桌子的形状都是一个社会缩影，它们与语言中的词语相同，有作为符号的功能[①]。

莫勒斯将文化的要素分成以下三点：1.“工具类的世界”。它大约与最早的文化同时诞生，并由此诞生了作用于自然的文化，即工具。“culture”的原意“耕作”或许就是它的原型。详细可参考安德列・勒鲁瓦－古昂（Andre Leroi-Gourhan）的《肢体语言与语言》（《身ぶりと言葉》）一书。2.“符号的世界”。也就是上一章我借用贝尔纳・斯蒂格勒的“象征的贫困”这一理论所阐述的、与创作相关的领域，在古代指的是艺术，而现在还指代日常生活中小到发送电子邮件或是做发型等事物。3.“物（object）的世界”。它最为新兴的形式就是“工业商品”，对标准化商品的消费也应包含在内。正如莫勒斯所说的，人们的“消费行动”，与“工资劳动”和“义务劳动”不同，它具有“与个性相关”的特点。无论是物，还是服务，在泡沫经济时期，身边的各种事物都成为“消费”的对象。然而，在标准化大量生产的时代，即所谓工业文化的时代，很不幸的是，想要通过消费的不同而实现个性的差别化战略，都是以绝望式的、反反复复却毫无进展的竞争，以及预设好的败北为前提的。作为象征的创造之位置，被“消费”取而代之了。

① 《刻奇的心理学》（《キッチュの心理学》，万泽正美译，法政大学出版局，1986年，7—8页）。（刻奇源自德语kitsch，它指的是虚假的、捏造的事物。——译者注）

80年代的媒体（电脑、CD……）

20世纪80年代科技的飞跃加速了这一倾向。CD的出现使得唱片数字化，在家庭之中也能够听到就人类听觉频率范围而言与母带音源同样的音质。唱针的选择、唱片机的转盘、唱片的存放和修整，已经不再需要以前那些“心思”了。那些每一张唱片都与他人略显不同的杂音，以及放置唱针的紧张感都已不复存在。伴随着FM横滨（1985年开设）和J-WAVE[①]的出现，DJ风格逐渐发展起来，人们听音乐的习惯改变了，原来人们会不断摆弄着广播天线的角度，有时也会定个闹钟来提醒自己按时“录音”等等，这些习惯就像是黑客或无线通信文化一样，慢慢消失了。曾经的人们在FM专业杂志上用荧光笔小心标注，或是花费90分钟用母带录音，而相比之下现如今租赁或者购买CD的成本更为低廉。人们也无需再花费时间和精力将歌手的照片从杂志上裁剪下来，或是拿着杂志上铃木英人的插画来制作独创的CD封面和曲目表。

并且，在家用电脑的普及之中发挥关键作用的游戏领域也发生了改变。80年代初，人们在附带键盘的第一代国产电脑（NEC的PC8001，夏普的Z80，富士通的FM-8）上，努力用BASIC语言自己来编写游戏，还将杂志上介绍的编程用机器语言输入，这是当时普遍的电脑使用方法。1982年，作为杂志*ASCII*别刊的月刊*Login*开始发行，随之出现了第二代FM-7，PC-8001mkⅡ。这些虽然为以后的软件应用游戏起到了铺垫作用，但当时自己编程依然是主流。*Login*的特征与其他刊登编程的杂志卖点不同，它刊载了众多市售游戏的评论。次年，也就是1983年，游戏《信长的野心》（信長の野望）发售并得到了大卖。简单的绿色的屏幕上，将电子音用作

① J-WAVE是日本一家以东京都为放送对象地域的FM广播电台，以音乐节目为主。——译者注

音效，用“几扣几扣”的声音表现战斗。这个游戏没有什么画面设计，却大受好评并十分畅销，这是因为游戏非常有趣[①]。

很快，艾尼克斯公司（ENIX）和Hudson Soft公司也陆续推出了热门游戏。初期主要是像《门门冒险》（*Door Door*）这类由学生或是游戏迷制作的游戏商品。随着电脑性能的直线上升，游戏的制作水平也大大提高。在80年代末出现的FM-TOWNS上，还出现了诸如《模拟城市》（*SimTown*）这种画面颜色鲜艳，并有着更高音质的美国游戏。光是这些就十分让人意外了，而对于当时那些连光盘都少见的孩子们而言，他们看到如此高性能的家用游戏机，可能会不相信这是现实而万分惊讶吧。其实，游戏如果能达到4096色的画质、16位立体音的效果的话，普通人就不会自己动手编程制作了。总而言之，玩家们放弃了自己制作游戏的乐趣，而是成了完成度很高的应用软件的消费者。1984年的时候，在秋叶原日比谷线出口的地方，出现了多家软件租赁店，展现了与收音机部件一条街不同的盛况，但最终因为违法而逐渐消失了。无论怎样，那时就是一个用双卡录音机复制一下，软件就轻松到手的时代。

但不可否认的是，无论是这些轶闻，还是漫画、动画的狂热粉所形成的“御宅族文化”，都只是边缘的存在。**将80年代定义为“御宅族文化”的认知广泛流传，**然而这不过是一种错误的认识，相反，“御宅族”是边缘的，是并未浮现于社会表面的现象。当时的时代，是将“名古屋”和“乒乓球部”这些带有消极色彩的事物进行客体化的时代，是TAMORI

① 当时的电脑多是320（640）×200像素的分辨率，8位色（伪色16色），硬盘容量为64KB。（为了避免误解，我要再强调一下，是64KB，而非64MB）。除了在办公室使用的PC-9001的软件，磁带是主要的媒介，想要播放磁带要用播放器，而收听之前要等待10分钟左右的信号噪声。这是因为除了本体需要13万左右的价格，软盘当时可是要15万多的高价产品。而且大多数的软件包贵达数千日元，其实和自创的游戏没有太大差别，都是些垃圾游戏。在当时没有键盘的时代，靠着文本符号做出来的《星际迷航》这种知名游戏有意思得多了，而且能够简单编程。

（森田一义）靠着一句“真讨厌啊”（イヤだねぇ）就走红了的时代（虽然我个人觉得像TAMORI这样的狂热者/兴趣广泛的人，非常具有御宅族的潜质）。当时社会逐渐将人用“性格阴暗”/“性格开朗”来区分。在日常对话中会经常听到：“啊——那个人有点阴暗啊。”整个社会的风气是所有人都要开朗地、有精神地、正能量地生活。涩谷系的社交技巧就是即便是假的也要营造出一种一片祥和的气氛，在他们的这种氛围中，深度互相分享各自兴趣的“御宅族”是性格阴暗的。像糸井重里这样的人，他们一面沉迷于红白机的《铁板阵》和《勇者斗恶龙》，一面在事业上又担任消费文化的广告策划的牵头人，他们兴趣广泛，属于原宿系，同时也有可能属于蛰居族，但他们却不属于现在所说的“御宅族”。在六本木广场大楼跳迪斯科，穿着涩谷休闲风的服饰，从某种意义上说，“御宅族”不是这种“头脑简单的笨蛋”。

我们可以通过下面这个文本来了解当时“御宅族”的社会形象，那就是武田彻的《流行人类学编年史》（日经BP，1999年）中记载的1989年11月的报道——“宫崎事件与御宅族”。直到1989年犯罪者M犯下的连续幼女诱拐杀人事件，“御宅族”都一直是非主流的，甚至是边缘的存在。

> 御宅族是谁？我们姑且用这样一个表达来形容——他们是“同宫崎一样的人”，比如，他们是一群热爱自创同人志、生活被录像机等各种电子商品环绕、对某种事物非常狂热的年轻人，我们先假定一个这样的定义来进行讨论。
>
> 针对一个青年所犯下的罪行的深层报道，媒体越过了红线，一起转向报道所谓的御宅族文化，他们的这种举动让我有一种不好的感觉。
>
> 是声讨“御宅族”，还是为其做辩护？总之，人们总想着站队。

但在赞同或否定之前，我们应当思考为什么对个人的犯罪的关注会一下子转向为对“御宅族”群体的关注？（第351页）

前一部分的“假定”是武田在采访之前的推测，而通过这次采访，这种假定得到了重新阐释。然而，这虽然是一种推测，但并非错误的，相反，“同宫崎一样的人”等于“御宅族”这种说法广泛流传。广泛流传这一事实本身才是关键（另外，从2005年10月8日的“朝日新闻be”的调查来看，人们对“御宅族”的认识几乎没有进步）。这次事件正像德雷福斯事件一般，在媒体上展开了激烈的讨论（拥护“御宅族”/批判“御宅族”），然而这些讨论并非围绕着犯罪者M是否有罪，而是在论证“御宅族”式的生活与性爱猎奇杀人事件的因果关系，争论的重点是被称作“御宅族”的这一群体的道德是非。

一位最初接受采访的三十几岁（男性）的红白机爱好者这样回答道：“和别人一起玩游戏很开心，从这个意义上来说，我不算是“御宅族”吧。”（同上，353页）。虽然斋藤环（精神科医生、批评家）再三指出“御宅族”与社交能力并不存在因果关系（“御宅族”在自己的圈子内很喜欢社交），但从这位被采访者的话中我们可以看到，人们的想法正好相反。被采访者认为自己并非脱离社会，因此自己不属于“御宅族”，他的话恰恰证实了社会对于“御宅族”的印象是多么模棱两可。很多人会说，某人是不是“御宅族”的明确区别是其“是否脱离社会”，并举出爱车族的例子。下一位被采访者是从事漫画销售，也从事同人志销售的30岁左右男性，他是本宫宏志的一位粉丝。“我最开始把一些十分擅长评论漫画的人叫作‘御宅族’。”对于他来说，漫画世界里的“御宅族”“总是能十分敏锐地发现新作家。他们十分了解漫画评论。在一段时间里，他们的意见对培养漫画家起到了不小的作用”。再综合其他的要素，可以说“‘御宅族'文化"的确是"漫画"爱好者所形成的文化，经由同人志贩售会或者经销店的交流，这一群体逐渐壮大。因此，中森明夫去同人志贩售会时，听到漫画"粉丝"之间用（第二人称的称呼）"OTAKU"[①]一词互相称呼对方，于是中森将他们这一群体叫作"OTAKU"，这样来看的确有其合理性吧。另一方面，总让人觉得有违和感的是大塚英志的观点，他承认对"御宅族"的态度包含了社会的刻板印象，并在此基础上试图反驳这种观点[②]。

> 无论怎样，对"御宅族"的责难愈演愈烈，但其实我们这一代人需要类似于萝莉控或是恐怖片这样的文化。我们需要逐渐适应大众媒体对社会的渗透，在这个过程中就会进入一个成人礼式一般的自我封闭的时期。这个时候，可以避难的重点就是脱离于大众媒体的、属于我们自己的小的媒介。事件的真相究竟是什么，我们应暂且把它搁置，我首先想要守护的是一个作为场域的，也正是我们这一代所必需的小的媒介。

我没有觉得萝莉控和恐怖片是必要的，这可能是因为我比大塚英志年纪小一轮？但我觉得并非如此。关于需要一个内部的"小的媒介"这一点，我发自内心地表示赞同。但我不理解为何这种媒介需要的是萝莉控？

---

① 这里的"OTAKU"（オタク）指的是日语中表示第二人称的敬语，可译为"贵处、贵方、您、贵府"等等。这里所提到的中森明夫就是日语"OTAKU"（御宅族）一词的创始人，他将这种第二人称的称呼变为这一群体的指代名词"OTAKU"，在中文里通常译为"御宅族"。——译者注

② 没想到大塚英志居然回应了本文所引用的事件，他这样谈道："我的想法还没有进行文字化，就一直被媒体追着采访"，他对自己在这篇报道中（上文所提到的武田彻的报道——译者注）被称为"可谓是滑稽的样子"进行了辩解。（《"御宅族"的精神史——80年代论》，讲谈社现代新书，321页）。考虑到当时媒体异常的大肆报道、周围对于御宅族的责难、一直流传的误解等一系列情况，大塚在很大程度上有可以辩解之处，然而批评本身并非对于对方人格的批判，批评也不意味着辩解和饶恕，因此笔者并不打算修改大塚的言行给予我的印象（违和感）。

当然，这应当是与性爱无关的。那为什么成人电影热衷于拍“熟女”，而同人志偏好“小女孩”呢？关于这一点，森川嘉一郎在“为什么电脑爱好者喜爱动画美少女？”（《兴趣都市的诞生——萌文化都市的秋叶原》，幻冬舍，2003年，第2章）一文中，追溯到了手塚治虫，他所指出的“赛璐珞的肌肤质感”[①]等于性对象（该观点认为赛璐珞动画——表现了美少女肌肤的光滑感，“宛如母乳期婴儿那样纯洁的肌肤”，是一种特有的性对象）的假说十分有说服力。因为动画绘画能表现出作为绘画的一种性的欲望，因此即便将这种形式转用到游戏上，也不会因为是三维计算机图形而变得过于真实，也就是说，动画绘画的“光滑感”十分重要。这就好比觉得女性的脚有魅惑力的人，对女性的鞋子也会感到兴奋，这是一种恋物癖（fetishism）。因此，在现实中不存在的、理想的美少女的纯洁无瑕的肌肤，它作为一种借喻转移到了赛璐珞绘画之上。

最近的“御宅族”有着明显的特点。从女仆咖啡的流行、声优的偶像化，以及角色扮演等方面来看，如果“御宅族”是男性，那么他们通过动画和游戏都有着固定的“性爱取向”：“小女孩”（顺从，乱伦的禁忌）、“猫耳和猫尾巴”（性符号，从《福星小子》开始？）、“绝对领域”（女仆服的裙子与袜子之间露出的肌肤）等等。当时，涩谷黝黑皮肤的黑脸“辣妹”还念叨着“秋叶原系好恶心”（该词由脸色不好转意为恶心[②]），并同他们划清界限，而另一方面，大多数“御宅族”以身为“御宅族”为荣。其实，仅仅熟知机器人和人物角色也只不过算得上是“爱好者”而已。而上文所论述的对角色的性爱取向才是关键。因此，包括冈田斗司夫在内，许多人开始区分这两个群体——一种是自称喜欢怪兽、崇尚

---

① 赛璐珞（セル画）原指制作动画底片的材料。在CG绘画中指平涂上色不叠笔触，且有线稿的绘画风格，又名赛璐珞。——译者注

② きしょい（恶心）源于“気色悪い”一词的省略，既有“脸色不好”的意思，也有“気持ち悪い”（让人厌烦、恶心）的意思。——译者注

SF的“御宅族”；另一种是曾经被看作“倒错”的、对角色人物有着执拗的性爱取向的一群人，他们认为这两者是完全不同的。倘若与一个自称是“御宅族”的年轻人谈话，就会明白他知道“普通凡人”是无法理解他们的，因此虽然他字里行间没有隐藏自己的兴趣，但也没有向他者特意地表现出来。这是因为他们知道“御宅族”并不是主流群体。

然而，所谓20世纪80年代是“御宅族文化的时代”，这种误解之所以广为流传，可能是因为上文所提到的批评家与实践者之间存在着代沟。比如对于森川嘉一郎来说，“御宅族”兴奋的时候（尤其是为角色应援的时候，在性亢奋的催化下产生的心跳加速）所大喊的“好萌”（“萌”一词原本指的是植物的生长现象，但对我这一代来说，率先想到是大冈升平的《萌野》和莲实重彦关于孩子命名的评论[①]），是少女漫画《向太阳扣球！》（《太陽にスマッシュ!》）中的“高津萌”，《恐龙星球》（《恐龙惑星》）中的“鹭泽萌”，《美少女战士》中的“土萌萤”之类，出处虽然众说纷纭，但主要流传于90年代前期。然而在那之后，该词通过网络和BBS逐渐被深度用户所知晓，随后普及到大众大概是在2004年前后，以各大卫视为代表的主要媒体开始关注这个词语。有关“御宅族”与爱好者的不同、“御宅族”与性的关系，最有说服力的还是《战斗美少女的精神分析》（太田出版，2000年）为代表的斋藤环的著作。这本书对“御宅族”与性（sexuality）的关系的论述非常精彩，并且该书指出：“御宅族”与他们所感兴趣之物之间，间隔着层层的媒介，“御宅族”们知道他们所“表现”的倒错的性欲是与媒体虚构之物的一种游戏，这有别于现实生活中的性欲。只有“能够将虚构之物看作性的对象的人”、“能

① 莲实重彦在《反＝日本语》一书中，在论述日语的音读和训读的时候，举了大冈升平的例子。大冈的大儿子喜得贵子，欲将孩子以父亲的书名“萌野”来命名。这里莲实重彦论述了“萌野”如果作人名之时，在日语中应该如何发音的问题。——译者注

够将自己性生活的全部或一部分转移到兴趣领域”的时候，“御宅族”才可以被称为“御宅族”[①]。

① 在撰写本书的过程中，还有一部论述御宅族文化的十分重要的书出版了，那就是本田透的《萌男》（筑摩新书，2005年），该书是一本彰显“御宅族”的书，他针对社会上对于御宅族的冷漠、不理解以及污蔑，向世人呈现了御宅族的真实形象，并对“御宅族”表示了拥护的态度。针对社会上新出现的对“御宅族”的批评，他给予了反驳。泡沫经济时期一代的仓田真由美，以及以剩女论出名的酒井顺子等人，对于“御宅族”提出了新的批判——“不会恋爱的御宅族”，而作为一个熟知“御宅族”文化的作家，本田这本书描绘了当下的“御宅族”，正因如此，值得本书来关注和讨论。

本田的考察从社会上出现的两极分化的认识开始——恋爱市场上受欢迎的男性和不受欢迎的男性。顺便说一下，本田认为的当下的现实是，“萌男”其实是连这场竞争都无法参与的局外人。但是不得不说该书将这种两极分化归因于两大要素（宗教结构和经济结构）是一种彻底的失败。所谓受欢迎的男性，本田并不认为他们是在80年代的“恋爱商品化”中成功掌握方法的人。本田认为，“萌男”是拒绝参与这种恋爱游戏的人，事实上这些人甚至觉得参照*Hot-Dog Press*和*anan*来恋爱的人“令人作呕”。还有，他们是真的不受欢迎吗？所谓受欢迎的人就是会玩的人，他们总是会搜集着各种信息，越玩越能获得更丰富的话题，在社交中也能得心应手，还能够牢记各种游玩的场所，因此他们就越来越受欢迎。在我看来，受欢迎的人，与其说他们是掌握了方法的人，不如说沉醉于某个特定兴趣爱好（烹饪、野营、音乐、品酒、旅行，除了动漫什么都可以）的人更多。

然而该书第一章提出的“御宅族”的出现背景可以说是相当优秀的研究。该书指出的这些观点十分有趣：20世纪80年代后半期，“搭讪”已经成为常态，而在其背后是逐渐势力扩大的“御宅”一族，同时期势力壮大的还有“以恋爱和性爱为卖点”的AV和轻风俗，“以恋爱话术为卖点”的夜总会和电话风俗店（风俗店的一种，客人在包间会接到陌生异性打来的电话——译者注）。然而他在第二章的议论，实在让我不敢苟同。第二章中，本田称“恋爱”的发生是“基督教文化中的上帝之死”，他将“恋爱格差”的出现归因于所谓的“恋爱资本主义”。我们姑且假设“恋爱”是基督教的代替之物，本田所说的柏拉图式的恋爱幻想（将对方看作上帝）的破裂正是80年代，那么这样一来“恋爱资本主义”抑或是“恋爱的商品化”实际上就是面向（一种所谓的没有纯爱的）现实的、柏拉图式的幻想跌落神坛之后的、现实主义者和虚无讽刺式的正确选择而已。在《东京爱情故事》中，赤名莉香所说的“完治，我们做爱吧！”（台词），就是柏拉图幻想破裂后极为现实的，甚至可以说是女权主义式的话语。的确，十多岁就有性经历的人正在逐渐增多。这是为什么呢？因为反对自由性交的理由——“有感染性病的危险”这种功利而又科学主义式的回答已经行不通了，在当下的现实中，从道德层面上没有反驳的余地了（有关功利主义和伦理的问题说明，我将在其他地方阐述）。

至少从周围来看，是否受欢迎其实在一定程度上取决于是否愿意习得受欢迎的秘诀。本田将“御宅族”定义为不想参与恋爱游戏的集团，并在此基础上将“恋爱格差”归因于经济、社会运行制度，也就是资本主义。问题不仅仅在于他的论述方法，最根本的问题还在于不能把“恋爱格差”归因于资本主义，这是因为只要想到在封建制度下，有权阶级的武士阶层曾经还独占侧室，就可以推翻这种说法。

并且，本田褒扬“御宅族”的一点是“御宅族”尊重女性。另一方面，他在划分鬼畜系/萌系等区别的时候，把所谓的涩谷系受欢迎的人群看作缺乏想象（臆想）能力的野兽。

全民时尚意识

如果说“御宅族”是80年代的背面，那么80年代的正面就是“涩谷系”。这里我要再次强调，从1984年到1986年可以看作与混沌期的割裂，从1986年到1988年可以看作朝“泡沫经济文化”期过渡的阶段，在此划分的基础上，我们再来考察作为其象征的时尚方面的变化。作为转换期标志的社会背景，我们应该提到的是：在政治经济方面，1985年9月G5“广场协议”；在媒体方面，一年间卖出了650万台的红白机。从1986年开始，

“萌的作用还在于能够从男性市场主义和暴力之中解放男性”（88页）。

然而我无法赞同这种观点，这是因为在“御宅族”的兴趣对象要素中还存在着育成系游戏、“饲养游戏”、女仆、欧尼酱妹妹等等，这些要素显而易见地加强了男女从属关系的结构。机器人和女仆都是没有自我意识的，他们都是任人宰割的存在。换句话说，这些都是绝不会苛责自己（并不是现实）的一种象征。特别是，我认为包含萌元素的动画片和游戏的特质就是“父亲”（超我）的缺席，从这个角度又该如何理解呢？

“女仆将‘侍奉’主人（宅男）看作至高无上的快乐，在现实世界中拥有这样价值观的人并不存在，并且主人十分尊重对于主人倾注全部爱情的女仆，事实上主人才是被女仆牵着鼻子走的人……这种描写互补型关系的故事有很多。”（140页）

在书中他说到这种“互补型关系”，但是作为被满足的一方的男性和作为提供满足一方的女性（女仆），这两者之间绝非对称的关系。这种结构的前提总是“女性是他者”，也就是说“女性是另一个自己”，我们不能忘记这种他者的思想。

并且本田再三批判了《电车男》（《电车男》是一部以贴吧的帖子和留言为蓝本的恋爱小说，之后在此基础上改编成了动漫、电影、电视剧、戏剧——译者注），并指出了这种将“御宅族”放入“恋爱资本主义”框架之中的做法是错误的。对于他的分析我表示部分赞同。但是之后的论述，比如他将爱马仕所教授的“男生必须主动”的规范，批评为“大男子主义”（“爱马仕”是指《电车男》中的女性角色青山沙织，因曾送过友人爱马仕的茶杯，又被人叫作“爱马仕”——译者注），但真的是如此的吗？电车男的告白能被看作大男子主义吗？自己主动追求别人意味着自己处于下风，要承担某种风险，也要去讨好他人，如此一来这种行为能够简单归结为大男子主义吗？

最后，我觉得作者应当极力避免这种“太过主观的看法”。比如说作者在书里论述了“ヤラはた”（到20岁仍旧没有性经验的人）（26页），并多次说到这个词反映了最近有关性话语的新倾向，然而这个词并不是最近才出现的词语，而是1988年就广泛流传的年轻人的流行词。他在书中还说道：“福音战士出现之后，经过了十年还没有出现能够和福音战士一决高下的‘御宅族’动漫，其中一个原因一定是福音战士在动漫这个领域表现了对‘御宅族的否定’”（91页），这种尚无证据的假定以如此断定的语气来说，我觉得这也是作者太过主观的看法。在第一章的38页左右，有关“不萌的男性”批判之中，作者忽视了女性也有性欲的这一现实，而将女性神格化，这种论述又回到了女权主义理论出现之前的讨论。

“泡沫经济文化”缓慢开启，1988年达到了顶峰。1988年也是风靡一时的*Hanako*（MAGAZINE HOUSE公司）的创刊之年。*Hanako*以街区为单元刊行了特辑，是介绍店铺（衣服杂货等）、咖啡馆、餐厅等各种新型“都市”的目录杂志，也是一本像逛街散步一样充分享受消费的指南手册。当然，它不意味着去消费都市本身，而是让读者掏腰包购买进口名牌或意大利餐，这得到了20岁左右的女性的强烈支持。另外，一刀切的发型加紧身连衣裙的造型在第二年成为大众流行。在日本，1986年在街头出现的紧身连衣裙（出现于80年代前期，在巴黎时装周上由Azzedine Alaïa设计），最初是白领女性、女强人形象的一种正装，也迎合了1986年实施的《男女雇佣机会均等法》所象征的女性高学历化和独立的社会风潮。

图4-1　“紧身连衣裙”（《街头时尚1945—1995》，Across编辑社编著，PARCO出版，1995年）

如上文所述，用90年代“朱莉安娜东京”的庸俗舞台影像来描述紧身连衣裙是一种错误。1986年左右，在丸之内和银座附近，身着紧身连衣裙西装的女性，她们梳着有层次感的发型，刘海烫卷并隆起向后梳，她们是引领*JJ*[①]女孩风格的一群人。这种风格后来演变为日剧《长不齐的苹果们》（《ふぞろいの林檎たち》）中手塚里美那样一刀切的发型。她在吃拉面的时候，把斜在前面的头发撂起的姿态，成为被模仿的对象。那是紧身连衣裙风潮完全转向涩谷系的时候[②]。

年轻人对时尚的关心并非始于80年代。但是，新一代的日本设计师在巴黎时装周的活跃表现（东京时装周的创始）、设计师品牌的诞生、进口商品的增加导致的海外名牌消费的增加，这些现象贯穿了80年代，这使得时尚成了不可缺少的话题。这个时代，新的服装风格急迫地试图接近年轻人。这种悄无声息的、一边关注着他人一边探索新的消费领域的状况，就是时尚的统一性的现象。

例如，1984、1985年左右，所谓“MODE系”在大街小巷流传，从发型到全身的服装完全一样的“模仿者们”大步走在街上。梳着像近藤真彦（Macchi），布川敏和（Fu君）那样的将头发全部往后梳的发型，穿着千鸟格花纹或格伦花呢的夹克，黑色西装裤，内搭也是黑色高领毛衣，黑色正装鞋或乐福鞋，背着带肩带的皮包[③]，配饰是佩斯利花纹，人们的穿着形成了模式化，身着同样服装的年轻男性随处可见。在MODE的世界，以川久保玲、山本耀司那种黑色时尚为原型，或者以指南手册中的“驼色”粗花呢为原型，设计师品牌纷纷追赶着这样的潮流，再通过一些

---

① *JJ*是光文社发行的月刊女性时装杂志。——译者注

② 这种风潮逐渐向池袋、大宫……发展。根据ACROSS编辑社的定点调查的统计，1978年7月，在“涩谷公园通”的定点观察中，统计了1097名女性路人，其中穿着紧身连衣裙的有361人，比率为32.9%。

③ 根据ACROSS编辑社的定点调查，1986年6月的时候，涩谷有3.0%，原宿有1.0%，新宿有0.6%的路人拿着这样的包。从时尚敏感度来看，涩谷为中度；原宿为高度；新宿为低度；时尚程度都提高了两个点，也许这也受了*Olive*当时提出的“lycéenne”（法语，女子高中生）概念的影响。（当时*Olive*提出的时尚风格是“Magazine for Romantic Girls”，定位是主要面向青少年的时尚杂志。——译者注）

山寨精品店①广泛传播。正如涓滴经济学一词的字面含义一样，越是向下发展，削减成本开支越不容易，因此不知不觉就成了没有模特样板的千篇一律的“模仿者们”的山寨风格。从以前“暴走族”风格打扮的人，再到穿着一成不变的棒球夹克衫（绣着大学名或社团名称）和牛仔裤的小哥们，这些风格变成了各阶层共通的时尚风格。在理论上，这种流行现象似乎给人以所有人都是平等的幻觉，就算买不起乔治・阿玛尼（GIORGIO ARMANI）的外套，也可以用MEN'S BAT-SU将就一下，买不起J. M. WESTON的乐福鞋，就拿丽格（REGAL）的鞋当作替代（如果丽格也买不起的话，可以买HARUTA，HARUTA也不行的话，那……），这样的风潮从最初到最后，只是共有一个穿搭概念而已，可以说它掩盖了内在的社会阶层的格差。

正因为这是一种“急迫式”的全民时尚幻想，所以必然需要指南手册一类的介绍。上文提到的*Hot-Dog Press*这类的目录杂志中也经常发行特辑，除此之外，在男性时装杂志中，有硬派的IVY传统系*Men's Club*以及轻时尚的*Men's Non-no*，还有风格适中的指南型的*Checkmate*。

例如*Checkmate*1987年4月的特辑就是“设计师品牌经典款的穿着指南”。这一期提出了100种穿着搭配，介绍了各种“必备单品”。“带徽章的外套是必备单品”，“混麻的藏青色夹克也是必备单品”。加上“必备”的标签会让人有一种被迫的感觉，但这一标签暗示了“这单品谁都会穿哦，要趁早买……”这种从他者角度所传达的信息。并且，这样的信息还具体到藏青色这种夹克的颜色。再比如在自行车运动服装搭配的介绍中，杂志还这样写道：“鞋子要穿阿迪达斯的黑色鞋子，或者锐步的有氧

① 这个词指的是，与聚集了世界一流商品的BEAMS和SHIPS等精品店相比，售卖一些国产的、东亚产的无名品牌（名称都仿照了大牌）的新商店。在竹下通、公园通附近有很多这样的店，除此之外，车站商场的服装卖场也是主要的贩卖地。还有像男装品牌SAM一样做成连锁店的品牌。

运动鞋”，连品牌和型号都写得十分具体。另一篇文章建议约会可以穿情侣衫，两个人穿着带有同样商标的开襟毛衣和V领毛衣，“穿着这样的衣服两人共同骑着韦士柏牌的踏板车去约会，好像老电影中的场面一样，很是时尚……约会的地点，东京的话就在代官山，横滨也很不错”。连具体的约会地点都告诉给了读者。

图4-2　1987年街角的时尚小子（引自*Checkmate* 1987年4月号）

泡沫经济带来的时尚激变

将1986年以前的时尚杂志与1988年（“泡沫经济成熟期”）以后的时尚杂志做对比，我们会惊异于杂志所介绍的服装类型的质量和价格都有了急速上升。在日元升值和扩大内需的政策之下，进口品牌商品越来越常见。简单来算一笔账，倘若从1美元换算360日元，变成1美元换算180日元，那么曾经30万日元的西装，现在半价15万日元就买得到。这样一来，比起购买8万日元的国内设计师品牌，人们更愿意购买12万日元的国外一流品牌商品。现在无法比拟的消费扩大，或许是靠着向进口商品的消费升级（更高品质的消费）而可以实现的（实际上在“广场协议”之后的一年内，日元与美元的汇率从 1美元兑换大约230日元上涨到了只能兑换140日元）。

另一个因日元升值而增加的消费则是国外旅行。自1987年开始的3年间，去国外旅行的人数从550万人急速增加到960万人（2004年达到了1683万人）。当下的人们对时尚的消费逐渐减少，但海外旅行却依然十分火热，这是因为两者的消费性质是不同的。旅行是从某种日常中脱离［阿部谨也在《何为教养》（《教養とは何か》）之中，在谈及对恩师的回忆时提到过“小的脱离”］，希望能发生特别的事，希望特别的事情能造访自己。所以，旅游可以说是一种刻意制造非日常感觉的、与体验息息相关的消费。然而，服装之类就算穿戴在身上也会觉得不过如此。90年代，消费低迷、通货紧缩，加之贫富差距加大，在这种社会阶级的结构之下出现了两类人：逐渐选择物美价廉商品的人；即便如此也无法摆脱依靠品牌来彰显自己的地位和收入的人。2004年度，海外品牌的日本法人，共计45家企业的利润达到有史以来最高的1258亿日元，虽然第一位、第二位分别为LVJ集团、爱马仕，但第三位则是价格低廉但家喻户晓的休闲品牌GAP。也许可以说，现在不再是国外的品牌才是最好的时代了。

1985年到1986年，虽然因日元升值导致了经济的不景气（直接影响了出口产业，以及曾经以第二次产业为中心的产业结构），产生了对暂时性经济衰退的担忧，但投资热并没有衰退，到了1988年，“日元升值经济”这种陌生的词语在报纸杂志上随处可见。即便这个词之后被重新阐述为“泡沫经济”，**但处于泡沫经济之中时，人们对于经济发展的“信任”从未动摇。**1988年日产汽车的高级大型私家车CIMA（当时的大型乘用车被称作3位数车牌号[①]，汽车购置税非常之高）的流行就是一种象征，高级汽车、酒店式公寓的销售额增长，有效招人倍率超过1（成为卖方市场）[②]。也正像给经济发展锦上添花似的，女性的紧身连衣裙时装在当时风靡大街小巷。有报道称："由于日元升值导致的经济不景气，本土设计师们孕育的DC（Designers & Characters）品牌在这些萧条的城市中大放光彩，这些品牌的使命似乎渐渐不复存在了。"[③]"法国高级品牌香奈儿的包和饰品在日本各地的商店销售一空，这种销售热潮十分讽刺。而设计师品牌的商品成为这些海外品牌的竞争对手，这是最近才开始的现象。"[④]紧身连衣裙的流行，被誉为是继迷你裙以来的，在北美、西欧、东京等地同时产生的流行现象，报道称："使得东京能够与纽约、伦敦并肩前进的并不仅仅是金融市场"[⑤]，海外的歌舞剧、芭蕾舞剧、歌剧在东京的公演证实了经济繁荣之下的文化成长，当然这也是当时媒体的骄傲。然而日本并没有孕育出国内的文化产业，剧团也尚未在国外取得知名度。只能说，作为新的消费对象，文化产业看中了东京这一市场而已。

"进口商品"终于解禁

不论怎样，1987年、1988年都可以说是上一个时代了。1988年"晨澡"十分流行，东京一半以上的女学生们都时兴早上洗澡。"一个接一

---

① 3位数车牌号指的是车牌号码有三位数字。在日本普通机动车的车牌号码都是5位数字，而排量超过2001cc、长4701mm以上、宽1701mm以上、高2001mm以上的车则属于3位数车牌号，相比于5位数车牌号的车，3位数车牌号的自动车税更高。——译者注

② 有效招人倍率指的是有效招聘岗位的数量除以有效求职者数量，这里的"有效"招聘数量和求职者都指的是登陆在日本人才服务中心Hello Work的数据。因此这里所说的超过1，就是指招聘岗位供大于求，失业率较低。——译者注

③ 《朝日新闻》，1988年12月25日朝刊，经济特辑。

④ 同上。

⑤ 同上。

个的煤矿的关闭，受日元升值直接影响的出口产地，都面临着存亡的危机。”这样的报道并非出现在20世纪70年代初尼克松冲击之时的日元升值，而是处在日元升值经济不景气的漩涡之中的1987年1月5日的事情（《朝日新闻》、第九版）。在煤矿关闭之前，新闻出现了众多略显陈旧的词汇：“国铁、造船、钢铁等行业接连出现裁员、调职、调动……”

泡沫经济时期过后，可以看到，我们的日常生活的确进入了与现在具有连续性的新的阶段。例如，进口车的广告采用的“逐渐趋向的真之意向”和“个性化”等宣传语，香水、进口酒、进口食材、进口杂货、户外运动等也是如此。可想而知，当时媒体所说的“个性化”，其实都是经由大规模产业链生产的产品，这如果不是反话，着实让人觉得虚假。比如，这些词语出现的时候经常伴随这样的画面：沿着海港的霓虹灯和点唱机……50年代美国风情的酒吧。到了1987年末，东边是“横滨沿港俱乐部”（bay side club，包括游泳池酒吧、迪斯科厅的综合娱乐厅），西边则是神户东滩区仓库街上的“Junction”。前者在开业典礼上邀请灵魂乐乐队大西洋之星（Atlantic Starr）来日演出，具有相当大规模的商业空间；后者是类似东神奈川的老店“Standard”（1954年开业）的简单酒吧，顾客还可以在店内买到日历和彩绘镜子。虽然“Standard”作为年轻人之间的约会场所再次流行起来，但是我认为与其说是“个性化”，不如说是费尽心思模仿，或者说照搬50年代美国的消费文化而已（在满足的同时，又仿佛是报了战争的仇……）。

若将“个性化”看成“与他人的区别化”，也并非不能接受。正如我在序章中论述的，因为日元的升值，在试图区别于他者的争夺战之中，世界上的各种商品作为工具登场了。而进口酒就是极具代表性的商品。河内屋（本社位于八王子，1988年成立了独立的流通部门）、德冈（心斋桥，1988年重新整修了大型店铺）等大型折扣酒水门店纷纷开始开设分店。进口啤酒价格逐渐低于国产啤酒。之前，人们总是在街上的酒铺一次性购买一打瓶装啤酒，而现在的人们更愿意开车去买箱装的啤酒。喜力啤酒（Heineken）、百威啤酒（Budweiser）、科罗娜啤酒（Corona）、青岛啤酒，还有从比利时或南美等世界各地进口的啤酒，出现在大型商店的货架上。并且威士忌的降价速度也十分惊人。最近听到学生说："黑方（Jonnie Walker Black的昵称）便宜又好喝"，让我大吃一惊，结果一查还不到2000日元，要知道20年前要8000日元。黑方的定价（即零售建议价——泡沫经济期之前的实际定价，也就是销售价格）在1986年降价到8000日元，在那之前一直是10000日元，就连1956年的时候（当时大学应届毕业生担任银行职员的第一个月月薪才只有5600日元）也要10000日元（《朝日新闻be》，2004年11月13日，作者斋藤勉）。国产Old Parr的定价原来也是8000日元，但从1989年开始，3000日元就能在折扣店买到。威凤凰（Wild Turkey）、芝华士（Chivas Regal），这类传说中的名酒威士忌也出现在货架上，占边威士忌（Jim Beam）、I.W.哈珀（I.W. Harper）成为学生们常喝的酒的品种①。

食品的种类也变多了。虽然现在人们统称"意大利面"，但这之中包括了意大利土豆团子（gnocchi）、长通粉（penne）、意大利饺（ravioli）等等，就连小学生也吃过；但在"泡沫经济以前"，日本只有意大利粉（spaghetti）。即便之后出现了通心粉，但其实并没有出现"意大利面"的这一分类。食用方法也只有日式拿坡里意大利面（Naporitan）和肉酱意大利面。而如今提起意大利餐馆，就连那家意大利餐厅Sabatini也趋于平民化了，有一种高级且地道的趋势。20世纪80年代前半期，咖啡饮食店

① 在我还是学生的时候，我记得三得利、Reserve、角瓶等比较普遍，学生有的时候喝RED，有的时候喝威士忌（颜色像威士忌但不知道成分究竟是什么的合成酒），都在1000日元左右，之后人们就突然开始大量消费进口威士忌了，我清楚地记得在国产啤酒里"一番榨"和"Super Dry"等新产品当时还十分流行。

“Italian Tomato”“Capricciosa”“壁之穴”等广受欢迎，人们终于知道了意大利面和比萨的种类如此丰富。另外，1988年意大利面的进口量达到了去年的1.5倍，38000吨，大约是国产12万吨的三分之一。

新兴消费层：学生

到泡沫经济期之前的1984年，东京的地价是洛杉矶的两三倍，首尔的5.2倍（日本不动产鉴定协会）。当时的人们将年功序列挣得的一生的工资托付在“房产”的贷款上。泡沫经济之下，因地价上涨（以及股价上涨）而资产上升的新富人阶层出现，这就是家庭收支上的土地资本主义。引爆这种消费的首先就是50岁到60岁的人群。比如当时房总半岛某铁路集团下属的酒店式公寓，购买者平均年龄大约50岁，平均年收入为1430万日元。

但是，学生们也没有闲着。1988年在东京都内的私立大学中，家里给学生的平均生活费达到每年150万元。随着教育费用成本的增加，从学生自主创业到打零工，学生们靠各种方法赚钱。1986年的报纸这样写道：“购买愉快生活的资金 啃老族们赚翻了！”（《朝日新闻》，1986年1月20日朝刊，第九版）。报纸介绍了神户某大学四年级富家女大学生在大阪站旁边的娱乐街上开了一家大型时尚酒店（名为Love Hotel……这名字也十分耐人寻味），还采访了每月净赚60万日元的“大学社团”，以及一个舞蹈派对（当时已经被略称为派对了）。报道称学生自主创业项目主要是滑雪、旅行的企划和运营，以及面向年轻人销售产品等等。该文章还写道：“学生们的学费主要靠家里支持，而在伙食费、旅行、服装等方面，普通学生都会通过打工获得，为的就是让自己的生活更丰富多彩。”现在的大学生们多靠自己辛苦打工赚生活费和学费，就会觉得以前的人太过轻松了。然而，这就是泡沫时代的真实情况。说到当时的情况，有一部令许多“就业难的人们”感到反感的电影，那就是织田裕二主演的《就职战线无异状》（《就職戦線異状なし》），关于这部电影，我会在后文中详细阐述。在这部电影之前，同一篇报道中介绍的高中一年级男生创作的川柳，可谓巧妙绝伦地表现了当时的风潮。“立体音响，大家都有，而没有的我，被朋友嘲笑是，中流以下”①。三浦展在《下层社会》中提出，在现在的社会中，存在着一部分上流阶层和少部分的下层，这种说法是十分具有说服力的。但是从这句川柳中，我们可以看出80年代从总体上提高了“中流”的水平，让人依靠有着富足幻想的商品来交朋友。

讽刺的是，正是平成不景气时期，也就是泡沫经济崩溃后的90年代，才使得这种交友方法成为了常态。如今二三十岁的“团块青年一代”（1971—1980年出生），他们从懂事开始，物质丰富的消费文化就早已普及，他们不曾意识到物质富裕；同时，一方面他们目睹父母一代经历的平成不景气，另一方面他们其实又未曾享受过泡沫经济的鼎盛时期。这一代人正是90年代末的亚文化的核心消费者，他们之所以对所谓的“阴暗”“冷峻”能感到共鸣，同这种经济背景有一定的关系②。但即便如此，1988年泡沫经济时期的大学生们经历了生活水平的急速上升，当下年轻人的生活水平与当时的人仍然不可同日而语。1988年，当时19岁的东京都内女大学生（主修经济管理学的经济系女大学生的增加也是在这个时期，她们住在家里，打工能赚10万日元，买衣服花7万日元），身着白色衬衫、Chipie牌的牛仔裤、爱马仕的丝巾、香奈儿的包，这就是所谓“涩

① 川柳是日本的一种17音无季语的短诗，江户中期前后开始作为口语诗流行。原文是：“ステレオは　みなもってます　もたぬ僕　中流以下と　友は馬鹿にす”。——译者注

② 我自己就是所谓“新人类一代”的最后一批人，1985年到1993年就读于高中、大学，享受了“泡沫经济文化”，经历过平成不景气下无家可归的生活，可以说我也是见证时代的人，这也正是我执笔本书的间接原因。

谷休闲风”。她会诚实地说出自己的消费欲望：“这个香奈儿是今年年初父亲给我买的。我现在想要的是属于自己的奔驰SL，还想要20多万日元的蒂芙尼Open Heart项链。还有大约15万日元的卡地亚的Trinity戒指，想要的太多了真是烦恼呀。但是，咬咬牙想买的东西现在还是买得起。另外，我的兴趣是骑马。”（Across编辑社编，《东京的年轻人》，PARCO出版，1989年）。这段话既不是编纂的也不是戏谑。当时大多数学生都是这样想的。与1986年之前相比，除了消费意愿的急剧上升之外，更令人瞩目的是Open Heart项链、卡地亚的Trinity戒指等“经典商品”在进口全盛时代的初期就已经成为人们欲望的对象。准确地说，这些商品在当时仍旧具有稀缺价值，拥有表现时尚的力量。而欲望逐渐多元化的时代则是被称为平成不景气的90年代。

图4-3　“涩谷休闲风”——可见青学、NAMSB[①]的影响力之大（出自Across编辑社编，《东京的年轻人》）

① 青学指的是青山学院大学，它是位于东京的高校，校园中学生们的穿着形成了当时独特的穿衣时尚。NAMSB是一个服装品牌，该服装品牌当时受到了众多女大学生的喜爱，创造了一种独特的时尚潮流。——译者注

学生消费的形式："信用"财产

大学男生最爱买的当数汽车。最热门的就是本田CIVIC那种双开门汽车，除此之外本田PRELUDE，日产SILVIA也十分流行。学生也有开着宝马（BMW的发音在泡沫经济之前按照德语发音，泡沫经济时期开始按照英文读音）和奥迪的。当时传言，大学女生和高中女生的"高下之分"是按照放学时排着长队来迎接她们的汽车品牌决定的，也有都市传说称，千叶的某大学，有人开着粉色的丰田SOARER上下学。虽然这么说，学生并没有购买汽车的现钱。他们支付的与其说是现金，不如说是"依靠未来的信誉"，也就是说，用来购物的都是信用卡。1988年到1992年间，关于雇佣，流传着这样的说法："那家伙没能力，所以只能去某某证券。"可见当时连业界一流的公司都能被当作笑柄，在雇佣方面是绝对的卖方市场。只要毕业，谁都能找个不错的公司工作，获得不错的工资，正是这样的时代，"依靠未来的信誉"才能成立。也就是说，当时的学生依靠贷款买车，方法只有一个（又叫作工作付）：在校期间每月偿还1万日元，从开始工作时每月支付3到4万元。在国外汽车公司还没有成立日本经销商的时候，奔驰等公司的认证代理商、销售众多高级品牌汽车的Yanase公司，在1987、1988年，推出了名为"STEP"的宣传，面向学生销售大众高尔夫（标准价格为188万日元）。"高尔夫休闲又有跑车感，能轻快完成酷炫转弯，超级帅……"，经销商用这种工作付的方式营销，在1987年半年的大力宣传下，大约有60名学生购买了这款汽车。为什么是男生呢？当然也有女生购买。但当时来看，最受欢迎的约会绝对当数"开车兜风"。甚至可以说，男生要是没有一辆方便的车，（一般来说）他就不会被当作恋爱对象（不是指备胎，而是指约会人选）。而租来的汽车车牌上都写着租赁用的假名"わ"，因此会被人瞧不起。这虽然听起来很残酷，但正是"泡沫经济文化”时期的现象。某位新人类世代的男生还曾说过：“圣诞节一个人过和去死有什么分别。”

另外，当时找工作的方式与现在十分不同，当时既没有现在这种应聘报名方式，也没有互联网。《就职战线无异状》（富士电视台制作，金子修介导演，1991年）的开头，出现了快递员给公寓每家每户送快递箱的场景，箱子里面装满了电话号码簿一样的书，这些并不是学习用的百科全书，而是满载企业信息、行业介绍、求职指南的众多信息目录，这些目录由招聘的相关企业免费发送给应届学生。然而，除了传媒行业等受欢迎的领域采取直接招聘的方式，其他大公司多以内聘方式招聘，因此可以说目录中刊登的应聘材料也并没有那么重要。《就职战线无异状》的主人公来自当时私立大学排名第一的早稻田大学，该片讲述了主人公在当时超人气公司富士电视台以及其他企业的就职活动。虽然内容是虚构的，但详细描述了80年代末到90年代初的情景。

电影中有这样一个场景，主人公（坂上忍饰演）已经获得大型广告代理公司的录取通知，他本不想去百货商场工作，但受到百货商场公司员工的邀请，就参加了在六本木俱乐部的招待。他得到了鱼子酱和香槟的盛情款待。虽然现实并没有这么夸张，但邀请被录取的应聘者在酒店吃饭是家常便饭。电影中另一位学生（的场浩司饰演[①]），放弃了去电视台工作而是选择了一家中上流的食品物流公司。公司老板送给他的礼物是阿玛尼的衣服和劳力士金表。这当然是夸张，但在大学校园中，经常听到某人收到了一辆汽车这样的传言。或多或少总有这样的事情吧。并且，伴随着当时求职活动中卖方市场还有种种“限制”。在商社、银行或者传媒行业，竞争对手企业或者集团内的非同行业的企业举办“研讨会”“说明会”（其实就是正式的应聘考试）的时候，已录用的应聘者绝对会受到限制。公司

① 原文为“的场浩二”，疑误。——译者注

往往以聚餐、谈话会的名义，把已录用的员工困在公司的办公间或者酒店宴会厅，以防他们去参加竞争企业的说明会。当时的就职协定规定8月1日是解禁日[①]，很多企业都举行温泉旅游，牢牢控制住已录用者。这部电影就讽刺地描绘了公司的种种限制，食品物流公司企划了伊豆温泉之旅，租了一辆旅游大巴慢悠悠地行驶在路上，能联络到外部的公共电话都被公司切断，晚上还安排了接客小姐（艺伎、陪酒小姐）一起喝酒。

80年代的学生创业

现在，很多人为了求职把黄头发染黑，男生还会把长头发剪短，这种好像仪式一般的前期准备在20世纪80年代是没有的。就像电影中一样，当时的男生都是短发，平日里就会收拾得干干净净，找工作只需买一身求职西装就可以了。

有关这点，野头健氏（新宿区议员）的看法十分有趣。“我们那个时代啊，大家都是短发，平时穿着就是干干净净的。现在这又是金发又是长发，穿着邋邋遢遢的，搞什么呀？怎么变成这样了啊……”野头认为的代际关系是，孩子无论怎样都是看着父母成长的，父母一代的行为会对下一代产生很大的影响。“全共斗”世代（“团块一代”）之后，出现了反抗上一代的、参加网球社团的“后团块一代”（“冷漠一代”），之后，反对“后团块一代”的“新人类一代”登场了。90年代的学生们的父母，是经历了60年代《安保条约》到“全共斗”的反叛的一代人，而“泡沫经济文化”中的学生们的父母，是向往美国和银座，戴着蝴蝶领结的“太阳一

① “就职协定”是1952年到1996年实施的企业与学校之间有关应届生求职活动的协定，该协定并非法律条款，而是企业与学校自主签订的绅士协议。签订协议后通常不会违约。而“解禁日”指的是当年各大企业公布招聘简章的日期。——译者注

族”[①]、“战火中的一代”[②]。野头所说的理论看似理所当然，实际上很少有人提过，十分具有独创性。

对于“泡沫经济文化”时还是学生的一代人而言，提到野头健（1963—）的名字，会想到他是一名学生创业者的领军人，而非政治家。NET股份有限公司的建立基础就是贯彻了“日本社会都是基于人和人的关系而成立的”（《日经流通新闻》，1991年6月18日）。野头通过NET公司（以及与安田火灾海上保险合并的顾问公司“club eye”）开展的主要活动是以以下两大杂志媒体为代表的杂志编辑和发售：发售每年4月出版的、面向（大学、短期大学、专门学校等）新生社团信息指南*CLUB NET*（1976—1992年）；发售校园信息杂志*NET*，该杂志从季刊做到了月刊。不仅如此，基于*CLUB NET*积累的共60所大学3000个社团信息，他还利用传真让各大社团能够互通信息，还有策划活动、提供求职信息的功能，为各社团间的交流提供了平台。当时，从广播节目（*Campus Hit Chat*等）、杂志（*Boon!*等）的策划，到90年代达到顶峰的“超级大联谊”，这些都要依靠学生之间人与人的通信网（信息）。“超级大联谊”是当时在涩谷大型居酒屋（千岁楼、王将之类）中举行的男女各80人参加的联谊会。在没有交友软件的时代，联谊为众多的陌生男女创造了相遇的机会。有趣的是，这个想法后来被制作成搞笑娱乐节目——“隧道二人组”的节目《道隧红鲸团》（富士电视台，1987—1994年），随后又出现了模仿该节目的线下活动，全国许多酒店和出租场地出现了“道隧派对”，也就是集团相亲，这种联谊活动的派对，在1993年、1994年达到高峰，而野头创办的活动作为极早的创意，值得我们关注。

---

①　“太阳一族”出自1955年石原慎太郎发表的《太阳的季节》一书，指的是不受现有秩序约束、思想言行自由奔放的战后派青年。——译者注

②　“战火中的一代”（焼け世代）指的是童年在二战中度过的一代，通常指的是1935年到1947年出生的一代人。——译者注

图4-4　*NET*（1990年Autumn号）

当时盛行跨越学校的跨校社团（多数是全能系、活动系、季节运动系），这些社团是未受到大学官方承认的社团活动或同好会，因此不在大学的管辖之内。NET公司在东京大学、早稻田大学、庆应义塾大学、明治大学、上智大学这五所大学发行独立策划的新生指南手册，而大学管辖之外的跨校社团的相关信息以前都只能依靠口口相传。注意到这一点的正是NET公司。NET最初并不是作为公司组织存在的，而是一个交流聚会的场所，最初是在高田马场开设的自由空间“White Room”，目的是促进非官方社团成员的交流聚会。随着来的人越来越多，就逐渐构建起了信息网，这个信息网收集了每个校园的新闻、流行趋势等信息，众多信息再次汇集。

关注到这些信息的是一些大公司。当时的学生作为新的消费群体，受到商家的关注。参与公司合并业务的安田火灾公司，与其说它投资的是“学生”，不如说它面向的是未来“用户”。与此同时，参与*NET*销售的JTB、邮政部、SoftBank等公司也在关注着学生这一新的市场。索尼等制造业公司也在企划新商品的时候，积极引入学生的意见。无论怎样，正是因为当时的企业尚有余钱，才能如此大规模地对学生进行前所未有的投资。下一个时代将会是“信用卡社会”，为此在JCB和住友VISA之间的争夺战之中，只要有人成功劝诱一名同学办理信用卡，就可以获得8000日元的销售补贴款。也就是说，只要说“我给你5000日元，要不要办张卡？”就可以获得3000日元的毛利润，当时就是这样一个现在无法想象的信息投资的时代。人们认为市场似乎可以无限扩大。

“泡沫经济文化”的低技术性

关于“泡沫经济文化”，除了当时的新闻报道的文字和影像资料之外，基本没有其他资料了。于是，我拜访了位于高田马场事务所的野头先生。事务所和20世纪80年代一样，有很多学生来来往往，就像是一个愉快交流的沙龙。他先是解释了一通“泡沫经济文化”，“脱离了日元升值导致的经济低迷，之后泡沫一般的经济盛世开始了……”，紧接着，野头先生就开始回忆当时的情况。“以前的时候，毕业旅行去清里或者滑雪场，可谓是家常便饭的事。另外媒体也开始改变了。电视上深夜放送的不再是老电影，而是用固定的节目创意来决一胜负。收费信息平台热线、BP机也是那时候开始普及的。饮食文化也有了飞速的改变。不过，当时说到外国菜也就是比萨，现在还有咖喱配印度馕、千层面和墨西哥卷饼……大学时代，就是泡沫经济时代，约会去酒店点一瓶桂花陈酒要4500日元，但听说在横滨的中华街2500日元就能买到，于是大家都去买。而现在，街上的酒水经销店一瓶只要780日元！而White Horse威士忌以前要6000日元。那个时候，粉唐（唐培里侬香槟王的粉色系列）大概9万、10万日元，大学生们就在派对上分着喝了。”在座的20岁上下的学生们听了不禁笑了起来。

时尚方面，李维斯的501、505成了“经典单品”，皮卡迪利

（PICCADILLY）、华伦天奴、阿玛尼、希比（CHIPIE）、西马隆（CIMARRON）、利贝托（LIBERTO）、C-17之类的欧洲牛仔裤也开始流行。但与这些品牌搭配的仿佛也都是规定好的，一定是Polo、Lacoste、FRED PERRY等牌子的polo衫，秋天的话就是JOHN SMEDLEY的V领毛衣，冬天的话要搭配MA-1（飞行夹克），或者是美国野战大衣，这些都是必备的“经典搭配”。人们还戴一些民族风的饰品来点缀装饰，当时的穿搭只有细微的差别和一点点小创意。

接着我询问了野头先生对泡沫时代的看法。他说：“泡沫时代不正常的物欲也好、挥霍金钱也好，我觉得这些都挺无聊的，完全没有意义。但是啊，泡沫时代有一点好的地方，那就是社会氛围十分乐观积极。现在太消极了，没有比现在更消极的时候了。尤其是年轻人特别消极。”我说道，还是因为经济低迷吧，野头先生紧接着说，“并非如此。以个人资产来看，据说在泡沫经济崩溃之前，日本的个人资产有1000兆日元，然而现在是1400兆日元，而且物价也下降了。所以其实现在更加富裕。但是财政赤字有1000兆日元，这才是人们对未来焦虑的根源之所在……人啊，不能接受周围都富裕起来，唯有自己被剩下，但是大家都贫困的话反而能接受。所以，泡沫经济时代，会出现愚蠢的抱怨——‘为什么只有我没有宝马？’”如今这个时代缺乏的正是乐观积极感，但是否有恢复乐观积极感的处方药呢？“积极乐观和行动力是那个时代所拥有的。当时要是说，大阪有好玩的，咱们一起去玩吧。当时的人就会行动起来，说走就走。但是现在的话，就得考虑‘明天还要打工’。那个时代啊，学生们有着初生牛犊不怕虎的行动力。比如，当时有个朋友说辛迪·劳帕（Cyndi Lauper）要来日本，我们就约好了一起去，于是就一股脑地冲到了酒店，那时候拿到的签名就是这个。”野头先生说着拿出了签名纸。

曾担任NET专务董事的吉村先生、赤井丰先生（现股份有限会社

Mega Media Studio代表董事）就出身于D-Project（下文简称D-Pro）。D-Pro是最早成功策划并实现了在迪士尼乐园包场开派对的企划联盟之一。当我询问到野头这些人的时候，他的回答令人意外：“这几个都是在蹦迪时候认识的熟人。”接着还说了几个当时流行的令人怀念的暗号“周四C、周五M、周六K、周日R”（CIPANGO、MAHARAJA、King & Queen、RADIOCITY）①。如此一来，学生之间的人脉大多是在这种热闹的聚会或者派对上偶然结识，并逐渐培养起来的。一部分爱玩（过度爱玩？）的学生会按照星期几来选择不同的蹦迪场所，时间长了，这种玩法也成为一种定式，大家也都基本认识了。

就这样，在互联网时代之前，大学生之间的“人脉网”孕育了NET股份有限公司。“那时候如果我也投资IT的话，我现在也没准住进六本木大楼了……”野头虽然这样说着，但真实情况是，他觉得朋友之间无法做生意，做政治伙伴倒是没问题，所以才转行的。

虽然也有传言说，收费信息平台热线的前身NTT曾试过建立以通话留言平台、新媒体CAPTAIN等电子媒体为媒介的network，但当时说到network一词，媒体上大多指的是类似于自创杂志②、类似于面对面、在某种意义上是封闭的、一种俱乐部式的人与人之间的连接，Club Net就是其代表。在大学生中，那些作为社团或学生企业的中间人，或者会玩的人，或者创业者，都是在这个群体中引人注目的存在，通过他们跨校的连接得以实现。即便当下大学生数量众多，也存在这样的核心人物。校园中主要有这样几种人：参与者，也就是大部分的学生，他们通过社团或朋友，参

① 均为泡沫经济时期有名的迪斯科厅，野头健的意思是他们每天会约不同的迪厅蹦迪。——译者注

② ミニコミ，和制日语（mini＋communication）指的是小范围传媒，以少数人为对象传递信息，亦指此类传媒。不同于同人志，自创杂志旨在传达信息、表达自我的一种杂志。——译者注

与舞蹈派对、包场的主题公园派对，与求职相关的活动等大型企划；组织者，他们会组织策划这样的活动，运用社员的人脉来做运营和销售，他们是少数的领导组织者。曾经那些NET公司的成员和组织的干部，虽然有一部分人就业去向尚不清楚，但大多数如今都是大企业的精英职员，他们活跃在政治、经济界（虽然会觉得他们曾经明明那么贪玩）。

回顾“泡沫经济文化”的真实情况

英语中“fashion”一词和法语中“mode”一词，两者原本都表示“样式”，后来逐渐演化为“流行”的意思，又在此基础上变为具体表示“服饰（的流行）”的意思。从词语的变迁中我们可以知道，要追赶流行现象，衣服是不可或缺的要素。在上一章中我已论述，“场所（的名称）”作为一种成衣的名牌被消费，西欧（也就是以巴黎时尚周为中心的“世界”）的时尚界，在20世纪80年代的流行也从高级服装制定转向了以成衣为中心。这意味着，流行不再是由设计师的独创设计、一部分（消费高级服装制定的）高端顾客，或是专家和批评家团队决定的，流行可以从街头产生。

彼得·布拉汉姆（Peter Braham）的《时尚——打开文化产品的包装》（*Unpacking a Cultural Production*）①一书质疑了涓滴理论——这种理论认为，流行起源于一部分社会上流人士的选择，再逐渐渗透到他们的追随者，以及末端的大众。布拉汉姆认为现代的“流行”已经并不是单向的渗透性，流行的起点多种多样，方向也包含了从上至下、从下至上，以及各种各样的多元流行的结构。他还列举了以下原因：比如，在明星的影响下流行的起源多样化、商品规格的大量生产、网络购买等购物途径的多样

① Paul du Gay（ed），*Production of Culture/Cultures of Production*，Sage，1997.

化等等。

本书认为，至少在80到90年代的日本，涓滴理论的形式只在相当程度上是有效的。这种变化源于以下两个要素：媒介的多样化，以及进口商品的增加。所谓媒介的多样化，指的并非特殊的时装杂志，而是杂志面向普通年轻人推出了固定样本，以及在以日常生活为蓝本的电视剧中，服装、饰品、家居装饰也都起到了样本的作用，媒介的多样化指的就是这些现象的加速。刊登在杂志最显眼之处的不再是广告或者新闻，而是介绍某大学某某人是“街头服装的领军人”。并且，电视剧也不再以超人、明星或奇人为主角，而是以表现日常生活中随处可见的倦怠感为主题，比如一些电视剧以小田急线或东急田园都市线沿线的新兴住宅街为故事背景，讲述在有限的邻里之间的生活空间之中的出轨爱恨情仇的电视剧，“给星期五的妻子们”系列就是最好的例子。人们不再需要那种不为人知的命运红线（比如“赤色系列”①）的剧情了。观众从倦怠的日常中寻找微小的刺激，观察别人家庭中的家居装饰、小物品，或是妻子、丈夫的衣着打扮，并同自己做比较，电视剧就成了这样进行比较的对象。

活跃于80年代后半期消费文化之中的是“团块一代”（多数为1946到1952年出生的人）和“新人类一代”（60年代出生），他们共同拥有着“转向”和“失败者复活的可能性”。前者逃离了政治的时代，最终成为80年代消费文化的推动人，同样，后者的大多数毕业于“泡沫经济的狂欢之中”，在经济低迷的平成时代——90年代，作为公司职员被大企业收编。在“团块一代”的“全共斗”斗士中，即便是当时的核心人物，也成

① 赤色系列，又称红色系列，是日本TBS电视台和大映电视台于1974年、1975年、1976年、1977年、1978年、1979年、1980年、2006年制作的11部悬疑连续剧的总称。比如表现患白血病的少女、恋人竟是同父异母的兄妹等等剧情，对2000年后的韩剧也产生了不小的影响。——译者注

了学者、补习班教师，或是进入出版界（也有从事自然农法[①]、当农民的人），他们以最低限度的妥协开拓了自己的生存道路。同样，泡沫时代的“新人类一代”学生创业家以及领军人物，也均在企业中就职，或是继续创业、进军政界，寻找新的出路。田村研平（《“新人类”与“全共斗”世代》，*Voice* 1986年5月号）将这两代人形容为“喜剧式的”一群人，并寻求他们的共通之处。“所谓喜剧式的……指的就是多层次的思考方式，比如在生活上失败者能够从头再来”，这样一来，“喜剧式的”人，就需要以经济条件，比如雇佣状况等作为物质基础。想要享受“愉悦的生活”则需要相应的收入。如果没有这样的基础，失败者的从头再来根本不可能实现，“团块青年一代”（1971—1980年出生。真正的“团块青年一代”也包含1980—1985年出生的人）就是被这样教育的。90年代那种萧条的、冷峻的文化，或许正因此而形成。

所谓泡沫经济现象，或许正是如此。全新的物品琳琅满目，人们对那辆轿车、那件连衣裙，或是那座高级公寓感兴趣。然而，如果不相信在拥有物品的背后存在着某种精神性的真正的“幸福”，那么无论是空荡荡的豪华公寓，还是被压箱底的连衣裙，都不过是徒有虚名罢了。正如斯拉沃热·齐泽克（*On Belief: Thinking in Action*）所说，物品可以看作一种“消失的媒介者”，如果想象不出一种真实（人们在观念上真正相信的幸福），那么对于这个物品的信赖就无法进行换喻式的转移。在泡沫经济的漩涡中，年轻人（泡沫经济文化的异端者）一边念叨着真实并非如此，一边不断进行着“寻找自我的游戏”，对实体经济的脆弱性敲响警钟的一少

① 自然农法是福冈正信提出的一种农业方法，是指在有机农业和生态系统农业中，严格实施无农药、无化学肥料的农法。——译者注

部分经济学家（泡沫经济的异端），他们与齐泽克所谓的诺斯底主义[①]、清洁派[②]是相同的，他们视创造之物（物品）为恶魔，它与制作物品的神不同，后者是精神性的，存在于世界之外，他们凝视着善良的神的存在。他们在某种程度上是正确的，但在某种程度上是不幸的。因为在泡沫经济时期，无论是在经济上还是社会上，人们都始终相信只有参与到泡沫时代中才是幸福的。

“御宅族”与“涩谷休闲风”的分水岭

本章从消费倾向和生活方式论述了“泡沫经济文化”的真实情况，包括进口品牌的人气、海外旅行热、学生创业以及“晨澡”等等。

如果简单地把这一时期看作“80年代”的话，加之上一章提到的生活样式的改变，可以说20世纪80年代经历了历史上（近代史上）又一个大的转变，那就是媒体形态的变化。一方面，80年代既是90年代的电子媒体革命的前夜，又是电话游戏服务等数字媒体走向终极形态之时，也是出现电脑通信等电子媒体的实验性时代。另一方面，80年代还是这样一个时代：近代特有的交流方式特征就是以杂志为中心的文字媒体的盛行、“文字界”或堪称是“谷登堡星汉璀璨”[③]的印刷出版，而80年代就是人们最为

① 又称“诺斯替主义”（Gnosticism），在希腊语中“诺斯底”的意思为“认识”。这是公元1到2世纪期间地中海沿岸各地区传播的一种宗教思想，站在反宇宙的二元论的立场，宣扬通过“启示”来认识人的本质与至高神本来是同一的，由此才能得救，即与神合一。曼达教、摩尼教即为其宗教形态。而这种思想受到即将要形成正统教义的基督教的质疑。——译者注

② 又音译为“卡特里派”（Catharism）。12至13世纪时，广布于意大利北部和法国南部的基督教异端。他们站在善神恶神的二元论立场上，认为世界属于恶神而否定现世，并实践禁欲的苦行。——译者注

③ 该表现源自《谷登堡星汉璀璨：印刷文明的诞生》（*The Gutenberg Galaxy: The Making of Typographic Man*）一书，这是马歇尔·麦克卢汉（Marshall McLuhan）1962年出版的著作，该书分析了大众媒介尤其是印刷术对欧洲文化和人类意识的影响。——译者注

担心印刷出版走向灭亡的时期；80年代还是“战后”最大的数字媒体——电视台与印刷出版争夺霸权的黄金时期。“文化”这一人类象征领域的方方面面，最终于90年代以后发生了改变，而在90年代之前的80年，各种力量正在朝着衰败的方向发展，80年代是“近代”的末期，或者至少可以说是“战后”的末期。我们从媒体的情况中就可以得出以上结论。

即便存在着众多电脑游戏的狂热粉丝，但现在还被称为“御宅族”的一群人仍然是负面的存在。不管怎么样，1989年的宫崎勤问题（2006年1月判处死刑），让人们认识了“御宅族”。80年代的“御宅族”即是本书所说的“新人类一代”——爱好恐龙、机器人、动画、电脑……；而现在所说的“御宅族或OTAKU”喜爱美少女系的媒体、美少女游戏等等，在政治、家庭关系、性的复杂的心理状况上，相对来说，这两者之间不存在关联性。后者指的是“团块青年一代”之后的一代人所创造的文化。“御宅族之王”（オタキング）冈田斗司夫，与代表当下“御宅族”言论的森川嘉一郎、东浩纪等人之间，时而产生误解和互不理解，原因之一就是在“御宅族”之间也存在着代际差异。

另一方面，从1984年到1986年的“断绝期”，从表面来看所有人都关心时尚，甚至还出现了“全民时尚”的现象。然而，就像是紧身连衣裙一样，“山寨品”被大量生产。这种趋势以1988年*Hanako*创刊为标志，并持续到了真正的“泡沫经济文化”时期。

“御宅族”是无意识地领先于90年代的、依赖于互联网交流形式的一群人。同时，也是选择了（带有负面性的、社会压力的）“个性”的一群人。而“涩谷系”是出现在互联网前夜的、站在数字网络以及人的网络的顶点的人，他们没有迎来失败，仍然维持着“现在”的信用，那些参与狂欢的人群正是喜好（商业的/消费者式的）“经典款”的人群，以上就是本章的结论。

第五章　电视剧的变化——都市的背景音乐、城市的诉说

2006年的现在，或许大多数日本人都对现状达成共识——“现实社会是黑暗的”。年轻人会因为“想一睹真正的尸体”而杀人，老年人也因为一些小事就杀害亲人。直到34岁都尚未找过工作的“啃老族”、36岁到40岁人的犯罪（猎奇杀人、尊属杀），这些社会现象都越发受到关注。走在街上会遭遇空气枪的袭击，在家则有可能被家人杀害。曾有一位女性在“杀人代理网站”支付了1500万日元，因对方没有履行杀人而选择报警；也曾有一位男性拿刀砍向一名女子，大叫着“我要看到你的血”；还有那些在街上闹事者；这些曾经无法想象的社会新闻，似乎每天都在发生着。“希望格差社会”（山田昌弘）、实际收入的贫富差距、接二连三的炒鱿鱼（裁员）、财政崩溃的可能性，以及增税的预兆、社会保障的直线下降，都使得人们全然看不到未来的出口。倘若不能一扫人们对未来的不安，倘若无法让人们看到希望的出口，那么当下的储蓄倾向（流动性偏好）就不会改变，人们就不会消费，社会也无法从内需不足中解脱，这样一来经济不景气就仍会继续。而现实世界则会变得更加黑暗，不断重复着这样的恶性循环。

社会充满朝气的时代也是经济活跃的时期。20世纪80年代，常年居住的早已习以为常的又老又破旧的房子的地价大涨，忽然间许多人都不可

思议地成了“资本家”。人们觉得自己有钱了，就开始肆意消费。不仅仅是土地和股票，就连凡·高的画、茨城高尔夫球场的会员资格，都仿佛货币一般，具有了较强的流动性（与其他物品相比，这些财产更具有可交换性）。在泡沫经济时期，“所有人”都相信土地价格和股票会一直上涨，并对未来充满希望，政府也因为税收而有富余的钱，处处都是商机。然而，到了80年代末期，政府和大藏省[①]开始宣传：“股票和土地已处于泡沫状态。”这使得人们开始不安，意识到无限上升的股票和土地价格“总有一天会暴跌”。这样一来，一些人开始行动，在股票和土地价格暴跌之前抽身而退，这也真正导致了泡沫的破裂。“所有人”信赖的基础忽然间瓦解了[②]。

“后台花絮”时代的电视剧

正如北田晓大等人所说，20世纪80年代是将原本富士电视台展现“后台花絮”（楽屋オチ）的做法普及的时代，所谓“后台花絮”是通过展示电视的后台花絮及内幕来获得收视率。在这样的环境中，人们会把电视剧那种“表演出来的日常”当作“应该有的日常”，这导致了一种讽刺的误会。在日常生活中，当自己上演起电视剧的时候，就不会有一种虚假感。这就是80年代电视剧的特征。也许可以这样说：“偶像剧之中表现着普通人的生活日常，而这又由普通人在现实中表现出来。”

---

① 大藏省曾是日本国家的行政机关之一，负责和财政、通货、金融等有关的事务。2001年改称“财务省”。——译者注

② 最近根据三浦展的调查（《下层社会》，光文社新书，2005年），以1988年为中心的泡沫鼎盛期的意识调查显示，相比于上一代和下一代人，“新人类一代”（60年代后半期出生的人）在回答自己的生活水平的时候，认为“下降”的有所增加。我认为相对于周围人的“上升”，这是一种让他们感到自己不如他人的意识表现，反映了社会全体上升意愿的另一个侧面。

下面，我们从一直以来论述的80年代的时代划分——混沌期到断绝/过渡期，再到“泡沫经济文化”期的一系列转变来讨论电视剧的变化，我们也许可以将其分成三个阶段：《3年B组金八老师》第二季（1980年）、《长不齐的苹果们》第一部和第二部（1983、1985年）、《东京爱情故事》（1991年）。虽然《东京爱情故事》经常被认为是偶像剧的鼻祖，但不能忘记的是，它是最后一部没有偶像剧的“土气”（啰唆的情节、土味台词）的作品。赤名莉香和永尾完治又聚又散，追求完治的里美还从中捣乱。电视剧中总是重复着这样的音乐，看着永尾背影的莉香喊着“完——治！”，完治回头，缓慢的融合爵士乐响起“锵锵、锵、咚、咚咚咚”，一种戏剧感的音乐。虽然音乐总监是日向敏文，但主题曲是小田和正所作，这也给人一种80年代的感觉，而非90年代。这部剧破坏了电视剧一向包含的“信息性”（教导性等）以及“伦理规范的表现”（一种让人感到果然如此的劝善惩恶的结局），从这点来看，《给星期五的妻子们》三部（1983—1985年）系列把“出轨”表现成为一种身边生活的道德规范；而《男女7人夏物语》（1986年，最高收视率32%）展现了一种自己也可以实现的、真实的生活方式，这两部作品对偶像剧的影响更为强烈。并且，在社会走向“学校化社会”的过程中，将学校系统刻画成一种轻浮的（某种意义上也是不可能的）游戏的舞台，初期野岛伸司导演的《大家相爱吗？》（1989年）更是一个重要的转折点。需要补充的是，《周五妻》的第三部《坠入爱河》的主题曲（作词：汤川丽子）由小林明子演唱，随后一炮而红。

如果愿望可以实现

让叹息变成白色的玫瑰

在无法相见的日子 装饰整个房间

边思念着你 边装饰着
Darling，I want you 想见你
像是要奔向心动的恋爱
像一个迷路的孩子 驻足不前
我想把自己送给你
拨出号码的时候 停下了手
……
Darling，I need you 无论如何
有一个说不出口的愿望
总是想要那个
周六夜晚和周日的你
拨出号码的时候 停下了手
……

这是一首无需多加解释的“出轨”歌曲。歌词中的女生没有说“想要结婚”，而是说“总是想要那个周六夜晚和周日的你”，这不仅让人感到这个女人的可怜，而且，这是一个“拨出号码的时候停下手”的懂分寸的女人。对男人而言，没有比这样的女人更为方便的存在了。

直到《长不齐的苹果们》出现为止的社会

60年代提出的“所得倍增计划”的目的是，“国民总生产实现倍增，通过雇佣的增加达成完全雇佣”。战后日本，日本人民最大的愿望“富足”就是通过这样的目的来定义的。1961年的某项调查中，针对十年后生活水平是否能达到比肩欧洲，65%的人回答的是“无法想象”。在当时，

这就是那么不现实的梦想。然而日本经济以年平均10%的速度持续增长，1969年GNP（国民生产总值）达到世界第二，仅次于美国。那么，是调查之时那些答案较为消极的人错了吗？这个问题要从两方面看。的确，在数据上，日本的经济发展了。然而，并不是所有人都感受到了生活的“富足”。由于《日美安保条约》的延长、大学等制度的旧弊、对于“自由”的希求等，学校纷争、街头斗争的出现正是在1969年。这些运动虽遭遇了败北，但经济的增长还没有停止。

1988年的时候，日本GNP仍然居于世界第二，并达到了欧洲（当时的EC）的规模。所谓“所得倍增”，其实不仅仅是达成了目标，还远远超过了原来的预期，实现了极大的增长。即便如此，生活的“富足”仍然没有实现。人们仍然觉得“还是欧洲好啊”。工资虽然有所提高，夏天的休假也不过三天，像法国一样长达一个月的休假简直无法想象。在经济层面上，目标虽然达到了，人们的“欲望”却一直在不断增长。经济目标与生活水平上升的愿望，这二者之间出现了鸿沟，这导致我们的欲望不断增加，并朝着错误的方向发展。

在80年代的高度消费社会之中，泡沫经济期促进了“品牌效应”与广告战略的出现，而电视节目则改变了生活方式。7 0年代的初期，所有人都觉得“新世界”的革命是绝无可能的，在此之后人们把关注点转移到兴趣爱好式的对抗文化，当时还出现了暴走族以及不良学生一群人的文化。

率先向流水线式的、种田式的教育质疑的就是山田太一所著、后由他本人改编成剧本的电视剧《长不齐的苹果们》。当时人们的想法普遍是，从小学开始在补习班和家教指导下好好学习，就能进入（一流的）大学、（一流的）企业，等这个男孩或女孩到40岁的时候，他/她就能笑着成为人生赢家。然而，从小学的补习班升入有名的私立中学、高中，还是要拼命学习。他们仿佛牺牲童年时代来换取未来的筹码。在户外打棒球、趁父母不注意跟小伙伴一起玩、恋爱，这些从童年到青年的“暂时性”的经验都要舍弃。那些拥护应试考试的人们宣扬着之后会苦尽甘来。他们说：“看啊，成天光会玩的那些坏孩子，现在就住在那种小房子里，做着辛苦的工作。”他们从未想过，也有一些人在备考中付出了时间和经验，但还是没有成为人中龙凤。他们过于单纯的想法不过是认为，虽然没有了童年的时间和经验，高收入、小豪宅还有进口汽车会（再次）弥补一切。

《长不齐的苹果们》的主人公是那些在少年时代做着自己喜欢的事，在青年时代经历了迷茫与痛苦，在求职的时候回看自己人生的三流大学生。三流单科私立大学这种十分现实的设定、对于身材较胖的女生身体的详尽刻画，从这些来看，人们也许会觉得这部剧太过残酷，但在当时，如果不展现这种暴力性，那就无法达到针砭时弊的作用。

《长不齐的苹果们》的主张

三位大学四年级的学生分别有着不同的自卑。拉面店老板的儿子西寺实长相不帅但想要受女孩喜欢、酒铺老板儿子仲手川良雄成绩不错但是进不了理想的大学，书香门第出身的岩田不受父母疼爱，还曾一度做过“违法”之事。他们三人周围的熟人也都是有着各种自卑和纠结。没有一个人过得称心如意。与三人在“徒步”社团交好的谷本绫子就读于有钱大小姐的大学，她总是为自己过胖的身材而烦恼，为了讨西寺实的欢心，她在露天的章鱼小丸子店打工，把打工赚得的钱给了他。还有都立看护学院的水野阳子和宫本晴江，两人都觉得将来从事的职业护士（护工）十分有意义，可周围的人却不这么看。阳子有着重度洁癖，她同岩田的恋爱关系不太顺利。良雄心仪的女孩，一名外语大学的学生夏惠和别的男人同居了，住在高级公寓中。那人名叫本田，毕业于东京大学，不适应公司工作遂辞职，据说在政府相关的研究所工作，负责开发对外保密的某涉密设备，听起来他从事着挺玄幻的工作，但实际上不过是兼职多家家教维持生计罢了。本田从小就经常被母亲教训："不许跟附近的小朋友玩，你作业都做完了吗？"连基本的伙食费也只能靠学业方面来赚得，他就处于这样的艰难处境。而他的伴侣夏惠因为不能见死不救，于是选择了去服务男人的风俗店打工。

这部电视剧有一种"人情味"。良雄居然在偶然进去的一家风俗店与夏惠相遇。"你给我好好按摩按摩"，说着良雄哭了起来。他为什么哭？是为自己心仪的那个人、一直在脑海里幻想的女孩，居然"下海"从事他自己认为"肮脏"的工作而感到伤心吗？然而另一方面，良雄何尝不是由于自己"肮脏的"身体的欲望而进入这家店的呢？把性欲和性工作看作"肮脏"的良雄，在某种程度上就是"不经事"，而肯定这种"不经事"的正是《长不齐的苹果们》的主题。良雄的母亲，一直给良雄的嫂子"穿小鞋"，只因为她有心脏病而无法生育。而岩田曾经在一流商社做保安，偶然帮助过一个想要自杀的部长，随后收到了该商社的聘用，因为公司觉得他虽然毕业于三流学校也算是公司中特别的人。然而录取之事引起了公司内部的斗争（成年人的逻辑），随后就此搁置，他的助人为乐也没有得到任何好处。

这部电影没有一个大团圆的结局，关心他者、做着"无用"功的主人公们最后聚集到一起，告诉我们这样的一个结论，比起"一流的理论"，更重要的是"人与人之间的羁绊"（友情）。本田也开始来良雄的酒铺帮忙，和伙伴们一起工作，他扶着银色边框的眼镜微笑着说道："嗯……其实这种感觉挺好的。"原本没有感情生活的夏惠，听到良雄的哥哥对自己妻子说，"没有你我活不下去"，也感叹道，"我也想谈一场这样的恋爱"。

主人公三人毕业后进入了在世人看来毫无价值的公司里工作。这从“一流的理论”（按照收入和品牌名称来计算的理论）来看，真是太过愚蠢。然而这部电视剧直观地告诉我们，“有友情”，“有人陪伴”，“从心生活是很好的”，这是因为精英人士的人生不代表人生的幸福。从现在这个时代来看，这种信息本身就很羞耻，但在“腐烂的橘子”理论支配的当时的社会风气下，这具有十分强烈的对抗意识。

偶像剧的分析：《男女 7 人夏物语》

1984年冈田有希子的死使得流行偶像的假象昭然若揭，那一年大街小巷重复播放着欧陆节拍代表人物迈克尔·弗图纳提的“Give Me Up”，这也是偶像剧《男女 7 人夏物语》放映的一年。偶像剧正是作为“当下”的叙事，不断操纵着“现在，就是这里（才是流行与前沿）”的两种转移词（shifter）的叙事装置。

在熟悉的开场影片中，闪耀着东京夜空的烟火，随之播放起欧陆节拍“CHA-CHA-CHA”的翻唱版本（石井明美）。《男女 7 人夏物语》不仅反映了当时的社会现实（“泡沫经济文化”的预感），也是之后同题材的电视剧的模板。我们来讨论一下该剧的结构。首先以第二集为例。情节构成有三点关键之处。1.电视剧从始至终展现了作为“现在”的叙事（闪回、其他回忆，在情节上几乎没有作用）；2.电话铃声是情节（脉络的结构）推动的关键；3.舞台的共时性（可以通过电话同步联结在独立空间之中的“七人”，由此形成了一个“面—isotopie”①）。

① “isotopie”（法语）是语言学家格雷马斯（Algirdas Julien Greimas）在《结构语义学》中展开论述的概念，之后又由Group μ运用到了影像符号论。“所谓陈述（énoncé）或者文本（text）的isotopie指的是，由各种词所连接的语义元素的分配。并且保证énoncé、text的统一性”（O.Ducrot/J.-M.Schaeffer，*Nouveau dictionnaire encyclopédique des sciences*

我们来看一下剧中的开篇场景，镜头出现一座桥，桥仿佛让人意识到这是东京河畔的高层公寓。在跨越河的一个长镜头中，夜空中出现了烟火。在一间公寓里，镜头几乎从床仰拍的视角开始，画面出现了许多东西。桌上放着几个闹钟，仿佛让人预料到明天早上要早起，而摊开的地图就展示了明天即将出发旅行。紧接着镜头出现主人公收拾资料的双手，他一个人念叨着旅游的先后顺序。接着主人公出现了，他就是导游今井良介（明石家秋刀鱼饰）。在镜头中，今井去卧室取东西的时候，正好接到来自老家的母亲的电话，无论从人物对话还是对物的描写来看，镜头都在反复强调着、补充着各种信息。那种详尽的、仿佛紧贴着物品在爬行的镜头展现了一种奇妙的感觉，也就是对于这间屋子之中物品的聚焦，与其说是将主人公所处的情况正确地传达给观众，不如说让观众只能获取有限的信息，而随之感到不安。并且，不同于表现情节设定的信息，镜头通过物的聚焦还展现了其他信息。

其他信息指的是，比如放在沙发上的“Renoma”的抱枕、今井所穿的设计师品牌的印花T恤和棉制裤子、挂在墙上的奇特的版画海报。结合本书上文就可以知道，“Renoma”在日元升值之前，由于外国商品的许可生产而实现了较低价格，是当时十分流行的（前泡沫经济时代）的品牌，印花衬衫属于（后竹下通式的）流行（时尚）。屏幕上的这些物品与叙事不同，从其他角度明确地提供着信息。电话中的信息——“明天飞新加坡”，以及物品（地图）上只展现了东南亚的信息，虽然这些都作为补充告诉了我们旅游引导（导游）是一份流行的职业，但对于物的叙述还略显缓慢。另外补充一下，今井所住的公寓被设定为川崎某条街上挨着河流的、在大桥脚下的公寓，这座桥的另一边就住着他恋爱的对象——想当

du language，Seuil，1999.）。（Group μ是一个集体笔名，一群比利时20世纪的符号学家用该笔名写了一系列的书。——译者注）

一名作家的桃子（大竹忍饰），也是本剧的主要场景。实际上众所周知的是，这座桥是隅田川的清澄桥，但为什么剧中设定是川崎，这也无从知晓。当时的川崎在海湾地区水岸计划的推行下，是率先建立郊外娱乐设施的地方，受到了众多关注。电视剧放映之时的1986年，大型地下步行街Azalea、Livehouse、电影院等综合设施CINECITA开始营业。King & Queen迪厅终于在日航酒店入驻，也就是说，如果拿舞台打比方，这里正上演着“现在，就是这里！”的合唱。

然而，来自母亲的电话仿佛是剧情上的一种错误信号。真正的电话是第二次的、来自桃子的电话，从这里故事才真正开始。同时播放起了Shakatak乐队的背景音乐，这也预示着展现时尚生活的偶像剧开始了。全剧之所以采用了Shakatak乐队的背景音乐是因为他们是贯穿于20世纪80年代、十分受女白领等人群喜爱的融合爵士乐组合。《男女7人夏物语》创新之处就在于采用了这种背景音乐。在以前的电视剧之中，戏剧冲突性的场景（剧情高潮等情节转换之处）会插入背景音乐，而《男女7人夏物语》就像是一种“氛围感电视剧”，剧情没有起伏，背景音乐也从不间断，反倒是在剧情转折的关键之处会叫停背景音乐，引起观众的注意，也就是说背景音乐和效果音的关系颠倒了。

说回情节，桃子打来电话，她想要成为作家——“独立女性”才有的独创性的职业。二人的交谈，也是众所周知的内容空泛的对话，撒娇打趣、极为私密的交谈像是漫才一般你来我往地重复着。像是这样的对话：你在干吗？——我忙着呢，挂了哦。——你就穿个内裤在床上躺着呢？但是想来在手机普及之前，人们还用固定电话的时候，与朋友之间的电话（特别是煲电话粥的时候）大体都是些无聊的内容，也许重要的就是这种“连线”的感觉。在这个镜头中，今井房间中的海报突然成了桃子房间的镜头边框，仿佛拍摄着一种三角机位的镜头/正反打镜头，产生了一种对话的感觉。“7个”男女之间依靠着蜘蛛网一般的42根线连接在一起。当然实际上电视剧中出现的配对是固定的（今井—桃子、今井—千明、桃子—千明、千明—贞九郎、野上—香里）。然而在潜在的“7人”的网格中，出场人物所有人都位于“现在、这里”的平面上（isotopie），依靠着真实存在的人物关系网所连接。基本上，电话中的交谈都是为了约定好见面，然而只有“今井—桃子”这一组的电话（潜在性的一对），其交谈本身就是目的，比如“我以为你会给我打电话……”“刚才太忙了，抱歉啦！”“想不想来见我？”等等。观众们观看着这些空泛的交谈，并且模仿和想象着这种交谈，这也成了节目的“卖点”。在他们的对话之中可以得知的剧情信息十分匮乏，然而二人的交谈就仿佛是剧中剧一般，可以独立成为电视剧之中的“漫才”。

然而电视剧开头所表现的首个指示（时间、位置关系）就是通过开场电话来实现的，在电话中，今井所说的“明天要跟新加坡旅行团了”这句台词就设定了剧中的场景。这完全不同于古典式小说，古典小说总是开头交代某人于某年某月出生等等具体的（现实主义的）虚构的场景设定。“明天”的起点也就是“今天”，它是无处不在的、浮游着的空泛之物。也许观众所观看的时间点就是“今天”，电视剧的关键节点和观看时间点相一致，叙事的“快慢”和生活时间（观看时间）存在着差异，这些要素仿佛是导数一般，让观众们能够推算出电视剧中的“明天”。

电视剧反映的时代感

第三章所说的日常生活的“非日常化”，在这部电视剧中也有所体现。比如学生时代的朋友（今井、野上、贞九郎）总是在傍晚6点集合，在有人气的场所或自己家里喝上一杯，或是跟邂逅的女生们（千明、香里、桃子）来个约会，而女生们总是聚在一起谈论着恋爱经。实际上，当时工作的人们并没有闲暇到能够在这么早的时间就频繁地聚会。这些小细节在之后的电视剧《同级生》（富士电视台，1989年。原作：柴门文。编剧：坂本祐二。主演：绪形直人、安田成美。该剧属于富士电视台的“月九”系列——周一晚上9点放映的电视剧，是早于《东京爱情故事》以及《爱情白皮书》的作品）之中也能看到。当然这也是电视剧才有的设定，也就是虚构，事实上它也在一定程度上反映了1984年前后的社会现象，比如1981年出现的24小时营业的便利店；滋补饮料（滋养强壮剂）竞争火热，其中“Guronsan”的广告——“5 点开始的男人，到 5 点为止的男人”成了1988年的流行语。

回顾过去，在短短的三年里，我们感受到了1983年的混沌。在政治层面上，田中角荣前首相因洛克希德事件而被判刑，随后大韩航空被怀疑为间谍飞机，在苏联领土坠落。距离冷战结束还有很长一段时间，但人们终于迎来了“战后”的结束。看到近年来的宪法修订争论，我不禁百感交集：那些真实感受过战争的人，战火一代（父母亲历过战争，从他们口中获得间接经验的一代人），那些不知晓战争的一代（新人类），还有那些连“战后也不曾知晓”的一代（“团块青年一代”），这些人究竟该如何达成一致意见呢？从世代论的观点来看，1983年的确是一段让人深刻感受到政治、经济、社会不平衡的时期。

与政治相反，经济已经踏入了“后战后”时期。在金融、不动产、家电等各行各业之中，日本企业大力开展收购，其中包括美国在内的外企以及海外资产①。即便如此，社会的消费者（市民）也并没有直接得到好处。1983年全国作为打工人的爸爸们，他们的零花钱大概每个月只有 2 万日元。全年零花钱最高的是奈良县，28万2057日元，东京位居第7，23万

① 除此之外，在体育界，青木功成为第一位在美巡赛上夺冠的日本人。

6384日元；最低的是高知县，只有11万2204日元，过得十分节省（总务厅，《家计调查年报》，1983年）。另外只有8%的企业实行双休。（总理府）厚生省所发布的家庭中经常做的家常菜前十位分别是：1.烤鱼；2.炒青菜；3.天妇罗；4.水煮菜；5.烤肉；6.玉子烧；7.炖鱼；8.腌菜；9.刺身；10.关东煮）。肉类终于排到了第五名。近年来，人们越发关心健康，有人提倡药食同源和阴阳原理（正餐），还从免疫力的观点讨论是否该保持吃肉的习惯。仅仅过了数十年，新闻头版居然报道起"吉野家牛肉饭回归"，可见饮食生活有了极大的改变。

社会既有着对未来充满希望的积极的一面，也有着从战后社会各种矛盾之中出现的消极的一面。特别是教育、家庭、风俗（社会风气）方面是十分矛盾的。1983年2月12日，横滨的一伙男生（中学生以及中学毕业生共10名）遭到逮捕。他们针对流浪者（无家可归的人）实施了暴力和伤害。同年12日在郊外的街区町田市立中学，又发生了教师因惧怕学生而用刀刺伤学生的奇怪案件。在户塚帆船学校，校长让不登校儿童（当时又称为拒绝上学的学生）集合，并强制"训诫"，后于6月13日遭到逮捕。当时，电影《家族游戏》（导演：森田芳光）上映，该片刻画了无法适应学校生活学习的高中备考生及其家庭教师；小说《积木倒塌》（穗积隆信著）成了当年的畅销书，该书描写了少女不良（未成年人犯罪）化和格斗家族的瓦解。并且，NHK电视剧《阿信》刻画了象征坚忍不拔"战后"精神的主人公的一生，其最高收视纪录达到了62.6%。在短短的两周之后，4月15日，大名鼎鼎的东京迪士尼乐园开园了。当时，48%的公立高中都配备了电脑，全国中学之中，校园暴力肆虐的比率达到七分之一（文部省）。看到这样的社会现象，不免让人感觉到一种矛盾。

对话的原理（《长不齐的苹果们》）

《长不齐的苹果们》（下称《苹果》）第一季就是在这种背景下播出的[①]（1983年5月—7月）。对于剧情的各方面及其信息的意义，已经在本章的最开始有所论述，因此这里我想再重新探讨一下电视剧的镜头。在《苹果》的出场人物之中，如果我们把仲手川良雄看作是主人公，那么包括与他同级的两个男性、社团俱乐部的三位女性（或者本田夫妇），剧情围绕着各种各样的男女为中心，在这一点上似乎是与《男女7人夏物语》（下称《7人》）有着异曲同工之处。然而观看的感受却是完全不一样的。这是因为对于《7人》而言，观众仿佛在偷听着情侣之间的谈话，窥看着在大都市公寓之中的那个房间，电视剧是通过一种超越性的（上帝式）的视点，以客观式的（冷静的）拍摄方式，表现7个主人公喜剧般的恋爱闹剧，是一种“第三人称视角的世界”。而《苹果》则仿佛是“第一人称视角的世界”，观众追踪着故事情节的发展，对仲手川等出场人物产生了感情。

《苹果》剧中的台词与《7人》的对话（交谈）基于完全不同的“对话”原理。年轻的主人公们曾经沉溺于不谙世事，或是自以为是地叛逆，通过青年人之间的对话，以及与长者的对话，才知晓了这个陌生的世界，一步又一步地“成长”起来。从小说的世界来看，这像是“教养小说”一般的成长叙事。除此之外，《7人》凸显的是“真实性”（发生在流行的

---

① 主人公仲手川良雄的老家是位于本乡的酒水店，多次因为改装成便利店而陷入困境，在这里引用一个相关的较为少见的调查。那就是“能够站立喝酒的酒水店数量”的调查，一个让人感到有闲情逸趣的时代的统计数据（1983年2月基于三得利的调查，下川聪史、家庭综合研究会编，《增补版 昭和、平成家庭史年表》，河出书房新社，2001年，497页）。东京都内（中央区、千代田区、港区）的520家店中有75家店（14%），大阪市内则大概为65%，每人每次的单价约为800日元，碳酸酒为200日元，一级清酒为200日元，威士忌为100—150日元，红酒为170日元。

地点、餐厅之中的对话……），而《苹果》则讲述了一个有关青春的普遍性的主题。包括对于犯罪的过度预防、备考竞争、学历社会，该剧涉及了众多社会问题，它并非仅仅讨论问题本身，而是引出一个与问题斗争、与问题和解的普遍主题。相比《7人》，现在的年轻人更能够同《苹果》产生共鸣，正是由于这种普遍性①。当电视剧不再是时下流行，它就变成了书写时代的记录资料（纪录片）。让电视剧仅仅以资料的方式终结？还是让它成为超越时代的一种叙事，进行观看鉴赏？这也许与主题设定的普遍性息息相关吧。

影像的叙事

在“第一人称”的叙事《苹果》之中最具特征的就是，表现被观看者心境变化的特写和半身镜头（bust shot）。我们以第一集“你是哪个学校的？”为例来做详细分析。

正如标题所示——“你是哪个学校的？”，第一集讲述的就是身份认同（identity，自我同一性）的问题。第一季探讨的就是令大学生、护理专业学生等年轻人迷茫的身份认同问题。不仅如此，第二季探讨了毕业之后走入社会的主人公们的身份认同；第三季探讨了拥有了家庭与事业的主人公们的身份认同。随着出场人物的成长（变老），每个阶段的身份认同问题就是《苹果》全部4季的内容。身份认同（identity）又被译作自我同一性，它为什么持续在变换呢？为什么寻找“自我”的故事，在挣脱了身份认同的牢笼之时才能看到解决的光明呢？这是因为所谓身份认同，是“社会的身份认同”，或者说是社会给予我们的自我的“角色”，是一种强制

① 2003年，调查样本为约250所大学3年级到4年级的学生，对《7人》能够感到共鸣的不足2%。

我们上演的角色，是他者如何看待自己的指标，如果演不好这个角色，那么“做自己”（人格）也只不过一个空匣子而已。因此人们一直能够感受到“他者的视线”。鹤见俊辅在论述作田启一对“羞耻文化”的再探讨之时认为，“羞耻”的（机械式的）运作，在针对自我的自我意识与他者对于自己的评价上“有所不同”。当他者并不承认我自己所认为的“自我”之时，就产生了羞耻之感。更进一步说，这里所说的“针对自我的自我（意识）”的意思是，（脱离了社会角色的）作为赤裸的人格的私密的自己。而当被赋予“学校名称”“企业名称”这些社会归属性的身份认同的时候（这些被当作一种媒介之时），身份的迷茫就此诞生。

对于良雄而言，他花大价钱所购买的艾力士（Ellesse）牌的马甲，就像是驱散学校名称等社会归属的一个“面具”。事实上，穿着这件艾力士的马甲，良雄闯入了医学部社团活动的派对。也就是与医学部的学生们完成同化（identify）。他站在六本木的街头，看到许多年轻人穿着和他一样的艾力士马甲，乘着出租车各处奔波。在小范围联谊（不带毕业生的联谊）中，医学部的男生都穿着统一的服饰。在这样的社团聚会中，丝卡将[①]夹克衫和风衣是人们爱穿的搭配。在企业中logo和徽章也是如此。如果说当时喜欢Ellesse的通常都是有钱人，或者说它是花花公子引以为傲的“标志”（品牌），那么得到这一标志的良雄一下子就突破了与这一群体之间的壁垒，从三流私立大学（边缘）进入了医学社团（假想的“中心”）的派对。在“中心”之中，众多女大学生聚集在此。而在这一场真真假假的游戏中，良雄被发现是个“伪冒者”，于是医学部的男生们把他叫到了厕所，质问道，“你是哪个学校的？”他们之中有人窃窃私语道，

① 丝卡将（SUKAJAM）是日本一种具有和风图案的夹克。第二次世界大战后，进驻日本各地的美国士兵们喜欢购买日本刺绣风格的衣服作为礼物送给美国的家人。当地人们就开始用比较便宜的人造丝，在布料上刺上“鹰、虎、龙”的图案而制成外套，以美国士兵为目标而开始贩卖。——译者注

“这种事还是别问了吧”，良雄只是回答，“啊，抱歉了”。他们的问题戳中了他的致命处、他的“要害”。因为他的所属的身份（国际工业大学的学生）并不是他自己主动选择的，而当“标志”所带来的幻象的统一性破裂之时，他深深感受到了心中有愧。

良雄像是一个从边缘而来的闯入者，他低着头做出肌肉抽筋般的笑容，他的这种复杂的表情映照在镜子之中。正因镜子就是社会角色的表象——他者的视线强加于自己的身份认同，因此十分残酷。自己可怜的样子像是山谷回响一般，在自己身后的镜子之中出现了双重镜像。也就是说，**良雄同时看到了两个自己：一个悲惨的自己，一个望着悲惨的自己的自己**。被中心如此驱赶出去，恐怕没有比这更悲惨的了。良雄通过镜子看到了那个注视着悲惨的自己的他者的视线。良雄快速地离开了会场，他一边不断在心中琢磨着“你是哪个学校的？”一边离开了街上。镜头聚焦在良雄那张表情苦涩的脸上，他背后的街道（中心）在散焦中如同幻影一般消失了。

图5-1　他们发现良雄不是成员，于是把他叫到了厕所。“不好意思了，我们这是个内部聚会。”“啊，这样啊。”“抱歉问一下，你是哪个学校的？”“这种事儿还是别问了吧。”“啊，抱歉了。”（镜子—自己—身份认同，悲惨的自己）

对自我身份认同的挑战

良雄之所以能进入这个派对，也许是因为（品牌、logo）偶然的一致性。也可以说，良雄为了加入一个假的归属性的身份认同，而用了一个假的身份认同——“服装”来伪装自己。不管怎样，只要认为在他处存在着“真正的自己（自我）”，那么可以肯定的是，他就无法得到令人满意的结果。关键是服饰、大学名称这些也并不是能够保证“同一性”的本质，不过是一种伪装罢了（就算其中包含着几分的实质——经验事实的评定；几分的证据——展现了兴趣和性向）。《苹果》才是寻找“真正的自我同一性”的故事。

起因是源于闯入了以艾力士马甲（同一性的符号）为代表的“中心”（如果读者需要我再次论述，所谓品牌的符号最初指的是，家畜的主人和国家权力用来表示所有物的一种烙印）。叙述的结构正是由在该处所发出的“禁止”的声音来实现的。那些把良雄赶出去的医学专业的大学生们，不，应该说是更多庞大的、众多的、匿名而又不曾露面的“社会大众”加在三名大学生身上的“禁止”才是他们欲望受压迫的根源之所在。随后三人企图结成社团，尝试新的冒险。可以说这是一种对“禁止”进行侵犯的尝试。

紧接着开头的第一集，出现了一个从上空俯拍的长镜头，那就是仲手川良雄（中井贵一饰）、岩田健一（时任三郎饰）、西寺实（柳泽慎吾饰）所上的国际工业大学。第一集是“叛逆”的（计划）叙事。开头（插入主题歌的部分）是良雄闯入社团的剧情，是对愧疚和羞耻的叛逆。庆应、早稻田、立教等知名大学的同好会和社团会聚集着众多女大学生。他们计划着在他们学校也搞一个聚会，故事出现了挑战性的叙事。国际工业大学象征着他们所在的身份认同。在教室中岩田和西寺的对谈交代了这样的背景。

“进高中的时候，总有人说‘你这样的人，普通高中进不去，商科高中也没戏，就你这个成绩也就进个工业高中吧’，我就从没什么人报名的工业高中进入了同样没人报名的国际工业大学。我最讨厌人家问：你是哪个学校的？好不容易说出口，我是国际工业大学的，那些人又十分惊异，慌忙地藏起了真心话，还说着什么‘工业大学就业率很高吧’，得了吧，一群畜生！”

顺便说一下，上面的交谈虽然发生在岩田和实之间，但同时也像旁白一样向观众交代了故事的背景。该剧与重视氛围的《7人》不同，《7人》中出场人物之间的对话将观众排除在外，并在内部之中达成一种戏谑的效果，而这部剧的台词明显承担了更多的信息量。台词交代了剧情没有详细展开的进入大学之前的实的故事、人们是如何看待这所大学的，以及主人公是如何想的。这既是在剧情之外的内容，也是剧情之内的信息的呈现。戏剧一般的长段台词，事实上也同剧情之外所呈现的现实主义（同《7人》的现实主义有所不同）密切相关。我们来看一下剧中实际的后续台词[①]。

“他们就觉得我就是个典型的傻瓜吧。我们学校怎么会吸引女子大学的女生呢？哪个大学还不是都在说来我们这儿、来我们这儿，她们怎么会来咱们这么垃圾的学校？”（实）

“你是垃圾？”（岩田）

“哎？”

① 再举一个有关情况说明的例子，对于良雄来说是作为他者存在的母亲和哥哥的对话。在女子大学发完宣传单之后，回到家的良雄在母亲的拜托下，要把啤酒搬运到东大法学部的研究室。良雄的哥哥说：大学就算了吧，都是大学生，有谁想往东大搬啤酒呢？他这样说道后，母亲回答道：“这种小事你就这么在意，进了社会可怎么办？”

“你是垃圾的人吗？”

“不，不是啊。”

“我不也这么说过嘛。”

“我只是说这个大学垃圾而已……”

“也有明白的女生。东大也有垃圾一般的男人。这儿也有我们这样的好男人……”

这段对话本身包含着“出场人物之间（岩田和实）”的路线以及“故事和观众”的路线这两种沟通路线。对于观众在实际生活中切身感受到的话题，作为出场人物的两个人的对话（以两种不同立场的对立）将听众卷入到剧情之中，从而试图消解两种路线之间的矛盾（问题的出现和新的想法的诞生）。

三名男生创建了“漂鸟社团”，想要吸引大学的女生。岩田在教室里上课时偷偷做起了海报，他相信总会有女生不被“社会的服饰”（角色性

图5-2　女子大学（津田塾）的校园中，眺望着网球场的良雄、实、岩田（从左至右）。很明显，镜头聚焦他们三人内心的性欲望，代替了他们三人的凝视。镜头没有表现欲望的凝视，而只是拍摄了下半身的画面

的、所属式的身份认同）蒙蔽双眼。“会有人来的。那些不被学校蒙蔽双眼的女孩会来的……”

他们借来一间大教室，开了社团的入团说明会，不出意料，只来了三名女生……后来才知道，自称是津田塾大学出身的水野阳子（手塚理美饰）和宫元春江（石原真理子饰）二人实际是整日忙于学习、研修的护理专业的学生，而那个东洋女子大学的谷本绫子（中岛唱子饰）对于自己的身材抱有极度的自卑。谷本在教室中每下一步台阶，剧中就会有一个“咚咚”的音效。这个效果音一方面反映了电视剧“刻板又强烈”的表现形式，另一方面也反映出电视剧突出的“镜头角度拍摄”，原本用语言来表现的出场人物的“内心”通过一种非人称、中性的镜头语言来传达。大体上，电视剧通过平视的角度来表现剧情叙事的安定性（古典式的），而在表现青春的欲望、苦恼、内心的吐露的时候则使用低角度镜头。

在徒步活动的当天，只有谷本绫子来了，仲手川一个人陪着她爬山。而在谷本向良雄说出自己的身材自卑的时候，镜头一直在拍摄她的小腿到大腿的部分。

图5-3　翘了大学的课、聚在岩田住所的岩田和实（堕落的生活）

关于镜头语言，我们可以做以下的梳理。低角度镜头多用于表现剖析内心（欲望、自卑）的时候，观众像是在窥视内心。跟着内心的波动，镜头聚焦在人物的表情、身体部位（象征欲望的性器等等）用以强调。而俯拍镜头，像是三人聚会的岩田所住的公寓一样，表现了一种堕落，以及愧疚和苛责感等等。镜头像是站在上帝一样的高度，以一种超越式的视角来俯瞰三人的姿态，像父亲（主宰象征秩序，发出禁止的命令）一样的“超我”，以心理外在化的形式表现了三人内心的踌躇。

作为中心与边缘的叙事

《苹果》就是这样通过影像以及对话原理所写成的剧本，它讲述了一个强有力的“青春”的故事。这部电视剧直到现在仍受年轻人的喜爱，是因为它表现的不是一个昙花一现的“偶像剧”，而是用一个普遍性的语法（影像、台词）讲述了一个所谓“青春”的普遍性的信息。这种信息永不过时。观众也进入了这些三流大学主人公的挑战之中，为他们的成功或喜或忧。这时，观众们就会期待起青春的实现和再现。故事的起伏伴随着成功路上的障碍和突破，让观众随之感到愤慨和欢欣。这种愤慨和其他种种内心的波动会酝酿出期待的持续效果。在徒步活动中，良雄听到绫子说了自己对身材的焦虑之后，也说出了自己的苦恼，他也曾非常努力，但仍然没有进入理想的大学。在第二集之后，剧中交代了岩田、实、春江等出场人物每个人的焦虑和烦恼。电视剧就这样迎来了结局，那些被挤压到“边缘”的出场人物走了出去，进入一个并非中心但没有自卑的世界。主人公们意识到，所谓近似“自我”的那个世界，实际上是我们早已习以为常的世界，只是自己的心态变了才导致看世界的角度不同了。这个过程是建立在缜密而又细小的一段又一段对话所叠加的辩证法的运动之上的。语义学结构的全体都被“社会常识”（制度的网络、断念和质询的装置）所裹挟。**镜头语言的露骨、过激，通过刺穿、撼动观众的内心世界，打开了电视同观众之间的“对话”入口。**

20世纪80年代，电视、媒体发展的同时，也预示着一个“江郎才尽”（就像是那个就将自己吞噬的衔尾蛇一样）的阴郁的时代。在本章，分析了象征着80年代各个时代的电视剧，对应断绝期、过渡期、“泡沫经济文化”期的分别是：《3年B组金八老师》《长不齐的苹果们》《东京爱情故事》，在此基础上还对比了断绝期和过渡期的电视剧（《长不齐的苹果们》和偶像剧《男女7人夏物语》），我论述了偶像剧的结构特征——**电视剧是如何表现一般人的生活，而观众又是如何将各种元素吸收并进行模仿的。**这里也连接了上一章的论述，也就是说，电视剧这一媒体是如何参与到时尚、生活方式等“泡沫经济文化”的各个方面的。

偶像剧放弃了“故事”的叙述，而是在提供衣、食、住，以及恋爱气氛的样式的信息，与之相反的“泡沫经济文化”期以前的叙事型电视剧，可以说是将观众卷入叙事的内部，通过一种共情和异化（观众和出场人物的距离感）所形成的“对话”原理，来解决出场人物所烦恼的种种问题，也就是听众所有的，以及社会所包含的各种问题。

第六章 “没意思就不叫电视了！”——“隧道二人组”和富士电视台的时代

说到20世纪80年代，就不得不先聚焦于“女大学生”，再论述随后出现的“女高中生”的热潮现象。女大学生和女高中生，她们一方面作为亚文化的主角成为杂志、电视等新媒体的新“艺人”，另一方面作为新的（包含这些媒体本身的）购买群体，成为当时各种商品的消费者。随着高中毕业之后的女性升学率不断上升，以及消费文化的变化等，这使得女大学生热潮现象浮现，但在这里，本书先暂且不对原因进行讨论。并且，无论是女大学生热潮还是女高中生热潮，这些都与性风俗产业等灰色地带的消费有着密不可分的关系，但本书对此也暂且保留。

作为本书的总结，这里我要思考的是，什么样的现象是80年代式的“时代的氛围”？社会是如何接受、消费、忘却这种80年代式的现象的？它们又是如何作为正面或负面的遗产被保留下来的？我将以富士电视这一媒体，以及作为该电视台的代表性艺人“隧道二人组”为中心，论述两者是如何存在于80年代的。“泡沫经济文化”以及80年代亚文化的大多数都受到了现存的“新人类一代”的批评，以及有关各个领域（音乐、电影、动漫等）重新书写的正史的影响，这也决定了这些文化现象现在的存留。

从小猫俱乐部到小泉今日子（历史被改写了）

中森明夫等人捧红的小泉今日子（爱称“キョンキョン”）如今被看作偶像正史的鼻祖，但是，中森明菜、松本伊代和柏原芳惠等人其实更早就获得了众多人气，但这些人的历史地位却被低估了。在小猫俱乐部（一种十分天真无邪的正统偶像路线）之中，人气位居第一的河合园子以及渡边美奈代早已被大众遗忘，而向综艺方向发展的、观众好感度较高的渡边满里奈和受到“御宅族”喜爱的岩井由纪子（爱称ゆうゆ）还活跃在大众的视线之中。小泉今日子、岩井由纪子，还有近年来再次走红的Wink等，从她们身上我们就会知道，这些偶像不同于那些私生活不为人知的、略显人工感的、邻家小姐姐式的偶像，这些偶像与其说是活生生的人，不如说是设计好的、如同手办一样的女性，只有这样的人才能继续活跃在娱乐圈。

说到小猫俱乐部，人们就会联想到演唱“情人节之吻”的国生小百合（的那个时代的偶像）以及活跃在80年代前半期到中叶的，使偶像文化走向鼎盛时期的中森明菜等，这些人总会觉得有一些“痞坏感”（小混混的感觉），她们也作为旧时代的偶像而逐渐被人遗忘。80年代（“泡沫经济文化”期以前）偶像之中的天真无邪类型的人，她们的那种讨好人的样子让人觉得十分夸张。比如河合园子，在小猫俱乐部的海选中，每次回答提问就一定先说“哎？”（然后她一定会接着说的一句话是“我不晓得哎”），她的动作让人不禁想问，她到底想要用舌头舔多少次上嘴唇啊。众所周知，小猫俱乐部是秋元康创建的团体，秋元康是后“全共斗”时代的制作人。模仿小泉今日子路线的另一个终极形态（手办一般的偶像）就是1986年出道的森高千里。小泉今日子于1982年出道（《我的16岁》），事实上她与中森明菜（同年出道）和松本伊代（前一年出道）属于同一时代的偶像，很长时间里她都只是二线偶像[①]，而在泡沫经济期，她从歌谣路线转型成流行路线（在1985年的《超甜偶像》中才初露头角……80年代前半期是筒美京平的时代），从1987年（《拥抱寒风》）到1991年（《与你相遇真好》）获得了极高的人气。从照片看就可以知道，她从出道之时的健康、偶像式的性感形象变成了娇瘦的、不会让人联想到性的、手办一般的偶像，样貌和衣着也发生了改变。

另一方面，1987年出道的森高千里在1989年翻唱了南沙织的“十七岁”，从此一炮而红。她和小泉今日子属于同一时期走红的偶像。她在前一年左右在学园祭上崭露头角[②]。森高千里穿着带着红色粗条纹银色制服裙，像雨伞一样伸展开来，仿佛来自宇宙的外星人[③]。

即便如此，那要如何解释以下现象：渡边美里、小比类卷香穗留（小比類巻かほる）、安・刘易斯（Ann Lewis）等摇滚歌手，以及更为传统式摇滚的PRINCESS PRINCESS等乐队组合，这些在J-POP之前出现的女艺人的活动逐渐被边缘化、被排除在历史之外，而只是剩下小猫俱乐部和小泉今日子。

消失的80年代西洋音乐

流行音乐史上也出现了这种篡改正史的现象。直到80年代“泡沫经济

① 其实当时并不是明菜和伊代二选一的时代，当时谁都会喜欢她们俩，而菊池桃子的疯狂粉丝就很少了。这种现象在年轻人（初中、高中生）之中尤为显著。

② 另外，学园祭的演唱会和脱口秀等，会请艺人来演出节目，这些都是执行委员会所组织的。并且在执行委员会（在自治会不那么强势的情况下）中，虽说广告研究会和放送研究会的权限很多，但正如我第四章提到的，这种公认的文化系社团，由跨校社团所管理的类似于“联盟”的组织更多。而与森高千里、永井真理子、SHOW-YA等当时的人气艺人的制作团队的交涉工作，正是联盟承包负责的，而广告研究会则协助联盟主办的派对的执行，这样的互助关系也是存在的。

③ 现在来看，她也许就是松浦亚弥路线的鼻祖。她结婚后隐退，也许一直在隐藏自己扮演人工手办角色的过度精神疲劳。

文化”期为止，音乐从Techno音乐、新浪潮、Hi-NRG、欧陆节拍到Urban Pop等逐一流行起来，而到了90年代后期逐渐被“亚文化”，特别是酒吧文化、DJ文化等完全取代。代表80年代的Bananarama和Dead or alive等乐队，如今人们连这些名字都觉得陌生了。也许是因为较为低趣味而又头脑简单的凯莉·米洛（Kylie Ann Minogue）（*I Should Be So Lucky!*）还活跃在歌坛，所以直到现在正史上也只留下了PWL（Pete Waterman Limited）的名字。然而，这些艺人只不过是由于制作团队Stock-Aitken-Waterman，所以直到现在仍然还被刻在年表上，然而在当时，唱着“Venus”的是Bananarama，而唱“Something in My House”的是Dead or alive，在街上或是迪厅里人们对于所听的歌曲，制作团队也许只是个无关紧要的存在。除此之外，很多喜欢摇滚的人，其实并没有听过80年代的Van Halen、Quiet Riot、鼠王乐队、克鲁小丑乐队、Night Ranger等LA金属摇滚，而是听着算得上他们前辈的史密斯飞船乐队（Aerosmith）；比起英国重金属，他们听得更多的是60年代、70年代的Cream乐队、齐柏林飞艇（Led Zeppelin）。**比起90年代式的音乐，许多80年代的音乐被一笔带过**。即便是Urban Pop、AOR等风格音乐，也只是一些Anita Baker或是Peabo Bryson等咖啡店有线电台的专用曲目，最多就是The Style Council等乐队的音乐。

然而就像上文论述的一样，无论是小猫俱乐部（《夕阳的小猫咪》，富士电视台，1985—1987年，女高中生热潮的象征），还是“夜明星”（《富士夜未眠》，富士电视台，1983年开始播放，一直播到了1991年，是女大学生热潮的象征），与这两者都息息相关的是艺人“隧道二人组”，他们直到现在还顽强地活跃在大众视野之中。《富士夜未眠》节目的制作人也是秋元康，他也是这两个节目的策划人。从这里我们能看出什么呢？我们先承认一个前提，那就是艺人也是一种“商品”，在此基础上，我们再来看这个现象。准确来说，“泡沫经济文化”和80年代的事物就是由以下两者构成的：大部分事物或是处于“隧道二人组”式的世界之中，或是处于系井重里式的世界之中。我在这里先集中论述“隧道二人组”，那首先我们就必须思考与他们息息相关的富士电视台的热潮。

富士电视台的文化

谈到“泡沫经济文化”以及80年代的文化，就不得不说到富士电视台的发展。富士电视台于1957年成立，作为最后一个普通电视频道（民间电视频道）获得了经营许可，1962年开始放送节目。同时开始的还有朝日电视台（日本教育卫视），它不仅是当时专门的教育卫视，而且在它的背后，还有多家有实力的广播电台和大型电影制作公司的支持。然而，富士电视台作为“母子卫视”在70年代的收视率竞争中持续位居末位。也正因如此，进入80年代后，富士电视台比其他电视台更注重“收视率”。

1982年，富士电视台获得了志在必得的全年（家庭）收视率“三冠之王”（晚间黄金档、白天黄金档、全日），它的黄金年代就这样持续到了1994年日本电视台的突出重围，长达12年。80年代的富士电视台打造的是“轻喜剧路线”，一方面分别推出“搞笑节目”和“综艺节目”，一方面试图将二者融合。这种品牌形象的确立，同80年代的“时代氛围”完美地融合在一起，同时也可以说，富士电视本身创造了这种时代的氛围。电视台自主推出了“搞笑＋综艺”的品牌形象，从1981年开始还打出了标语“没意思就不叫电视了！”正因为它断言“不叫电视”，提出了全面否定的口号，因此那些特殊的、被加了否定修饰语“没意思”的电视台和电视节目甚至连“自称电视的资格都没有了”。这可以说是一种语言游戏式的、自定的制度规则，在“有意思”的这条路上，富士电视台实现了飞跃[①]。

1980年，出现了未曾有过的漫才热潮，从当时红极一时的横山安·西山清（やすし·きよし）、B&B、小少爷（ザぼんち）、全阪神·巨人（オール阪神·巨人），到TWO BEAT（ツービート）、西川纪夫·安（西川のりお·きよし）、岛田绅介·龙介、明石家秋刀鱼（明石家さんま）等后起之秀，一下子在卫视上吸引了观众的眼球。这次热潮中最为核心的就是富士电视的*THE MANZAI*。而漫才热潮的中心又是以吉本兴业为支柱的上方系[②]。横山安·西山清的漫才在形式上最为传统，而内容是十分创新的。两个人在“相约大阪站”这场表演之中有这样一段，清负责说，安负责吐槽，在烧烤店“我（西山清）吃着烤串，你（横山安）在旁边嚼着包菜……”，“不对不对，是这样的，在等出租车的地方，我在等着出租车，你在旁边等公交……”，这些段子通过多次交换设定来展现贫富差距（有钱人和穷人），表达了一种趣味性，可就是不说两人相约之后的事。而B&B和小少爷也学习了这种段子的巧妙性，将身体运动的突发性

---

① 上文已论述过，1980年象征着“某个时代”的终结。在娱乐圈，山口百惠的隐退、Pink Lady的解散；在体育界王贞治的退役、长岛茂雄辞任教练……人们不再区分娱乐“圈”和体育“界”，那些已成为人们生活一部分的、社会背景式的明星们退场，同时，上述的“搞笑艺人”、松田圣子、千代富士等新一批的知名艺人出现在大众视野中。

富士电视在70年代默默无闻，到80年代才开始崭露头角，这源于1981年秋天节目结构的调整。从电视台成立开始，象征电视台“门面”的、每天在黄金时段播放的《明星一千零一夜》（“スター千一夜”）结束了。同时，《福星小子》和《阿拉蕾》两部热门动画片开始上映。与上述的搞笑节目相比，这些动画片很难一下子就让人想到是富士电视台在80年代的节目。但正如松尾阳一所说的（“没意思就不叫电视了”），这些都被包装成面向年轻群体的新节目。

并且，从现在的时代来看，这两部动漫都是属于角色萌系的“御宅族”的鼻祖作品。《福星小子》直到现在仍然是十分有人气的作品，其中的拉姆绝对可以称得上是鼻祖，至今仍然有许多年轻人在进行着角色扮演，创作着同人漫画志及手办。

② “上方”原指的是京都及其附近的地方，而上方漫才是关西地方诞生的漫才形式，后又出现了“上方漫才大赏”，自1966年设立了漫才大赛。——译者注

加入了段子之中。后者的“我是修”①的舞蹈就是代表之一。而在西川纪夫的“寒蝉”（つくつくぼうし）段子中，身体随着腰前后摆动，合掌后只伸出两只手的食指的动作（虽然的确很不文雅），也是段子的新要素之一。漫才逐渐演变成一种剧场式的，并且是电视剧场式的、小品一般的表演。经过了昙花一现的《现在该笑了！》（“笑ってる場合ですよ”，富士电视台，1980—1982年，是《笑一笑又何妨！》的前身）再到《我们是滑稽一族》（“俺たちひょうきん族”，富士电视台，1981—1989年），漫才逐渐走向短剧化，漫才师们的“角色设定”（像是タケちゃんマン一样②）也逐渐在发展。

图6-1　80年代前期的宣传（出自富士电视台调查部编《没意思就不叫电视了》，富士电视台出版，1986年）

① 小少爷组合中，其中一人的艺名叫作ぼんち おさむ，名字可以译作“修”。——译者注

② タケちゃんマン是富士电视台上述的《我们是滑稽一族》的节目中短剧的角色名称。——译者注

“隧道二人组”流派

那么这些搞笑艺人与“隧道二人组”在哪些方面有所不同呢？“隧道二人组”的策略是从两个侧面实现的。一方面，占领节目的即兴表演策略。比起表演，“调动气氛”更为重要。他们甚至像是闯进演播厅一样走上舞台，一定会大摇大摆地在演播厅转几个来回，对着摄像机，石桥贵明做上几个挑拨式的动作，木梨宪武则像是助兴一样，用“奇葩的表情”惹人大笑。他们创造了一种让现场的人们和电视机前的所有人一体化的氛围，也就是说“气氛调动”得十分巧妙。并且绝不会让场子冷下来。将要冷场的时候，再“突然”唱起一首歌，紧接着推倒摄像机并搞破坏（《富士夜未眠》，1985年）。有时候，一个人正对着摄像机，并用伸出手指指着摄像机，就在聚焦的时候，石桥突然推倒摄像机，摄像机随后开始冒烟。当时他们都还刚刚出道，石桥只能一副尴尬的表情，一句话都不说，而木梨则突然说上一句“这事儿我可管不了”，随后身后的“夜明星”们一起拍起手，齐喊着“来一个！来一个！”并且，广播节目《日本夜未眠》、电视节目《富士夜未眠》以及《夕阳的小猫咪》实现了节目的连续性，比如“向野坂昭如复仇计划”（石桥被喝多了的野坂一拳打到了脑袋，以此为“噱头”，创造了许多以“隧道二人组”为中心的横跨各类节目的话题，持续地吸引观众的兴趣），通过“突发事件”和“绯闻八卦”将节目一直维持着较高人气。在《夕阳的小猫咪》之中，还策划了众多高中生参加节目，通过这种学校与个人之间的对抗，打造素人出演的话题性（“一对一电话”“就算参加不了甲子园也要唱校歌”“只有我家孩子……”等等）。电视节目中，节目与观众之间原本是封闭的关系，但他们把节目推到学校、大街小巷，可以说节目甚至成了一种社会现象，但即便如此，突发事件仍然是节目卖点。在“夕阳的掰手腕”之中，石桥面对众多素人动了真格的，又是拳打脚踢又是吐槽，素人也是集体向石桥发起进攻。在一系列节目之中，石桥不给面子地吐槽着嘉宾（还伴有真实的殴打），他同宪武的一来二去的闹剧已经是众所周知的了。在同一个节目的“隧道二人组的舍弟”环节中，也有素人参加，与他们一起被头朝下吊起来，倒立比拼打年糕，等等，这些节目虽然十分愚蠢，但是贯穿着一种欢快感。正因为节目追求无底线的欢快，因此再犀利的言辞也没有关系。这二人“毕业于帝京高中”，即便学校并非有名的重点高中，而且即便仅仅是高中毕业，他们还是骄傲着高喊道“怎么样，怕了吧？”[①]可以说，比起表演，他们更重视“调动气氛”，通过“突发事件”和“演播厅的舞台化”来表现一种狂欢的气氛，这就是策略的第一个侧面。

第二个侧面与上述第一点有关，那就是表现一种“港区式的”都市感。在当时，所谓搞笑和爱打扮，在关东会称为“派头”（いき），但这种说法早已废弃过时，很难让人产生联想。而上方漫才风的浓厚感影响了整个时代。比如明石家秋刀鱼多次表演的“我不是傻，我只是天然呆”的段子，抬起一只脚举到另一只腿的膝盖高度，再张开双手，这个动作B&B后来也模仿表演了“红叶馒头”的段子，这些表演就是跟“流行”毫无关联的、一炮而红的段子。这些表演成了约定俗成的做法，而期待这些表演的观众又因为这些约定俗成的、夸张的表演而收获欢笑。但是“隧道二人组”没有遵照这样约定俗成的做法，而是创造了一个又一个的新的表演。给路过的人一个巴掌，抱起偶像然后亲上一口。在唱片MV中，他们有时穿着学生服，“一下子”又变成身着浴衣，并唱起了《雨中的西麻布》，有时唱着宴会中助兴的曲子，又一下子变成了演歌。他们在出道之时穿着

① 正如节目中的段子，石桥和木梨分别毕业于帝京高校的棒球部、足球部，毕业之后又分别在Century Hyatt和大发汽车等大企业就职。他们只干了4个月就辞职了（1980年），以“贵明&宪武”的组合名在《搞笑明星的诞生》中连续十次获得胜利。

的是设计师品牌的西装，“倒三角”的西装形象（垫肩的外套、收腹、绑紧裤腿，形成完美的倒三角形状），后来又穿着带logo的运动服、复古的旧牛仔裤和衬衫，不断变换形象[①]。这种表现的“流行”感正是走红的第二侧面。

《夕阳的小猫咪》的主持人片冈鹤太郎（和松本小雪）在当时十分有人气，然而“隧道二人组”在节目各个环节都逐渐开始胡闹起来，大大地增加了存在感。节目中《雨中的西麻布》等唱歌的镜头也多了起来。

“隧道二人组”的特点，既不是横山安·西山清在漫才中始终追求的那种频繁的变奏（叙述表演），又不是通过固定形式的一炮而红的段子来立人设，而是一种自然而然的讲述，也就是像在电视台内部或者朋友家、居酒屋中谈笑一般的内容，就像是“后台花絮”，这种都市感才是他们的特点，是他们超越其他艺人的有意识的战略。

在序章，我已经论述过体现浅田彰所说的“抽离而又陷入”的正是“隧道二人组”。“脱离文本化”，也就是说，将对象从文本中抽离才是关键之所在。

《富士夜未眠》的出道

《富士夜未眠》的开始是1983年4月。随着时代变换主持人逐渐交替——秋本奈绪美、鸟越玛丽（鳥越マリ）、松本伊代、中村梓（中村あずさ）、千堂晃穗（千堂あきほ）。节目中女大学生的一次演出酬金为1万日元（出外景费用5000日元），她们也跟随着时代不断变换，无论服装还是发型都反映了当时的流行趋势。其中，只有“隧道二人组”在1984年

① 然而两人的私生活十分神秘。出演了《富士夜未眠》的春一番（模仿安东尼奥·猪木出名的艺人）经常出现在J-Trip·Bar，但演唱着《雨中的西麻布》的“隧道二人组”似乎没有去过的迹象。

初次登台之后，一直占据了节目的中心位置。大约4年后，石桥贵明这样回忆起他们的首次出场[①]。

> 7月1日，那天说什么都忘不了，是一个周六的晚上。太好了，今天天晴了，好好加油，我当时心情特别好。我俩当时就像是笼子里关不住的狮子。
>
> 我们俩登场的时间是节目差不多快结束的环节了，因此差不多就是演点什么都行的感觉。搞个大的，闹起来。节目不总是说所有女大学生都是来自某某大学之类的嘛。我当时就觉得这种很烦。我本来也不喜欢什么女大学生。
>
> 所以我俩一上台就说我们是帝京高中毕业的“隧道二人组”！说得很有挑衅的感觉，没想到反响居然那么大。
>
> 估计大学生们都没想到，区区高中毕业也敢这么大张旗鼓地说……

实际上再重新观看节目，当时穿着蓝色菱形毛衣的、青涩的石桥略显紧张地介绍着木梨，“今天的嘉宾是田原俊彦”，看上去完全忽视了这个包袱，但其实场子冷下来的时候，才是他们燥起来的时候。他们能迅速把愉快的气氛再重新带回来。

不管是《日本夜未眠》还是之后黄金时间段的《多亏了大家啊！》，只要是“隧道二人组”想要上的节目，他们都会积极毛遂自荐，让艺人之中有实力的人或是制作方的制作人们尽情使唤自己。正因为是争取来的机会，所以两人一定要表现得显眼，让观众沸腾起来。“隧道二人组”表演的闹剧，多用即兴表演，他们首先将直播间的工作人员和观众们带动起来，营造起“搞笑、狂欢”的气氛。但如果不是直播那就很难。所以，初

① 隧道二人组，《大志》（日本放送出版，1988年，197页）。

期的“隧道二人组”的节目（广播节目《日本夜未眠》，电视节目《富士夜未眠》《夕阳的小猫咪》）几乎都是现场直播。

石桥说，“要堂堂正正地说出自己是高中毕业”，自卑和露怯才是输了。当说到“怎么样，认输了吗”，他们立刻回说“怎么样，我们是‘隧道二人组’哦！”虽然在刚出道的时候，人们会觉得“这俩是什么人？哪儿来的？”但现在这句话已经成了脍炙人口的句子，总之就是很有冲击力。石桥贵明的父亲曾是小城市工厂的厂长，在他小学低年级的时候家庭还算富足，父亲事业随后失败了，他经历了相当痛苦的贫穷时期，似乎养成了从学生时代就不服输的精神。木梨宪武的老家位于世田谷区的老宅，祖师谷大藏车站附近，家里多代经营着一家自行车销售店，其实经济上也并没有很富裕。“隧道二人组”的出身就是这样，两人在经过出道、走红之后，坐上了高级定制出租车，住上了高级宾馆，这些都是开始于节目《富士夜未眠》。之后又经过了《道隧红鲸团》节目的大火，2000年度在艺人之中占据了高额纳税者的第一二位。

然而，《富士夜未眠》正是20世纪80年代风格的电视节目。以前说到深夜播放的节目，总会想起老掉牙的外国电影、睡觉之前结束一天节目放映的新闻节目，有一种寂寞、无聊的感觉。也经常会有被“雪花屏”（结束播放后的噪声）吵醒的时候吧。突然，那个时候出现了人气艺人、明星、歌手出演的《富士夜未眠》。当时最高收视率在周六深夜达到了8.3%。而这档节目也是使得深夜档变成面向年轻人的信息文化节目、搞笑节目的先驱。说到周六的深夜，也许会想到所谓的“色情节目”，各种各样的以色情为卖点的节目是为了和《富士夜未眠》对抗而出现的，或者是为了开拓这个时间段而出现的。《富士夜未眠》嘉宾中的半数是素人的女大学生（夜明星），每周都会出演，是由观众们来挑选喜爱的“偶像”的明星节目。

深夜，女大学生们穿着较为裸露的衣服出现在电视节目中，她们害羞地介绍着成人电影，而一些并没有必要的泳装外景也十分普遍，在某种程度上，这些节目就代表了80年代媒体上的性表现。是不同于人工手办的、积极阳光的、肉感的“偶像”。这时还诞生了“再来小姐”和“交给小姐”[①]的组合，据说在现场直播的周六深夜，电视台门口集结了上百台的“追星”汽车。当时还是面向周六孤独一人的单身男性的、有适度情色环节出现的时期。AV女友的棒球赛游戏、赏花外景节目中也会邀请AV女优，让她们穿着较为暴露的衣服。但是总体来看，让积极阳光的女大学生来介绍城市的流行、亚文化信息，在演播厅或是外景一起玩游戏，等等，使得当时的综艺节目充满着简单的愉快感。

后来的“隧道二人组”

在《富士夜未眠》和《夕阳的小猫咪》中历练出来的“隧道二人组”风格的表演（即兴演出和演播厅的舞台化），之后在《多亏了大家啊！》（富士电视台，全三季，后来改名为《以前多亏了大家啊！》）等一系列短剧中再次上演。顺应时代的“人物形象”塑造和戏仿也成为“隧道二人组”短剧的特色。其中最具代表性的就是以下三种要素。

第一点是“让嘉宾参与”。让原本不会参加综艺节目的演员、偶像参与到短剧中，塑造独特的“人物形象”。比如地井武男、牧濑里惠、小泉今日子、渡边满里奈、宫泽理惠、冈田真澄（又叫饭饭大佐）等明星。特别是宫泽理惠，她当时在最具人气的时候出演了综艺，在节目里，木梨扮演了一个女高中生纪子，而宫泽则扮演了欺凌纪子的优等生（白鸟），她

① 均是诞生于《富士夜未眠》的大学女生的组合。分别是おかわりシスターズ和おあずけシスターズ。——译者注

参演的短剧使得观众喜出望外。在节目中，石桥还掀起宫泽理惠的裙子，上演了一些即兴的表演。渡边满里奈还模仿了*PONKICKI*[①]中磨叽磨叽君（全身穿着黑色紧身衣的磨叽男和磨叽太郎）的助手，以此确立了自己“综艺偶像”的路线。这个环节原本是满里奈提出的，用词语（片假名）来表现身体的游戏，依靠墙上钉好的木桩，来用身体语言表现词语，随后该环节变成了依靠肢体搞笑的游戏[②]。

第二点是“综艺性”。这一点与第一点并非完全不同，最大的特点就是“隧道二人组”模仿（当时）有名的人，并塑造“人物形象”。他们模仿的对象包括“莱昂纳尔·里奇”“恶魔人taka&小野美由纪”“假面骑士norida”“鲁邦”“Checkers”“御法川法男和艾格尼丝”“别向太阳怒吼”“宪八先生”“北国而来的某某篇”[③]等等。莱昂纳尔·里奇的特征就是爆炸头，于是他们就做了一个让人瞠目结舌的极其夸张的爆炸头。The Checkers的舞蹈亦是如此，涩柿队和萩野目洋子负责编舞和音效，都以超越想象的程度对其特征进行夸张的模仿。他们甚至还扮演了心灵师宜保爱子（当时风靡一时），自称“宜保隆子”，把偶像嘉宾的脸放在自己的裙底，说是用来“驱灾辟邪”。

第三点就是“调动幕后人物”。在Daishi男那一期，他们将稀少的头发全部分到一边（又称九一分），用着喝醉酒小混混的口气说着“love me，tender”，然后一边哼哼着一边上演着闹剧（出自石田制作人的

① 富士电视台于1973年4月到2018年3月连载的面向儿童的综艺节目。——译者注

② 用推车做小鸡游戏。在“隧道二人组”的短剧中，地上的积水、从天而降的锅、油漆也见怪不怪了，大概是学习漂流者（ドリフターズ）等前辈的表演。他们的特点不是那种事先商定的表演，而正是这种“即兴”感的表演。

③ 以上均为“隧道二人组”参演的节目标题，均是对日本著名人物、电视剧或动漫戏仿而成的短剧，例如《向太阳怒吼》原为70年代日本知名电视剧，节目故意将题目篡改为“别向太阳怒吼”以达到综艺效果。以上标题分别为：“ライオネル・リチオ”“デビルタカ”“仮面ノリダー”“ルパン”“ちぇっかるず”“みのもんたとアグネス”“太陽に吠えるな”“憲八先生”“北の国から〇〇編”。——译者注

梗）[①]。并且，他们还将编剧、导演也卷入现场节目中，一边加以攻击一边让他们走上演播室的舞台，就算不给他们角色，也会在打棒球的时候砸到他们，在不小心踹人的时候误伤到他们。石桥、木梨经常扮演女性（男大姐），岸田今日子则作为姐姐的角色扮演保毛田保毛男（“姐鸡”[②]的称呼十分出名），在性取向问题上可以说他们的表演十分具有歧视性，但另一方面，那种无底线的积极阳光反倒没有让人们感到不适。另外在即兴的狂欢热闹的演出之中，有时候甚至会把狮子或者大象当作道具，让它们进入演播厅。

像是“假面骑士norida”的角色，我们可以看到之前《我们是滑稽一族》之中，北野武的“take酱man”和明石家秋刀鱼的“amida老婆婆”（或者黑恶明）的影子，让制作人等幕后工作人员出现在忏悔室，《我们是滑稽一族》的确是先驱。但是，正如上文所述，“隧道二人组”的最大特征就是气氛的都市性，将朋友在饭局上的笑点事件化。甚至让人有一种错觉，在“隧道二人组”的节目中，画面没有了界限，或者说制作电视节目的一方和看电视节目的一方，两者之间没有明确的界限。

“道隧”的仪式性

在社会现象方面，“隧道二人组”主持的节目《道隧红鲸团》（制作：关西电视台。播放：富士电视系列，1987—1994年，周六23点开始的30分钟节目，最高收视率为24.7%）影响最大。总体来说，这是一档相亲节目，但是仪式性的搞笑才是节目的精髓。该节目基本上分为三个环节：

---

① 石田制作人，石田弘是当时《富士夜未眠》《夕阳的小猫咪》等多档“隧道二人组”节目的制作人。上面写的Daishi男就是对石田的爱称。——译者注

② おねえたま，原本日语中おねえさま是姐姐的意思，这里故意写作たま，与男性生殖器同音。——译者注

自由时间的前半段（参加节目男女在烧烤等外景中自由交谈）、自由时间的后半段（更为集中地探讨两性问题）、结尾的告白时刻。其中，针对拍摄好的短片，“隧道二人组”和嘉宾们会在演播厅边看边对素人嘉宾的行动、服装、发型、交谈内容等进行讨论，也时不时地进行吐槽。这档节目出现了20世纪90年代之后综艺节目的“窥视”结构，不仅如此，它还具有进入21世纪之后备受瞩目的“真人秀”的先驱性一面。

然而，也许过多的仪式性才是该档节目走红的秘密武器。比如，在介绍男嘉宾的时候，用字幕来展现他的名字、年龄、特长、喜欢的艺人等等，最引人注意的就是“多久没有女朋友？”的信息。最后，还有这样的问题——与之前的伴侣分手已经过去多久？对于这一问题，还有很多人回答“与年龄一致”。于是那时大街小巷，人们在交谈之中都会说到“多久没有女朋友”“多久没有男朋友”的问题。男嘉宾不能马上同女嘉宾见面。女嘉宾们站在远处，男嘉宾甚至看不清她们的样子，接下来会进入“小贵帮你看”的环节，石桥（或者是木梨，每周会轮流外景主持人）就会先到女嘉宾的旁边，拿着麦克风点评一二，以提高男嘉宾的期待值。接着，男女见面互相介绍自己，开始相互交谈。这时，“隧道二人组”就会轮流提问男女嘉宾，“第一印象来看，你对谁有好感？”接着，就会聚焦那些“有关注度的人”（以及“不太受欢迎的男嘉宾”等等），开始跟随他们的故事展开。他们会给“成功立起人设”的嘉宾起外号，在自由时间的时候，有时还会叫他们到外景地的本部，询问他们的“感受”。

在自由时间的后半段，镜头就会聚焦那些单独相处的男女，给足他们“双人镜头”。在一系列短片播放之后，演播厅就会预测谁跟谁更相配，哪组男女能成功，等等，接下来就是专家的意见。可能会有人觉得，看别人相亲，这有什么意思啊。其实观众一直都是潜在的参与者（既是现实中参加者的预备军，也是节目的消费对象），观众们或是关注着“那个嘉宾不错啊”，或是嫉妒着说道，“那个女生开什么玩笑？”愉快开心地欣赏着节目[1]。

仪式的终极就是“告白时刻”。男嘉宾走向排成一列的女嘉宾那里，进行告白。首先主持人“隧道二人组”会问道：“你准备向谁告白？”男嘉宾就会走向心仪的女嘉宾那边，这个时候，观察整个节目过程的观众以及演播厅的嘉宾总是对意外的结局惊讶不已。男生说着“××小姐，我们先从朋友开始相处吧”之类的话，并向女嘉宾伸出手。女孩握手了就表示接受，如果说了“不好意思”就表示拒绝。然而当某个男嘉宾开始他的告白的时候，看上同一个女嘉宾的男孩就会从旁边出来（这也是节目约定俗成的做法），举起手，喊一句“等等！”并跑向女嘉宾。多位男嘉宾同时向一位女嘉宾告白的时候，有的女嘉宾会选择其中之一，也有人会对所有人都说声“抱歉”（当然演播厅里是一片悲鸣）。

然而《道隧红鲸团》真正成为社会现象还是因为电视台之后也出现了类似的企划。比如在节目播放期间的1991年1月，欧力士野牛球队发起了“女孩派对in神户”活动，这是一个面向女粉丝的感谢活动，形式类似于《道隧红鲸团》。其进一步大众化是同年秋天开始流行的“道隧旅行团”。JTB等知名旅行代理公司也开始了类似活动（“情侣体验旅行团 in富士急高原乐园”），举办陌生男女相聚的旅行，两三人为一组，有许多人（大学生、公司职员等）参加。第二年开始，各种小规模的、真真假假的活动企划公司如雨后春笋一般出现，纷纷开展起“道隧派对”的活动，并在1993年到1995年迎来高潮。25人对25人，50人对50人，各种规模大小的相亲会在东京的新宿、青山的宾馆和宴会厅举行，还有的在从芝浦开来的游船上举行。在参加费用方面，男性相对更贵，为5000日元到1万日

① 节目是周六播放，面向年轻人，这样想来，在80年代末，朋友们聚会一起看电视还是家常便饭的事。

元。与其说这些是认真的相亲活动，不如说是集体联谊，更像是公认的搭讪场所，但不像现在一些约会软件，当时的活动并非滋生犯罪的温床。

代表富士电视台策略的20世纪80年代电视节目，在表面上让当时的消费者一同感受着“泡沫经济文化”的情绪，但在其中，也终于出现了90年代式的文化现象。在这里值得注意的是，在亚文化之中出现的“正史的篡改”，也就是从（未来的）“现在”时间点来修正“过去”的行为。“御宅族”文化在今天走向成熟，它甚至在现在被等同于“萌文化的市场”，同样在偶像艺人领域，80年代的年代史也发生过改写。中森明菜、松本伊代等是在80年代初期略显“质朴”的混沌期的人气偶像，她们代表着当时的偶像，但这种历史地位却被剥夺了，在与“泡沫经济文化”相重合的时期中，在舞台的背后所产生的“手办式的偶像”们（小泉今日子、森高千里）取代了她们的地位。同样，在小猫俱乐部之中，河合园子、国生小百合那些**当时的**人气偶像被**更符合现代喜好的**岩井由纪子等“人设式的”偶像剥夺了正史的地位。

80年代富士电视创造了“收视率三冠王”的（语言游戏般的）游戏规则，并取得了胜利。“泡沫经济文化”和80年代的文化与富士电视台息息相关。富士电视积极向市场推广的节目，与来自市场的欲望（时代氛围）相一致。我们有必要明白这两条轴线。这两条轴线相交的点就是“搞笑节目”。正如我在上述章节中的论述，“搞笑节目”在“泡沫经济文化”的狂欢氛围中大受欢迎。正像上一章中论述的偶像剧一样，“搞笑节目”也是观众生活方式的一部分，塑造了当时的流行语句。

然而，如果要公平看待这样的现象，就不得不提富士电视具有的私营电视台的特征，也就是它是一个追求利润的有限公司。电视台之所以如此执着于收视率，简单来说是因为它同收益直接相关。事实上大块的收入都经由广告代理商，来自赞助企业所支付的广告费。无论是时间段（冠名节目）广告，还是时间点（插入）广告，都通过在收视率较高的时间段以及通过收视率所换算的总播放次数来计算费用。不论是哪种计算方法，电视台只要维持较高的收视率就能得到较高的收入。并且，在节目制作上，启用相对而言出场费较为便宜的新人，也能够削减预算。在80年代“有趣的电视节目”的背后，存在着作为企业的理论与时代欲望之间的一致性。

与电视剧的倾向和方向相同，搞笑节目的领域中也出现了“脱叙事化”的现象。80年代初期，即兴能力较强的新一代艺人取代了受人欢迎的卖“段子”的艺人，浮出水面。代表人物就是“隧道二人组”，这个组合将“即兴”“立人设”“戏仿”这样的“聚会时会表演的段子”带到了电视节目之中，打破了画面的界限。他们所出演的热门节目《道隧红鲸团》最终走出了电视媒体，发展成了旅行代理商主办的“道隧旅行团”、企划公司举办的“道隧派对”等多方面的活动。“隧道二人组”是媒体与社会生活的一座桥，也是推进电视媒体“脱叙事化”的先驱。

终章 压抑中的解放——作为“战后终结”的80年代

小确幸

本书从序章到本章以各种角度俯瞰了日本的20世纪80年代。但仍然还有值得深挖的题目和没有提及的主题。这些部分作为对80年代讨论，将会成为笔者以及其他研究者今后的课题。“80年代”，或者说“泡沫经济文化”时代，我一直把它看作一个“贫穷”的时代，这是因为如梦幻一般的消费世界绝非直接意味着幸福。所谓幸福，指的是取决于每个个体的“心境”的感受。在这种意义上，现代与80年代相比较，更是一个越来越难体会到幸福的时代。无论他人怎么看，重要的是自己能否接受自己的生活，是否感受到纠结和压力，需要有怎样的条件才能感到满足，其实只有判断自己是不是幸福的，那才是最重要的。如果结合前一章来看，羡慕“隧道二人组”的成功并加以模仿，这并非通向幸福之路，对于“隧道二人组”所做之事、所成之事，甚至是他们略带傻气的行为，是否能以温柔的微笑来对待，这才是问题之关键。

AKROS（1987年5月号）的特辑《幸福是什么呀？大研究》告诉我们幸福无法用表面的价值和资产价值的数量来衡量，并且向我们描述了脱离

神话的80年代的真正的样子。我在这里想特别参考和引用村上春树的散文和渡濑政造（わたせせいぞう）的漫画。村上春树在《小确幸》（收入《朗格汉岛的午后》）中记录了自己确实能感到幸福的小事。其中，他写道，在百货公司购买自己喜欢的裤子，一次性买五六条，家中的衣橱中放着好多条裤子。看到大量摆放的干净裤子，他觉得“这就是小而确实感觉到幸福的事情之一”。除此之外，渡濑政造在《召唤幸福的鸟儿》（*TARZAN* 1962年4月22日号）中这样写道，一位年轻的公司职员和一位中年的调酒师一边喝着苏格兰威士忌一边说着两人都多次去过一个小岛，那个岛上聚集着召唤幸福的鸟儿“大白玄鸥”。即便看不到鸟儿，就这样偶尔去“那个”岛上，在熟悉的酒吧轻松地喝着苏格兰威士忌，过着这种生活“对于我们而言是刚刚好的幸福啊”，调酒师这样说着。那时，在两位眼前飞舞着幸福之鸟“大白玄鸥”。

无论是哪种表现，对表面价值的消费竞争和财富争夺都表现出厌恶，用现在的话来说，就是向往直接的LOHAS（健康且可持续的生活方式），在平凡的日常生活中找到属于自己的“心情愉悦”，那就是“幸福”。因此，幸福的感觉大概是一种主观的东西，周围的喝彩声再大其实都没有意义。并且羡慕他人、嫉妒他人也没有意义。“心情愉悦”是一种感受的问题。

80年代论的尝试

本书旨在展示作为一个时代而被雕刻的80年代，同时还努力阐明“泡沫经济文化”之前以及之后的周边状况。贯穿这些时代的就是历史的**连续和断绝**。政治、经济、言论、教育等各系统，在某一特定时期一瞬间展现出了一种“布局”，而当这种布局在历史中印刻出裂痕的时候就是断绝。

对那些致力于研究“泡沫经济文化”这一特定对象的人而言，也许就能看到周围浮现着的这些相关领域的板块。

说到历史的连续性（正如我在第二章论述的），80年代消费文化的萌芽出现于70年代后半期，管理社会的强化以及“抽离”的蔓延也是消费文化出现的原因之一，并且再往前看，“战后日本”已经在相当长的时间保持着连续性。另外，在“泡沫经济文化”的初期，80年代的开端就已经出现了原宿“竹之子族”这样非日常的氛围（第一章），并且在泡沫经济期终结之时的1993年，并没有立刻出现“90年代式的现象”①，而是在数年后，才在文化领域看出同80年代式的文化现象的告别。

有关断绝，本书聚焦于暗潮涌动的板块（各系统的布局），为了便于理清其中关系，有意地使用了传统的基础理论（经济决定论），试图分析决定“泡沫经济文化”的究竟是什么。然而，在论述“泡沫经济文化”的时候，所谓“轻佻浅薄”的倾向，在上述“竹之子族”出现的时候就已经有所显现。论及“消费社会”，便利店、连锁餐饮等这种规格化的、以方便性为卖点的商业形式的普及，其实在80年代前半期就已经出现了。除此之外，1985年“广场协议”后，以证券和不动产为中心的投机式的市场腾飞出现得相当较晚，而“广场协议”之前的社会环境（气氛），在这种连续性的历史背景的刺激下造成了经济景气、人们的可支配收入增加、日元升值导致舶来品的流行等，也就是说“文化现象”出现了变化。有关这一点，重要的是，第二章和第三章提到的产品目录杂志，以及第六章提到的（搞笑）电视节目等，这些媒体催生了这种社会倾向（一般称为气氛或者氛围，使其作为决定消费、劳动等人们行为的一种集团性心境的条件），

① 本书对“90年代式的现象”所表述的“萧索的、冷峻的”这一印象式的词语，在政治、文化层面上，同伊藤守所说的“90年代的问题”有着共同的问题意识。请参考伊藤守《记忆、暴力、系统》（《記憶・暴力・システム》，法政大学出版社，2005年）的“序章”。

接着又会出现反作用，在加速这种趋势的同时，又回归于社会（观众、读者），这就是“文化现象”具有的结构特征。媒体在影响文化的同时，也被所有其他的系统所定义——经济、政治，以及包含细分劳动市场及生活方式的系统。如此一来，有关“泡沫经济文化”基础的这种状况的布局，我主要在第三章论述了媒体影响下的“现在”的分散（亲密时间的破坏）、消费环境中地理和时间因素的消失，以及生活样式的统一化。

然而，有这样一个疑问，这种“长历史”（战后、近代、全球史）和“短历史”（泡沫史、80年代史）是否完全是从属关系呢？本书不过是笔者自己（思考过媒介学[①]的转变之后的）对于《知识的考古学》的一种尝试。把我的这种尝试看作文化考古学、文化记忆（集体记忆）的分析也未尝不可。有关方法论，我在其他地方已有所论述，在这里不再赘述[②]，并且我也不想再重复福柯在《知识的考古学》的序言内容。简单来说，本书的研究不是历史记录，而是为了呈现“泡沫经济”的实像（从属的知识的集合），标定这一特定对象各种特征所组成的话语，通过分析每个话语，从而理清相互关系，本书就是这样一种通过媒体话语分析进行的文化研究实践。

本书的整体内容，是按照时间和领域来分别进行论述的，在上述的**历史的连续和断绝**之中，划定了“泡沫经济文化”期，并且在政治、经济的问题设定之中，厘清那些说不清道不完的文化领域——“泡沫经济文化”的自律性和其界限，这两点论证是本书的主要目的。通过这种分析，我们可以看出“文化”之于政治、经济的关系，通过对于这种关系的探讨，我论述了将艺术和政治完全分开来看的、仿佛咒语一般的“后现代”的相对

① 这里的媒介学是法国哲学家雷吉斯·德布雷（Régis Debray）所提出的概念“médiologie”，他提出以彻底的唯物论方法来研究媒体。——译者注

② 《新的媒体学的可能性》，《言语情报科学研究》（东京大学，2001年第6号），或者《媒体学入门》第二回（http：//www.thought.ne.jp/html/text/medio/medio222.htm）等。

性，除此之外，我还分析了处于近代之中的、暂时的“战后的终结”（这也是“后战后”的开始），而这种终结的契机也就是20世纪80年代。

即便如此，社会朝着“近代”（市场经济之中自由经济的规则和伦理化、优先于人类安全保障的利益追求、产业社会所决定的生活方式等等）的极点，或者终结的方向发展，政治、经济、文化之中出现了史无前例的融合和聚集，并且，民族国家的解体和世界的全球化等这些未曾有过的事态持续进行着，正因如此，我们更需要思考这些问题。“泡沫经济文化”的研究有着更进一步探索的可能性。

2006年的“昭和”

当下被称作“昭和热潮”，股票市场也呈现出小泡沫的状况。现在仿佛跨过了80年代，有一种70年代的肥皂剧或是民谣的感觉，比如《在世界中心呼唤爱》《100次哭泣》等作品，题目（内容上亦是）烂俗的小说十分叫座。电视剧和电影亦是如此，我们如今仿佛极其渴望“眼泪”和“哭泣”。这是80年代没有的现象。

另一方面，80年代的亚文化作品却十分引人注目。在电影领域，《南极物语》的翻拍、《穿越时空的少女》的动画化、《樱桃小丸子》的真人版备受瞩目，仿佛“Cobalt文库”[①]再版一样的轻小说大受欢迎。某杂志说，2006年会是昭和五六十年的复古热潮（《日经娱乐》，2006年3月号）。人们渴求着昭和风“眼泪”的氛围感，但即便是想要重新找回那令人怀旧的昭和风城市的风景，我们实际所在的政治经济环境已是全球化的中心，同“昭和时代”也已大相径庭。并且，有关这种转换的契机，从

① “Cobalt文库”是集英社1976年创刊的少女小说文库，分类为轻小说类，Cobalt文库的动画化作品有《伯爵与妖精》《玛莉亚的凝望》《炎之蜃气楼》。——译者注

“战后”到“后战后”的过渡的混沌，这二者的混杂状况，本书已经从流行、媒体等各个社会风俗视角进行了论述。

后战后的日本恐怕已经无法避免与象征“父亲”的美利坚合众国对决（并且日本有的只是和平宪法这一“空拳”）。而且，与当下的美国做斗争，就意味着同全球化趋势本身相对立。太平洋战争之后，两国武力对决的结果就是，日本在美国的国力、武力面前一败涂地。然而，当时的日本人将打败自己的“父亲”看作解放日本向民主主义发展的“援助者”，从而掩盖了败北的记忆。也就是说“去势”失败了，日本让原本应是“父亲”的美国承担了母亲的角色，甚至如今当上首相的人总是说着“美国对日本而言是重要的同盟国”，这简直是大错特错，是迷失在一种想象关系之中的妄想而已。这种掩盖，或者说这种集团性的健忘，是在回避曾经的历史，对于战前日本曾走上军国主义道路的事实以及曾经的失败丝毫没有悔过。

母子合谋的幻想想象性地阻止了这种“去势”，于是“战后的日本”在“政治”上完全依从美国，决心朝着“经济”振兴的方向迈进。“政治之事”，也就是一家（世界）的规则，制定规则、命令遵从规则、惩罚违反规则之人（去势），建立如此恐怖规则的“父亲”的管辖之地，全部都依从于美国。另一方面，“战后日本”不停地追逐着仅剩下的“经济”领域，也就是原本应当是属于“家（oikos）之法”的“economy”。这时出现了双重性的扭转。正如经济一直指的都是政治经济，本应作为规则、法规的象征领域，但现在却完全变为了一种想象性的事物，就像“美国式生活方式”所象征的“图景”，也就是说，它变成了欲望“对象”的本身。正如“日本奇迹”所表现的战后日本经济的复苏，日本人如此执拗地憧憬着的图景（“对象”），正是源于这种类似于母子关系的虚构结构。并且，美国作为“去势者”，作为亲自并彻底地灌输了这种法则的一方，它承担了援助者的职能，从“父亲”的形象变为“母亲”的中性之存在[①]。

然而，**90年代的事物**不动声色地、稳步地从文化的层面逐渐渗透，被遗忘的“政治”似乎在这个国家的青年一代之中再次复兴了[②]。从网络右翼到国家政治，总体来看，这与“民族主义”的危险性互为表里。“政治”依从于美国，而自己则追求“经济”，这种角色分工似乎真的瓦解了。2006年1月，在美方提出的每年度的要求文件中，其中邮政的民营化

---

① 直到“泡沫经济文化”为止的80年代的状况，大体上可以这样来看。然而，当日本成为世界第二大经济体的时候，全球动态确实出现了“政治的经济化”趋势，也就是以多国际企业为代表，追求本国经济活动主体的利益成了政治的世界。日本一味追求着“经济”的繁荣，终于在1985年实现了经济腾飞，甚至被美国要求升高日元汇率。在日本以为自己已经达成目的的时候，世界的情况已然改变了。比如，（不管是不是内幕）世界市场中家电（及汽车）的霸权仍旧存在，而作为新的范式，在IT相关产业，美国绝对不允许其他国家，特别是日本进入（美国、东亚、东南亚）市场。并且，美国多次击溃了日元的通货基金以及流通地区的计划，甚至影响了东南亚、东亚的通货危机（亚洲经济危机为1997—1999年）。在日本泡沫经济破裂之前，克林顿政府就积极地推进了IT相关产业的发展。全世界都没想到，在不知不觉中，在电脑的基本应用程序软件领域，美国企业早已独霸一方。游戏规则本身改变了。

② 在“序章”中，我论述了我的观点，80年代“知识的模式（流行）”成为必需品，它需要代替经济至上主义（道德、地域社会的崩溃）。并且，之前过激的政治信条倾向可以说其实是一种“羞耻心”的代替物。并且，这种代替物无论是属于80年代，抑或是属于90年代，都注定会遇到挫折。重要的不是代替物，而是在跌倒之处如何从头开始，如何卷土重来。本书一直在反复论述，所谓90年代的事物其实指的是进入2000年之后才更为显现的文化现象，这个概念是源于笔者自己的经验、对同经验相关的家庭经济状况和政治意见动向的相关调查数据，以及持续不断的事件的报道、选举动态等相关事件，这些累积性的验证证实了我的判断。90年代后半期，我离开日本，2010年从欧洲留学归国，我当时看到的光景就是“羞耻心的崩坏”（特别是无视他者的目光走在路上大口吃着面包，成年人在电车之中大声讲着电话，情侣二人在咖啡馆中用手机发着短信，却始终保持着沉默……）以及“贫困的蔓延”（不光是横滨寿町的凄惨，我还记得看到东京、横滨老商店街萧条的样子对我的冲击）。在成田机场下飞机之后的数天，在新宿站等开往机场航站的车站以及市中心，聚集人群异常之多，那些人们说着我不熟悉的语言，发出奇怪的笑声还有异常的怒气，没有羞耻感的匿名者们的聚集让我甚至有一种害怕的感觉。

心情平复之后，我收集手机、报纸和电视的信息，通过询问走在街上的人们，我真正感受到，说到这个国家的政治现状，“初等中等教育”与“地域共同体”早已凋零。当时我住在横滨石川町一丁目，一边参加地区町内的集会，一边同学术机构接触，一直思考如何通过地域化的、坚实的启蒙活动来振兴地域共同体，然而别说想法的实现了，在计划的阶段就遭遇了失败。（宫台真司以简单易懂的理论解释了有关地域共同体的意义。《网络社会的未来》，春秋社，2006年）

得到了大众的强烈支持，并在小泉第三次执政之时一次性通过了法案，民营化终于得以实现。与此相反的是文件中提到的皇室典范改革，也就是导入“女系天皇制”的问题，小泉纯一郎首相想要强行通过该法案，但即便在自民党内和内阁之中也有不同的声音。这当然是因为邮政改革主要关乎经济，而皇室问题则关乎政治。并且，这个问题从广义上来看（根据民主政权中基本人权的规定，设立“侧室”是不现实的）都受到了全球化压力的影响。似乎当下的日本在“经济”上说“好”，而在“政治”上则说“不”（这种矛盾之所以可行，是因为小泉政权下自民党推行的民粹主义的独裁，笔者将之称为“2002年体制”）。

并且，战后日本由于急速的经济发展，以及与之伴随的国际政治上的（日美同盟为中心）的角色，作为亚洲国家（或者说作为非欧美国家），率先进入了“发达国家之列”（G8）。在文化和生活方式层面上，对西欧和美国的憧憬，也许是明治时期近代化所带来的观念，而倘若没有这种向往欧美病症带来的急速的近代化，战后的复兴以及之后的发展也许亦是不可能的。这种文化性的偏爱，如今只要看看从大都市到郊外的街上的风景便立刻知晓了。我们品尝着那些挂着“异域风情料理”的餐厅的料理，那些都来自亚洲，比如印度料理、越南料理、泰国料理，但意大利、法国的传统料理和家常菜，我们绝不会称之为“异域风情”。对于普通人而言，即便熟知美国的摇滚歌手、传统音乐，但别说亚洲、非洲、南美洲的民俗音乐了，就连对日本的传统音乐也是几乎一问三不知。我们的头脑浸润了欧美文化，但我们的土地无疑位于亚洲的边境，我们似乎失去了立足之处。在文化意识与地理感觉之间，形成了巨大的龟裂。这一现象出现的决定性转折就是80年代。

在即将要成为政治性时代的2000年前后，在政治上也出现了类似的现象，那就是对于邻近的亚洲各国抱有极端的竞争意识和为抵御他国所抱有的攻击性、不安感等，这增大了民族主义滋生的可能性（衷心希望周边国家所谓的“反日教育”等纠错的方式，不是一种感性般的民族主义，而是出于友好和友爱，那时还需确认“文化”是不是一种武器）。

“政治性”时代将要回归，同时，在文化层面上又掀起了“昭和热潮”。文化的确会受到政治、经济条件的左右，但文化在某种程度上有其自律性，将文化与政治混为一谈，就会导致原本属于理性领域的政治（外交）之中出现情绪领域，也就是文化渗透的危险。所谓怀旧，就是另一种形式的文化考古学（某种时代的文化印象），那么还原“正史”之中的文化史，这项研究的意义就是对危险的抵御吗？本书作为对80年代的研究，不能说完全起到了作用，但希望为“文化的防波堤”助一臂之力。

读懂80年代的关键词

有◎符号的是笔者的推荐作品

入门

●上野千鹤子，《增补 寻找“我”的一种游戏》（《增補“私”探しゲーム》），筑摩学艺文库，1992年。这本书包含了杂志上的相关报道，是了解20世纪80年代学界的最好的书。

●大塚英志，《“御宅”的精神史》（《“おたく”の精神史》），筑摩新书，2004年。与本书从不同的角度，深刻论述了“御宅”的精神史这一问题。

●北田晓大，《嗤笑日本的“民族主义”》（《嗤う日本の“ナショナリズム”》），日本放送出版协会，2005年。思考20世纪80年代的思想问题，这本书能提供许多启发。

●樱井哲夫，《无国界化社会》（《ボーダーレス化社会》），新曜社，1992年。文化研究以前的亚文化研究的书。

●宫台真司等合著，《大众文化神话的解体》（《サブカルチャー神話解体》），PARCO出版，1993年。使用统计方法实证性研究的优秀著作。

●*Eighties*（《エイティーズ》），河出书房出版社，1990年。非常综合的期刊。

●（小说）角田光代，《明日遥遥》（《あしたはうんと遠くへいこう》），MAGAZINE HOUSE，2001年。十分真实地描写了20世纪80年代末期学生的心理。

●（电影）《情歌》（*Love Song*，佐藤信介导演）（ラブーソン

グ），2001年。虚构的部分较多，但依然呈现了20世纪80年代的面貌。

文字资料

●*POPEYE*，如果想了解80年代青年的实际情况，就是它了。

●*anan*，可以了解到80年代一般女性的情况。

●*LOGiN*发行以来，随后发展逐渐先锋化的杂志并不多见。

●*Rockin'on*包含乐谱的杂志，很有战斗精神。

●林真理子，《高高兴兴买东西回家》（《ルンルン買っておうちに帰ろう》，1982年），林真理子的文章十分有80年代的感觉，而且写得特别好啊。

●穗积隆信，《积木倒塌》（《積木くずし》，1982年），还翻拍了电视剧。那个时代，好多家庭都经历了这样的情况。

●浅田彰，《构造和权力》（《構造と力》，1983年），传奇的书，是浅田彰写的吗？还是神来之笔？

●铃木健二，《用心周到的劝言》（《気くばりのすすめ》，1984年）……

●田中康夫，《只有我一个人的东京车行》（《ぼくだけの東京ドライブ》，1987年），内容完整充实的一本书。

◎村上春树，《挪威的森林》（《ノルウェイの森》，1987年），我以为在这本书之后，春树的小说创作意愿会消失殆尽，没想到后面还出版了《海边的卡夫卡》（《海辺のカフカ》）。

●西德尼·谢尔顿（Sidney Sheldon），《游戏高手》（*Master of the*

Game，1987年）[①]，超多人读的一本书，“超级翻译”[②]。

漫画·电视剧·电影

●《夕阳之丘的总理大臣》（《夕陽が丘の総理大臣》，20世纪70年代），如果面向大海大喊“混蛋”，混沌期的不明朗也会时来运转。

●《热中时代》（《熱中時代》，20世纪70年代），这可是具有代表性的电视剧呢。

●《爸爸是主播》（《パパはニュースキャスター》），从泡沫经济期以来，田村正和就变了！

●《猛龙笑将》（《君の瞳をタイホする》），主人公陷入愚蠢境遇的经典桥段。

●《老师也疯狂》（《教師びんびん物語》），田原俊彦和野村宏伸的作品，设定和制作都非常古典，但基调仍然是泡沫经济期。

●《直到变成回忆》（《想い出に変わるまで》，90年代），我觉得这部作品值得更好的评价。

●《谁都不爱》（《もう誰も愛さない》，90年代），哇哦！吉田荣的作品耶。

●山上龙彦（山上たつひこ），《小大人》（《がきデカ》，20世纪70年代），Nonsense，Nonsense……

●土田芳子（土田よしこ），《俏皮小公主》（《つる姫じゃ～

① 中文有多个版本的翻译，其中包括黑龙江朝鲜民族出版社1985年版《女强人》，安徽文艺出版社1986年《滴血的钻石》，黄河文艺出版社1986版《谋略大师》，鹭江出版社1987版《赛场老手》，湖南人民出版社1987版《竞技场上的女人》，中国藏学出版社1994版《游戏高手》，译林出版社2007版《谋略大师》。——译者注

② 原文是“超訳”，该词语是80年代伴随《游戏高手》出版，该书的译者之一天马隆行所提出的翻译方法，即不追求原文与日语的完全一致，以日语语言的习惯来翻译的一种方法。——译者注

っ!》，20世纪70年代），这部作品在当时也是恶趣味呢。

●鸭川燕（鴨川つばめ），《通心粉菠菜》（《マカロニほうれん荘》，20世纪70年代），不朽的名著。

●安达充（あだち充），《美雪、美雪》（《みゆき》），三部曲真是杰作。

●木内一裕（きうちかずひろ），《高校之神》（《ビー・バップ・ハイスクール》），只要不是山手地方长大的人，就超级能够感同身受。

●相原弘治（相原コージ），《弘治苑》（《コージ苑》），那个时代流行荒谬的梗。

●若林健次（若林健次），《怒涛的叶口组》（《ドトウの笹口組》），很温暖的故事哦，那个被叫作3K的时代。

●富野由悠季导演，（富野由悠季）《机动战士高达》（《機動戦士ガンダム》），这就是20世纪80年代啊。

●武论尊、原哲夫，（武論尊・原哲夫）《北斗神拳》（《北斗の拳》），非常有“御宅族”的风格。

●鸟山明，《阿拉蕾》（《Dr.スランプ》），这部也很有“御宅族”的风格。

●片山政幸（片山まさゆき），《超级麻将狂》（《スーパーヅガン》），观摩打麻将的时候，麻将桌必备之书。

●渡濑政造（わたせせいぞう），《心情鸡尾酒》（ハートカクテル），非常符合80年代后期的漫画。

●邹文怀（レイモンド・チョウ，总制作人），《炮弹飞车》（*The Cannonball Run*，1981年），很符合80年代前期的喜剧。

●伊万・雷特曼（Ivan Reitman），《捉鬼敢死队》（*Ghostbusters*，

1984年），总感觉好像MTV的风格……

●维姆·文德斯（Wim Wenders），《德州巴黎》（*Paris，Texas*，1984年），那个时代就是这样，出现了好多名作。

●罗伯特·泽米吉斯（Robert Lee Zemeckis），《回到未来》（*Back to the Future*，1985年），这部作品也有前CG时代的审美感觉。

●亚历克斯·考克斯（Alex Cox），《席德与南茜》（*Sid and Nancy*，1986年），只有年轻人才能有的感受。

◎《华丽的咏叹》（*Aria*，1987年），在组合片（omnibus）中有几部非常优秀的作品。

●巴瑞·莱文森（Barry Levinson），《雨人》（*Rain Man*，1988年），非常温情。

●帕特里斯·勒孔特（Patrice Leconte），《理发师的情人》（*Le mari de la coiffeuse*，1990年），燃起了小电影院/欧洲系电影的热度。

音乐

●Peabo Bryson，*Take No Prisoners*（1985年）， 走迪士尼风格的音乐快要行不通的时候，20世纪80年代歌曲，这张专辑非常厉害。

◎Anita Baker，*Rapture*（1986年），还留有Chapter 8时代的韵味的专辑，非常有创新性。

●Grover Washington，Jr.，*Winelight*（1981年），哎呀，可以说是情侣专用音乐了。

●Klymaxx，*Meeting in the Ladies Room*（1984年），这种Black Contemporary的编舞较多呢。

●SADE，*Diamond Life*（1984年），应该没有人在咖啡厅、酒吧没听过这张专辑吧？

●Djavan，*Luz*（1982年），混沌期的时候也曾吹过这样的微风呢。

●Cheryl Lynn，*Got to Be Real*（70年代），如果你曾是放送研究会的，你一定听过。

◎The Style Council，*Café Bleu*（1984年）；*Greatest Video Hits*（1989年），包括专辑的封面，方方面面的完成度都超高！不管是穿搭还是思想，关于80年的各种事物，Paul Weller都是教父。

●Duran Duran，*Seven And The Ragged Tiger*（1983年），他们也是出人意料的正统路线啊。

●Culture Club，*Colour by Numbers*（1983年），这张专辑可不能省略啊。

●Prince，*Purple Rain*（1984年），他是20世纪80年代最具代表性的艺术家，虽然我觉得上一张专辑更棒。

●Madonna，*Like a Prayer*（1989年），虽然我们已经有了米老鼠的声音和Ryan Palmer，但麦当娜也是值得本世纪铭记的人物。

●Bobby Brown，*Don't Be Cruel*（1988年），单飞之后人气大火，但好像没有持续太久。

●Janet Damita Jo Jackson，*Rhythm Nation 1814*（1989年），90年代的一代人也熟知珍妮的人气。

●Ratt，*Ratt*（1983年），从这时候开始，大家似乎都不听LA金属[①]了，吉他的独奏和重复段（riff）才能卖得好。

●Mötley Crüe，*Theatre of Pain*，能够感受朋克风格的著名专辑。

●Van Halen，*1984*（1983年），其实我觉得邦·乔维的出道歌曲更棒。

---

① 日本独特的叫法。是20世纪80年代活跃在美国的许多摇滚乐队和音乐人制作的具有当时风格的音乐。代表乐队是Mötley Crüe、Quiet Riot等等。——译者注

●Night Ranger，*7 WISHES*（1985年），……，当时就是这样的时代。

●Scorpions，*Blackout*（1982年），承接了英式金属乐（British Metal）的独断和偏见。

●Def Leppard，*Pyromania*（1983年），那是Gary Moore还曾为本田美奈子写歌曲的时代。

●Guns n' roses，*Appetite For Destruction*（1987年），发行于泡沫经济期，但已经闻到了20世纪90年代的气息。

●Yngwie Malmsteen，*Odyssey*，技巧高超，80年代的风格。

●Nu Shooz，*Poolside*，去六本木大楼去到厌倦了。

●Rod Stewart & Jeff Beck，*People Get Ready*（1985年），明明是一张电子音乐专辑居然有这么一首歌。

◎The Pointer Sisters，*Slow Hand*（1981年），这个也是早期80年代。

●Omnibus，*Dancemania Super Classics*，收录了众多Dance Super的经典曲目。

●Don Airey，*Building the Perfect Beast*（1984年），总之就是好帅气。

●《军官与绅士》（*An Officer and a Gentleman*）配乐（1982年），遥远美好的80年代，如雨后春笋一样多的电影配乐中的名作。

●Dead or Alive，*12 inches Collection*（1985—1990年），80年代六本木系迪斯科的经典。

●The Power Station，"Harvest For The World"（1985年），泡沫经济前夜也有这样出色的录音效果，和原曲有不同的味道。

●Bryan Adams，*Reckless*（1984年），直到转型期为止，这张专辑的青涩感都非常好。

●Wham!，*Make It Big*（1984年），不仅是日本哦，欧洲也出现了肤浅派，A-ha乐队之流啊。

●Bananarama，*Very Best of Bananarama*（1986—1991年），即便在武道馆的演唱会上也是对口型的。

●Blue Hearts，*The Blue Hearts*（1987年），可以一直听下去的乐队。

●Boøwy，*Beat Emotion*（1986年），一时的热潮特别厉害。

●Rebecca，*Nothing To Lose*（1984年），夏季的海岸，街角的音响，总之到处都能听到。

●Off Course，*We are*（1981年），可能是他们结束了20世纪70年代。

●松山千春，《为你而写的歌》（《君のために作った歌》）（70年代），让我们来聆听混沌期的声音吧。

●本田美奈子，《*CD&DVD The Best*》（1986—1990年），80年代的象征。

●松田圣子，《白色的阳伞》（《白いパラソル》）（1981年），周围的朋友经常听。

●吉川晃司，*You Gotta Chance*（1985年），像是暴露了我们的无知年少，骚动着我们的内心。

◎南方之星，*Nude Man*（1982年），比起*Kamakura*，桑田之前的作词作曲能力简直像神灵附体一般，真是天才！

●松任谷由实，《没有时间的旅店》（《時のないホテル》）（1980年），作为概念专辑来说非常优秀。

●竹内玛莉亚，《*Request*》（1987年），她能唱出阳光的一面和阴郁的一面。

●尾崎丰，《十七岁的地图》（《十七歳の地図》）（1983年），原本是80年代主流之外的人的慰藉，却成为一大流行。

场所

●巨大迷宫：特别受欢迎，连成年人都为之着迷。

●湾区迪斯科：横滨，有明，……田町。

●涩谷中央街：从晚上10点到凌晨2点，街上的人潮实在壮观。

●街边避孕用具贩卖机：红色的公共电话呀，圆筒形的邮箱呀，最近倒是不常见了。

●浅草花屋敷游乐园：大学社团的时候都去过的吧？

●早庆上智/教会派私立大学：私立大学特别受欢迎。

●友&爱：连锁唱片租赁店。

●LaLaport：不可小看哦，因为商场里还有迪斯科舞厅呢。

●“吃豆人”游戏的Warp Zone：别在出口处被埋伏哦。

●人民公社：终于在20世纪80年代解散了。

●业余棒球球场：运动公园之类的多过头了。

物品

●本田Prelude：大家都误以为开这个车就能交到女朋友。

◎丰田AE86：最后一款兼具前置引擎和后轮驱动的车。

●日产汽车Silvia S13：既是一款后PRELUDE车，也是作为日本生产的前置引擎、后轮驱动的飙车族专用车。

●丰田Soarer（Z20）：这款畅销的白色车，基本是爸爸们在开。

●丰田Mark II：提到日本的中间管理层，那就是白色MARK II了。

●丰田Carina ED：经常见到这种不是白色的车。

●丰田Hilux：如果在涩谷中央街，看到水户车牌的车急刹车了，那就赶快逃吧。

●三菱Pajero：在从中年大叔到年轻女性中都很受欢迎，搭了户外运动热潮的便车。

●宝马BMW 3系列：洋车也不过是这种程度。

●梅赛德斯—奔驰E190：虽然被叫作“小奔驰”，但奔驰就是奔驰。

●墨西哥产大众甲壳虫：新车的非正规渠道进口又开始了。

●FM-7：PC-88，PC-98和游戏机高级化之前的具有代表性的机器。

●X-68000：超高级的游戏机。

●任天堂红白机：ROM卡带的概念太超前了。

●《勇者斗恶龙》：从设计到故事情节都是20世纪80年代的象征之一。

●麦迪逊包（Madison Bag）：到底是哪里生产的呢？中学生人手一个的黑色包包。

●帕丽斯（PARIS）牌的Polo衫：80年代后半期已经灭绝了。

●雷诺玛（Renoma）牌的小皮包：和男士高腰西裤是绝配。

●路易斯威登波士顿包：低调豪华主义的必备，将包甩到肩上穿着牛仔裤向前走……

●棒球夹克衫：背后写有since ××年，还有大学或者社团的logo。

●旱冰鞋：80年代整整十年都特别火。

●索尼随身听（Sony Walkman）：类似商品特别丰富。

●雅马哈DX-7：如果没有这个电子琴，世界的音乐史将大为不同吧。

●任天堂Game & Watch：当时还有游戏机式的计算器呢

●绍罗Q：比迷你遥控赛车更受欢迎。

●电子手表：现在好像没人带了吧？

饮食类

●三得利RED：便宜的威士忌，合宿时的必备。

●佳得乐：用专用瓶子冷冻，然后再拿去参加社团练习吧。

●旅行餐馆：在没有百货商店的街道上，说到餐馆就是这个了。

●冷冻李子和杏：现在还有卖。

●500ml瓶装可口可乐：当时觉得好大一瓶啊。

●麦当劳“感谢套餐”：汉堡、饮品、炸薯条，类似的活动企划有很多。

●千驮谷的拉面店HOPE轩：东京六大学棒球赛结束后，特别受学生们的欢迎。

●美年达：那种像魔芋一样味道的果汁令人怀念。

●猜拳冰棍：总能抽中再来一支。

●带棒球选手卡片的薯片：大家都用文件夹收集过的吧？

瞩目的场面

●歌谣曲歌手背后的乐队指挥：这也随着泡沫经济的结束而消失了。

●GUNPLA、勇者斗恶龙，夏季的彻夜长龙：一有什么就排起了长龙队。

●荻野目洋子的舞蹈动作设计：是指歌曲“Dancing Hero”的舞蹈设计，“隧道二人组”也恶搞过。

80年代年表

字体加粗部分意为重要事件

1980年（昭和五十五年）战后的终结之开始期、混沌期

政治・经济	社会・犯罪・风俗	时尚・文化	媒体
全国平均基准地价上升率达到11.5%（第一次达到两位数） 太阳神户、东海等六家都市银行联网合作 国内汽车生产数量突破1000万台 日本电信电话公社开始对方付费业务 “宅急便”业务激增（约3300万个） 大平首相突然逝世	“竹之子族” 漫才热 不穿内裤的咖啡厅于京都开业 女性的时代 约翰・列侬遭遇枪杀 YMO进入海外市场 **山口百惠引退** 田原俊彦、松田圣子获得新人奖 具志坚用高第13次卫冕 **王贞治选手引退** 耶稣的方舟[①] 新宿公交车放火事件 **金属球棒杀害父母事件** **假货盛行，并受到了国外的批评** 8岁儿童的自杀事件 买春旅行团受到关注 校内暴力事件多达1558件	无性别区分的服饰 单色或黑白色服饰（女性） 颜色鲜艳的内裤（男性） 就职发型 三鹰市开了第一家租赁唱片店 厚生省改革“聋、哑、残疾”用语	地方电视台深夜放送截止至凌晨0点 杂志创刊热潮，出现了*Number*、*BRUTUS*、*Big Tomorrow*等235家杂志 《热中时代》 ***THE MANZAI*** 《现在该笑了》 《报道特集》 《丝绸之路》 《影子武士》 《四季・奈津子》 《现代启示录》 《幕府将军》 《大饭桶》 《小麻烦千惠》 《阿拉蕾》

① 1979年到20世纪80年代兴起的宗教团体。——译者注

广告	流行语	畅销商品	国际形势
“还像回事儿”（“それなりに”）（富士照片胶卷） “发光吧！夏子的太阳”（“輝けナツコSUN”）（资生堂） “现在的你闪闪发光”（“いまの君はピカピカに光って……”）（美能达） “闪闪发光的一年级”（“ピッカピッカの一年生”）（小学馆） “时代造就了我，麒麟光之啤酒”（“時代が僕を生んだ、キリンライトビール”）	“是乌鸦自己叫的”（“カラスの勝手でしょ”）（TV） “NOW的”（“ナウイ”） “红灯的时候大家一起过，就不怕了”（“赤信号、みんなで渡れば怖くない”）（漫才） “是这样的，川崎先生”（“そーなんですよ、川崎さん”）（TV） **校园暴力**	节省电的相关产品 魔方 无线电话 运动饮料 **家庭餐厅** 任天堂GAME&WATCH 游戏《吃豆人》 游戏《疯狂爬楼者》 歌曲《逃亡》（CHANELS） 歌曲《异邦人》（久保田早纪） 歌曲《再见》（Off Course） 歌曲《大都会》（Crystal King） 歌曲《整夜舞动》（门田赖命） 歌曲《恋人啊》（五轮真弓） 图书《项羽与刘邦》（司马辽太郎） 图书《苍茫时分》（山口百惠） 图书《元首的谋叛》（中村正轨）	抵制莫斯科奥林匹克运动会 《幕府将军》的畅销（美国） 两伊战争 苏联攻打阿富汗 **波兰民主化运动**

1981年（昭和五十六年）信息时代的开始

政治・经济	社会・犯罪・风俗	时尚・文化	媒体
1981年神户人工岛博览会 **洛克希德事件审判**	癌症成为日本人死亡的首要原因 男扮女装 山原秧鸡的发现 有码成人书籍（ビニ本） IMO KIN TRIO（イモ欽トリオ）［综艺节目《钦咚！好孩子、坏孩子、普通孩子》（《欽ドン　よい子、わるい子、ふつうの子》）］ Tamori走红 粉红淑女告别演唱会 The Nolans访问日本 贵之花、轮岛引退 千代富士夺得横纲 原与石毛获得新人王 丸山疫苗未通过许可 巴黎留学生吃人肉事件 在银座捡到1亿日元事件 昭和五十六年的大雪 三和银行诈骗事件 兴奋剂无差别伤人事件	学院风 堆堆袜的流行 **设计师品牌的兴起** 瘦身裤（发热裤）	电视多声道放送增加 发行了带广告的明信片 **写真周刊杂志*Focus*的发行** 《这个世界，原来如此》（《なるほど！ザ・ワールド》） 《幕府将军》 《我们是滑稽一族》《女太阁记》 《今天的典子》 《车站・STATION》 《象人》 《福禄双霸天》*The Blues Brothers* 《阿拉蕾》 《高校奇面组》 《福星小子》（动画）

广告	流行语	畅销商品	国际形势
春先小红（嘉娜宝） “蚊子消消消 杀虫剂”（“ハエハエカカカキンチョール”）（乡裕美/日本除虫菊） “本田、本田、本田城市”（“ホンダ、ホンダ、ホンダCITY”）（本田） “用眼睛亲吻”（“キッスは眼にして”）（嘉娜宝/女性‘80） **“摸一摸，是羊毛哦”（“触ってごらん、ウールだよ”）（国际羊毛事务局）** “不可思议，我的最爱”（“不思議、大好き”）（西武百货商店） “大家还是需要石油啊”（“まだまだみんな石油が欲しい”）（石油联盟） “拍男性”（“男を撮る”）（柯尼卡樱花彩色胶卷）	“NOW的”（“ナウイ”） “真假？真的，卡哇伊”（“うっそー、ほんとー、かわいいー”） “看不起谁呢？”（“なめんなよ”） “好烦呀”（“えぐい”） “做作”（“ブリッコ”） “商议”（“談合”） “你好哇”（“んちゃ”[①]） “萝莉控”（“ロリコン”）	小型摩托车开始流行 Nameneko形象的商品 有氧舞蹈 老年夫妇的夕阳蜜月车票（フルムーン夫婦グリーンパス） 租赁唱片大火 高级方便面“中华三昧” **开始进口百威啤酒** **FM-8、MZ-80B、PC-8801等国产电脑的出现以及IBM-PC的发售** 游戏《大金刚》 歌曲《红宝石戒指》（寺尾聪） 歌曲《布鞋怨曲》（近藤真彦） 歌曲《想要守护你》（松任谷由实） 歌曲《漫长的夜晚》（松山千春） 图书《窗边的小豆豆》（黑柳彻子）（500万部） 图书《总觉得，水晶样》（田中康夫） 图书《小小贵妇人》（吉行理惠） 图书《山间的烟雾》（重兼芳子） 图书《人间万事塞翁之丙午》（青岛幸男） 图书《蒲田行进曲》（冢公平） 图书《机雷》（光冈明）	罗马教皇访日 航天飞机实现载人往返 **日美汽车摩擦** 安瓦尔·萨达特总统遭遇暗杀 波兰进入战时状态 里根保守政权的诞生（美国） 密特朗改革政权的诞生（法国） 伊朗多位政治要职陆续遭遇暗杀 韩国建立第五共和国制度 航天飞机发射成功

① 由日语“こんにちは=こんちゃ”（你好）演化过来，原为《阿拉蕾》动漫中主人公阿拉蕾所使用的问候用语。——译者注

1982年（昭和五十七年）80年代的积极一面

政治·经济	社会·犯罪·风俗	时尚·文化	媒体
开通东北、上越新干线 IBM集团间谍事件 丰田汽车工厂、丰田汽车销售合并为一 教科书审查成为政治问题 行政改革开始 中曾根政权的诞生 参院选开始实施比例代表制度①	大学升学率低迷 美黑 金子热 因高利贷无法偿还而实施强盗行为的人增多 宾馆卖淫、公寓卖淫 素人、熟女裸体写真 涩柿子队、石川秀美、早见优 **中森明菜、小泉今日子出道** 麦当娜出道 三波伸介去世 乐天落合三连冠 北之湖共取得873次胜利，列为历史第一 日航羽田机场坠毁事件 新日本宾馆发生火灾 长崎长时间大雨 因电视噪声而杀人的事件	柔软材质的连衣裙 紧身裙、超短裙 黑色丝袜 叠穿T恤 “乌鸦一族” 差得别有风味的画	有线电视施工3万户 电信电话公社的信息网络系统构想 可以插卡的公共电话 日本开始了CG技术 **电视信息杂志创刊热潮** *Olive*、*Marie Claire*、*FromA*的创刊 《笑一笑又何妨！》 《蒲田进行曲》 《烈火战车》（*Chariots of Fire*） 《夺宝奇兵》 《上帝也疯狂》 《炮弹飞车》 《美雪》 《棒球英豪》 《巴塔利洛》 《阿基拉》 《风之谷》连载 《超时空要塞Macross》（动画）

① 现在的参议院议员由比例代表选举和选举区选举产生。所谓比例代表制度指的就是根据各政党的票数来分配议席数的制度，于1983年开始实施。——译者注

广告	流行语	畅销商品	国际形势
“当一个性感的女郎吧”（“色つきの女でいてくれよ”）（老虎乐队/NIKKA） “堇花 September Love”（“すみれ September Love”）（Brooke Shields/嘉娜宝） “驾照”（“免許証”）（明治制菓・玉米之村） “我也能弹了”（“ぼくにも弾けた”）（巨人马场/雅马哈） “因为这是公司的方针”（“会社の方針ですから”）（三得利） **“美味生活”（“おいしい生活”）（西武百货商店）** “走向欧美、走向亚洲——是否能够国际化？日本的‘诚意’”（“欧米へアジアへ—国際化できるか、日本の‘誠意’”）（三得利文化财团“日本的主张”） “坂本君，你想搞个大事情啊”（“坂本くん、大きなことをやろうじゃないか”）（坂本龙一/新潮文库一百册）	“高高兴兴”（“ルンルン”） “现在”（“イマい”） “真敢啊”（“やったね”） **“阴郁、开朗”（“ネクラ・ネアカ”）** “心身疾病”（“心身症”） “那么，指教了”（“そこんとこ、よろしく！”） “变态好孩子”（“ヘンタイよいこ”） “加油吧”（“ガンバリまっしゅ”） “几乎可以说是有病”（“ほとんどビョーキ”）	CD的出现 办公自动化机器的普及 录影片/出租影片 化妆盘 纸尿片 家用卡拉OK 外带的便当 机动战士高达热潮 多美公司发行“美勇太”[①] FM-7、PC-6001、PC-8801、PC-9801，X-1 歌曲《等你》（Aming） 歌曲《水手服与机关枪》（药师丸博子） 歌曲《歌曲洽扣的海岸物语》（南方之星） 歌曲《禁忌的红色魔术》（忌野清志郎&坂本龙一） 歌曲《恶女》（中岛美雪） 图书《观看专业棒球有趣10倍的方法》（江本孟纪） 图书《恶魔的饱食》（森村诚一） 图书《知更鸟所在的小镇》（森礼子） 图书《时代屋的妻子》（村松友视） 图书《炎热商人》（深田祐介）	**日美贸易摩擦** 马岛战争 以色列入侵黎巴嫩 美国经济严重下滑 勃列日涅夫去世

① ぴゅう太，译作“美勇太”，是一款游戏机，在海外发行时又称作Tutor。——译者注

1983年（昭和五十八年）后战后元年

政治・经济	社会・犯罪・风俗	时尚・文化	媒体
东京迪士尼乐园开园 “大阪21世纪计划” 新潟博览会 富山日本新世纪博览会 全国都市绿化节 新商业（居家健康疗养、转接电话业务、名单图书馆） 新素材（汽车塑料零件、陶瓷器） **无铅高级汽油** 新药产业间谍事件 自民党中川一郎可疑死亡 第二次临时行政调查会最终答辩 日本海中部地震 三宅岛雄山喷火 里根总统来日 **消费贷款整治法**	压力社会 ××症候群多发 灰姑娘情结症候 日本第一个体外受精孩子出生 **咖啡吧** **饭票情人** 无码影像 户川纯、章鱼八郎、斋藤清六走红 YMO解散 胡里奥・伊格莱西亚斯来日掀热潮 拒食症死亡 阪急福本丰939次盗垒，打破世界纪录 青木功夏威夷公开赛首次取胜 **户塚帆船学校事件** 免田事件、冤案	阿信热潮 乞丐族 腰包 男性的淡妆、耳环 文案热潮	邮政部在约10个城市设置了TELTOPIA公司通信设备（新媒体的推进） 有线电视得到了双向输出许可、第一台城市型有线电视安装获得许可 “世界通信年” *FOCUS*杂志发行超过170万册 电视普及至100万台 **《给星期五的妻子们》** **《长不齐的苹果们》** **《富士夜未眠》** 《世界整个how much》 《阿信》 《楢山节考》 《南极物语》 《战场上的快乐圣诞》 《幻魔大战》 《闪电舞》 《军官与绅士》 《童梦》 《相聚一刻》 《明天好天气》 《北斗神拳》（连载开始） 《筋肉人》（动画）

广告	流行语	畅销商品	国际形势
“冻死了，冻死了，我要冬冬暖暖”（“ちゃっぷい、ちゃっぷい、どんと、ぽっちい”）（大日本除虫菊）① “真是让人感动的味道 卡萨布兰卡篇”（“泣かせる味じゃん”）（三得利） “出门的时候，不要忘了”（“デカケルトキハ　ワスレズニ”）（杰克·尼克劳斯/美国运通） “要是个人类就好了·牛篇”（“人間だったらよかったんだけどねぇ”）（斋藤庆子/学生援护会） “我想洗洗人的屁股”（“人のおしりを洗いたい”）（TOTO） **“更多交流沟通”（“もっとふ·れ·あ·い”）（日本桥三越）** “人、春夏秋冬”（“人、春夏秋冬”）（资生堂） “听，能听到梦的声音”（“ほら、夢がきこえる”）（东京迪士尼）	“又何妨！”（“いいとも！”）（森田一义） “××一圈”（“まるまるの輪”）（森田一义） “如此普通的大众”（“いかにも一般大衆が”） **“积木倒塌”（“積木くずし”）** “涅槃之待”（“涅槃で待つ”）（冲雅也、自杀） “别当人了”（“人間やめますか”）（公共广告组织） “交给我吧”（“ま·か·せ·なさいっ”） “之类的”（“みたいなあ~”） “浮沈空母”（中曾根首相） “被关注”（“フォーカスされる”）	增发产品热潮 私人无线 变频空调 带空调的涡旋式汽车 无印良品 录影机播放器电视一体机 乡村快递邮包 全国通用米券 红酒热潮 MSX电脑 电脑电视 **红白机（任天堂）发售、突破100万台** 游戏《马里奥兄弟》（FG） 游戏《铁板阵》（AG） 游戏《信长之野望》（PCG） 歌曲《冰雨》（日野美香） 歌曲《矢切的渡口》（细川贵志） 歌曲《山茶花家园》（大川荣策） 歌曲《青鳉兄弟》（Warabe） 歌曲《第二次恋爱》（中森明菜） 歌曲《电眼女孩》（Rats & Star） 歌曲《多么悲伤的颜色》（上田正树） 歌曲《逝去的爱》（欧阳菲菲） 歌曲《战栗者》（迈克尔·杰克逊） 图书《顾虑的劝诱》（铃木清二） 图书《积木倒塌》（穗积隆信） 图书《侦探物语》（赤川次郎） 图书《私生活》（神吉拓郎）	**大韩航空班机空难** 阿基诺被暗杀（菲律宾） 美国强行介入黎巴嫩战争 欧洲导弹装配 **美军侵入格林纳达** OPEC首次调低石油价格 气象异常、非洲旱灾 苏联军事卫星失控危机 巴勒斯坦解放组织内斗

① 一种名叫“冬冬”的暖宝宝广告，原文“やっぷい、ちゃっぷい”经核实应为“ちゃっぷい、ちゃっぷい”，是广告中主人公寒冷

政治·经济	社会·犯罪·风俗	时尚·文化	媒体
高知黑潮博览会、枥木博览会、小樽博览会 国际传统工艺博览会 新商业（摩托快递、结婚信息情报、房屋清洁、便利屋[①]） 有乐町中心大厦、银座PRINTEMPS开业 **第三部门、三陆铁道**[②] 高科技一体化都市、TELTOPIA通信网的构想 自民总选举，中曾根第二次内阁 新钞票发行	**“饱食的时代”** **考拉、海獭、褶伞蜥受到人们的喜爱** **拒绝上学的学生激增** **土耳其澡堂改名**[③] **日本银行首次聘用大学文科的女毕业生** 冈田有希子、菊池桃子、吉川晃司走红 少女队、工藤夕贵等Media Mix系 Kent Derricott、Kent Sidney Gilbert等外国艺人的出现 麦当娜、辛迪·劳帕走红 门球全国比赛 山下泰裕在洛杉矶奥运会柔道项目中获得金牌（获得国民荣誉奖） 阪急队的Boomer Wells作为外国人首次摘得三连冠 卡尔·刘易斯在洛杉矶奥运会获得四项田径项目的金牌 **三浦和义事件** **格力高·森永事件** 全斗焕总统正式访问 长野县西部地震 三井有明矿场火灾 财田川事件确定为冤案 **校园暴力保险的诞生** 投资周刊欺诈事件	白色夹克式衬衫 海边度假风 手工编织的流行 格纹的衣服、毛线包耳帽的再度走红 名牌内裤 **冰激凌色的流行** 地板舞 新学术热潮 雅皮士文化出现在日本	**日本第一次发射播放卫星BS-2a（百合2号a）** 通信产业省指定了八个地区以推进新媒体社区的构想 CAPTAIN System的导入（首都圈、京阪神） 电话卡 *FRIDAY*创刊，在便利店售卖的杂志创刊热 《少年JUMP》发行突破360万册 NHK开始对逮捕或嫌疑犯使用敬称 周六深夜节目相互竞争 MV电视节目增加 **《空中小姐》** 《山河燃烧》 《钱形平次》播放结束 《葬礼》 《濑户内少年棒球团》 《夺宝奇兵2》 《龙飞凤舞》 **《浑身是劲》** 《天使之翼》（动画） 《吞食天地》 《巴里巴里传说》 《生徒诸君！》 **《龙珠》开始连载**

① 类似于“万事屋”，替人送货、帮顾客办事、传话的店铺。——译者注

② 指的是以第三部门方式，由沿线的地方政府及企业或中央政府等共同出资所成立的铁道公司，是JR及私铁和市营地下铁以外的另一种铁道营运形态。——译者注

③ “土耳其澡堂”（トルコ風呂）原本指的是在中东城市传统的土耳其浴公共澡堂，而在日语中指的是带包间的提供性服务的特殊澡堂。1984年，在土耳其留学生的抗议下，“トルコ風呂”一名不再使用，而是改称为“ソープランド”（泡沫乐园）。——译者注

广告	流行语	畅销商品	国际形势
"心情畅快"（"スーしませう"）（北野武/森下仁丹） "褶伞蜥"（"エリマキトカゲ"）（三菱汽车） "加油加油，玄君加油"（"がんばれ、がんばれ、玄さん"）（万字酱油） "我就靠这个辞职了"（"私はコレで会社辞めました"）（Maruman[①]/戒烟棒） "CAN蒸馏碳酸混合酒"（"CANチューハイ"）（约翰·特拉沃尔塔/宝酒造） "'加油日本'活动"（""がんばれニッポン"キャンペーン"）（洛杉矶奥运会协助品牌各公司） **"开心吧，萨酱"（"うれしいね、サっちゃん"）（西武百货店）** "放飞心灵的梦想之旅"（"心フワフワ夢中旅行"）（东京迪士尼） "鸟儿给大家的话"（"とりからのメッセージ"）（三得利、日本鸟类保护联盟） "绿色是我们的伙伴"（"緑はともだち"）（朝日新闻、国立指定演讲50周年系列广告） "希望大家也知道屁股的感受"（"おしりの気持ちも、わかってほしい"）（TOTO智能马桶）	**圆圈富、圆圈穷（"マル金、マルビ"）（来自书中）** "红族"（"くれない族"）（来自电视剧）[②] "好——厉——害——呀"（"す·ご·い·で·すね~"） **"干了干了"（"イッキ、イッキ！"）**[③] "这儿是哪儿？我是谁？"（"ここはどこ？わたしは誰？"） "活泼元气"（"キャピキャピ"） "精神分裂、执拗狂"（"スキゾ·パラノ"）（浅田彰） "饱食的时代"（"飽食の時代"）	便携性彩色液晶电视 可储存电话号码的电子手表 居酒屋连锁店全国急增 哈根达斯在青山开分店 矿泉水、烧酒热潮 罐装乌龙茶 粉色啤酒 **美国苹果公司发售MAC** 歌曲《长良川艳歌》（五木宏） 歌曲《酒红色的心》（安全地带） 歌曲《眼泪的要求》（The Checkers） 图书《结构与权力》（浅田彰） 图书《背叛》（渡边淳一） 图书《虚荣的指南》（Hoichoi Productions，見栄講座） 图书《金魂卷》（渡边和博） 图书《父亲走了》（尾辻克彦） 图书《情书》（连城三纪彦） 图书《天王寺村》（难波利三）	**洛杉矶奥运会（首次由民间承办）** 甘地总理遭遇暗杀（印度） 契尔年科就任苏共总书记（苏联） **非洲旱灾导致饥荒** 中英签署关于香港回归的《中英联合声明》 **"挑战者"号航天飞机** 太空漫步 英国、利比亚断交 里根总统以压倒性优势再次获得选举胜利（美国）

① 原文为"アルトマン"，疑误，应为该戒烟棒的公司"Maruman"。——译者注

② くれない的意思是"不帮助自己""不给自己××"的意思。"くれない族"来源于1984年的日本电视剧《红族的叛乱》（《くれない族の反乱》），该剧表现了家庭主妇重新进入社会参加工作之时的困境。中文通常译为"红族"，本书延续了以往的用法。——译者注

③ 指的是喝酒的时候旁边人起哄地喊着"干了干了"。——译者注

1985年（昭和六十年）泡沫准备完毕、空白和混沌的一年

政治・经济	社会・犯罪・风俗	时尚・文化	媒体
1985年筑波世博会 淡路爱地球博览会 **日本电报电话公司（NTT）、日本烟草产业的发展（民营化）** **“广场协议”调高日元汇率** 青函隧道建成 **东京证券交易所向世界市场开放** 关越隧道建成 **环状七号线全线开通** 中曾根首相正式参拜靖国神社 颁布男女雇佣机会均等法 田中前首相脑梗晕倒 **创政会（竹下派）成立** 自民党防止间谍法案颁布（因侵害国民知情权，受到各方的批判） **新风俗营业法的施行**	**虎热（Tigers Fever）（Tigers队挺进）** **女高中生、大小姐热潮** 小猫俱乐部走红 中山美穗、本田美奈子、芳本美代子走红 乡裕美和松田圣子解除婚约 洛克・哈德森（因艾滋病）去世 阪神球队成立50周年，首次摘得日本冠军 巴斯（Randy William Bass）三连冠，获得MVP 两国国技馆落成 北之湖敏满退役 新日铁釜石连续7年获得冠军 日航班机空难，坠落御巢鹰之山脊 逮捕三浦和义事件中的嫌疑人三浦 有毒红酒事件，自动贩卖机饮料混入农药事件 国铁同时发生多处扰乱社会秩序事件 丰田商事事件 校园欺凌问题愈发严峻（中小学校共发生638件） 花笼派相扑代表（轮岛）因欠钱而休业 追赶扒窃犯的大学生死亡	裙装再次流行起来 佩斯利花纹流行 麻料的外套深受男士欢迎 可装一天用的行李的背包 白色丝袜、蕾丝袜 校服增加了许多西装外套的款式 广播大学开校 开始售卖Bikkuriman巧克力 开始售卖飞人乔丹的商品 **达美乐比萨在惠比寿开业（日本第一个外卖比萨店）** **吉本隆明、埴谷雄高** **有关川久保玲的争论**	邮政省在约20个城市设置了TELTOPIA公司指定的日本电信电话 **多家关于投资、利率指南的杂志创刊** **多个红白游戏机杂志相继创立** **筑摩书房文库加入市场（第四次文库本热潮）** 游戏攻略书籍的流行 *Afternoon Show*的博眼球事件发酵 《活力满满电视节目》 《秋刀鱼》 《夕阳的小猫咪》 《塔摩利俱乐部》 《阿香》（泽口靖子一炮而红） **《八点！全员集合》结束放映** **《红白歌会》史上最低收视率（66%）** 《哥斯拉》 《乱》 《离天国最近的岛屿》 《捉鬼敢死队》 《大魔域》 *What's Michael*？走红 《他和摇篮曲》 《高校生极乐传说》 《棒球英豪》（动画）

广告	流行语	畅销商品	国际形势
“纽约东岸之河”（“ニューヨークイーストリバー”）（PARCO百货） “点与点的瞬间接合”（点と点の瞬間接着）（东亚合成化学工业/Aron Alpha） “不可以丢！”（“なげたらアカン”）（铃木启示/公益广告组织） “工作意义”（“ヤリガイ”）（瑞可利信息出版） “回家的电话”（“カエルコール”）（日本电信电话）① “晚上好，又到这个月了”②（“今晚は、お月さんですけど”）（鹤瓶/娇联） “尼亚拉加技术”（“ナイアガラ”）（日立麦克赛尔） “为了更通畅的交流”（“もっと自由なコミュニケーションのために”）（日立麦克赛尔） 知识小源的暑假（“インテリゲンちゃんの夏休み”）（新潮文库100册） “情热发电厂”（“情熱発電所”）（西武物流集团） “夸大的广告”（誇大広告）（丰岛园）	“是吗”（“てか～？”） **“出轨”（“不倫”）** “虎狂人”（“虎キチ”） “周五妻”（“金妻”） “新人类”（“新人類”） “我才不ji道呢”（“知りまっしぇ～ん”） “打工疲惫”（“勤続疲労”） “新的有钱阶层”（“ニューリッチ”） “大小姐”（“お嬢様”） **“博眼球”（“やらせ”）**③	四轮驱动汽车 CD播放器 红白机（年度销售650万台） 个人用的文字处理器（10万日元以内） AF镜头摄影机 **电脑通信调制解调器** 8毫米电影 橙色磁条储蓄电车卡 男士用摩丝 超辣食物的流行 出售切好的蔬菜急速增加 游戏《港口镇连续杀人事件》（FG） 游戏《炸弹人》（FC） 歌曲《我的爱人》（中森明菜） 歌曲《伤心朱丽叶》（the checkers） 歌曲《坠入情网》（小林明子） 歌曲《我就是偶像》（小泉今日子） 歌曲《不要脱我的水手服》（小猫俱乐部） 图书村上龙、坂本龙一《EV.Café》 图书《我们家的申报税务法》 图书《超级马里奥兄弟 完全攻略手册》 图书《演歌的虫・老梅》（山口洋子）	**以英国为首的艺术家为救济艾滋患者举行了“拯救生命”的演出（根据Band Aid）** 美国歌手为救济非洲录制了歌曲“We are the world”，获得极大人气 墨西哥大地震 **戈尔巴乔夫政权诞生（苏联）** 美苏首脑会谈 非洲饥荒问题仍在持续 艾滋病的流行 **G5达成修正美元高汇率的提案（“广场协议”）** 尼加拉瓜危机，美国发动经济制裁 两伊战争再次激化（每分钟向城市发射23发导弹） 地中海频发劫机事件

① カエルコール指的是回家的时候，给家人提前打的电话，回家（かえる）同青蛙（カエル）一词同音，广告中启用了青蛙的形象。——译者注

② 娇联公司出品的卫生巾广告，广告中一个打扮成月亮的人向一位女孩说：“晚上好，又到这个月了。”——译者注

③ 1985年一档日本综艺节目，为博观众眼球，提前跟小混混的头儿取得联系，上演了一场真实的打斗。节目播放后，受到了许多人的批评，成为日本电视播送史上有名的播放事故。——译者注

政治・经济	社会・犯罪・风俗	时尚・文化	媒体
北海道21世纪博览会 NTT股票热 前川报告提出扩大内需政策 **股票涨价** **日元升值加速（1美元等于150日元）** **防卫费超过了GNP的1%** 众参两院同日选举，自明党压倒性获胜（众院304议席） **国铁分割、民营化法案成立** 自民党整理了包括销售税在内的税制改革案 查尔斯王子、戴安娜王妃赴日 **社会“新宣言”的采纳，向社民路线发展** 天皇在位60周年纪念庆典，东京首脑会议上反动势力多次进行恐怖活动 男女雇佣机会均等法的实施 新自由俱乐部并入自民党 “有核危险”的新泽西州战舰驶入佐世保 **内需扩大政策**	超导的热潮 哈雷彗星接近地球 **温泉热** 猫咪热 熊猫童童的诞生 **男性职员的产假实行弹性工作制** 老年人口超过总人口的10% 电话风俗店 来日打工女 布宁旋风① 少年队、西村知美 伦岛大士相扑运动员出道 清原、桑田入团专业棒球队 伊豆大岛三原山喷火 中野富士见中学霸凌自杀事件 体罚使得学生死亡事件（石川县） 国家铁路劳动工会的分会长自杀 北野武军团打砸*FRIDAY*编辑部	**面向男性消费者的设计师品牌增加** 男性三角裤的流行 **高开叉泳衣** **设计师品牌打折，排起长队** 能记忆形状的女性内衣 超级歌舞伎开演	影像内容制作“NEW VISION”的成立 **外资企业、国内企业CI（Corporate Identity）广告的增加** 比较广告合法化（公正交易委员会） “ELNET Library”（杂志报道的数据库） 全国性报纸经济版面的扩充 **日本电信、第二电电、东京通信网络、日本高速通信加入电气通信事业** *imidas*（**发行100万部**） 《News Week日本版》 *DIME*的创刊 **CD市场较去年销量倍增，超过LP销量** 女性角色的人气 《男女7人夏物语》 《烈驹》 《火宅之人》 《电影天地》 《天空之城》 《洛奇4》 《回到未来》 《歌舞线上》 《新汉普夏饭店》等迷你剧场火热 《甜甜小公主》 《湘南暴走族》 《妙厨老爹》 《樱桃小丸子》 《天才少爷》 《相聚一刻》（动画）

① 斯坦尼斯拉夫・布宁（Stanislav・Bunin）是旧苏联的音乐家，赴日演出之时演出门票全部卖光，因此称为“布宁旋风”。——译者注

广告	流行语	畅销商品	国际形势
“幸福是什么”（“しあわせって何だっけ”）（明石家秋刀鱼、龟甲万） “工作意义”（“やりがい”）（“隧道二人组”、Recruit） Gemini（“ジジェミニ”）“华尔兹篇”（铃木汽车） “hihi奶奶”（“ひーひーおばあちゃん”）（湖池屋） “丈夫很好，不在家更好”（“亭主元気で留守がいい”）（大日本除虫菊） “马勒”（“マーラー”）（三得利） “泳池很凉快”（“プール冷えてます”）（丰岛园） “素材丰富的啤酒”（“素材の恵みのビールです”）（三得利） “看报纸广告，知晓企业”（“新聞広告をみれば、企業がみえる”）（日本报纸协会） 在《读卖新闻》上包了一个版面的广告（美国薯条协会） “哈雷彗星。2061年宇宙再相会”（“ハレー彗星。2061年は、宇宙で会おう”）（日本电器）	“切”（“プッツン”）（某女演员等） “终极”（“究極”） “不晓得呀”（“わかんなーい”） **“控制土地”（“地上げ”）** **“真的假的？”［“マジ（で？）”］** “知识水平”（“知の水準”） “一定要搞起来”（“やるっきゃない”）（土井多贺子） “神奇的人”（“ミョーなやつ”） “好时尚”（“おっしゃれー”） “丈夫很好，不在家更好”（“亭主元気で留守がいい”）	**投资理财**（投资信托、抵押政权、10万日元金币等） 便利店商品畅销 **一次性照相机** 出租公寓 大型彩色电视机 活页本的流行 CD播放器 来来明信片① 特辣食品的盛行（零食、方便面、各种餐厅） **微波炉食品** 喉糖大卖 **欧洲风的香肠开售** 编辑文字软件“新一太郎”（半年卖出5.8万份） 游戏《勇者斗恶龙》（FG） 游戏《职业棒球 家庭竞技场》（FG） 歌曲DESIRE（中森明菜） 歌曲CHA-CHA-CHA（石井明美）	**切尔诺贝利核电站事故** “挑战者”号航天飞机爆炸灾难 **OPEC的崩盘，石油价格跌落** 美苏首脑会谈 马科斯政权被推翻，移交阿基诺政权（菲律宾） 尼奥斯湖毒气事件（1700人死亡） 欧洲恐怖袭击增加 迈克·泰森20岁成为拳击史上最年轻的世界重量级拳王 戈尔巴乔夫体制下，接二连三地出现了恢复名誉者 **伊朗门事件（美国向伊朗秘密出售武器一事被揭露）**

① かもめーる，是日本人在夏天给亲朋好友发送的明信片。有解释称“kamo”一词发音类似于英语（come on），因此起名为“来来明信片”。——译者注

续表

广告	流行语	畅销商品	国际形势
“创造知识的森林”（“知の森を創る”）（森之楼ARK Hills）		歌曲“BAN-BAN-BAN”（KUWATABAND） 歌曲“My Revolution”（渡边美里） 歌曲《我只在乎你》（邓丽君） **图书《知价革命》（堺屋太一）** 图书《新国富论》（大前研一） 图书《日本这样改变》（长谷川庆太郎） **《超级马里奥兄弟绝招大全集》（スーパーマリオブラザーズ裏ワザ大全集）** 图书《化身》（渡边淳一） 图书《认识自己、杀人的相克性》（细木数子） 图书《卡迪斯红星》（逢坂刚） 图书《遥远的美国》（常盘新平） 图书《深夜特急》（泽木耕太郎） 图书《脑死》（立花隆） 图书《帝之肖像》（猪濑直树）	

1987年（昭和六十二年）在经济层面泡沫爆发

政治·经济	社会·犯罪·风俗	时尚·文化	媒体
未来的东北博览会 京都世界历史都市博览会 **地价一年间上升了85%** **NTT股票价格初始值为160万日元** **日元持续走高，1美元兑换121日元** 国铁解体民营化，重组为JR 安天火灾以53亿日元的价格拍下凡·高的《向日葵》 Waterfront计划 收购土地横行 对日本的批判（美国） 流动性过剩现象 关西新机场落成 **钢铁行业不景气** **失业率为3.2%（5月）** 在中曾根的指定下成立了竹下内阁 高等裁判所第一位女性长官 故乡和创生政策遭遇批判 竹下首相被批判为“说话的语言明白，但意味不明” 东芝事件 外国人注册法改革（有关指纹） 关于残疾人在银行中的利息无须交税的规定作废	女性的活跃（俵万智、山田咏美、冈本绫子等） 智能城市（intelligent city）成为关键词 探戈热 多学校就学一族 国民之中三成都有疾病 文化教室热 利根川进获得诺贝尔生理学奖 **国立松户医院建立了照料癌症患者的住院部** 立花理佐、酒井法子、坂本冬美、光GENJI、南野阳子走红 石原裕次郎去世 迈克尔·杰克逊来到日本 麦当娜来到日本 广岛队的衣笠连续2131场比赛出场（打破世界纪录） 巨人江川卓引退 冈本绫子获得美国LPGA奖金王 中岛悟获得日本第一个F1冠军 艾滋病患者增加 解救若王子支店店长的绑架（三井物产、菲律宾） **柬埔寨难民一家遭遇惨杀** **《朝日新闻》阪神支局袭击事件**	**碎花图案** 腕带和背带 洛丽塔装扮（褶饰、蝴蝶结） **早晨洗澡** 泳池吧走红 冠名讲座开始 Loft房间走红 葛优躺一族[①] 丁克族逐渐定形 **开始出现自由职业者** 酱油系颜走红 **三高热**[②]	NHK卫星放送开始 报道节目走红 《飞女刑警》 *Ryu's Bar* TBS结束周五剧场 《独眼龙政宗》（平均收视率39.7%） 《女税务员》 《忠犬八公物语》 《带我一起去滑雪吧》《壮志凌云》 《野战排》 《铁面无私》 《比佛利山超级警探2》 **《心情鸡尾酒》** ***YAWARA!*** 《男塾》 《白鸟丽子》 《橙路》（动画）

① カウチポテト族，指的是躺在沙发上一动不动，边吃薯片边看电视的人。——译者注

② 指高学历、高收入、高身高。——译者注

广告	流行语	畅销商品	国际形势
“随身听猴子篇”（“ウォークマン・さる編”）（索尼） “I feel Coke 87”（可口可乐） “麒麟传说，麒麟狮子篇”（麒麟伝説・麒麟獅子編）（麒麟） “没有味道才是新的”（“匂わないのが新しい”）（大日本除虫菊） **“一根手指头宽的量、两根手指头宽的量”（“ワンフィンガー、ツーフィンガー”）（三得利）**[①] “Super NIKKA 湖畔篇”（Kathleen Battle NIKKA） “喜欢talk的日子”（“トークの日・好きです”）（药师丸博子、日本电信电话） “我们改变了”（“私たち変わります”）（后藤久美子、JR东日本） “五点开始男人的Gronsan“（“五時から男のグロンサン”）（中外制药） “辣口、生啤”（“辛口・生・ドライ”）（落合信彦、朝日） “咕噜咕噜便便”（“ミルミルうんちくん”）（养乐多）	“不会惩罚的××”（“懲りない〇〇”） “圈查”（“マルサ”）[②] **“民间活力”（“民活”）** “花之周四”（“ハナモク”）[③] “了不得啊”（“ただものではない”） “亿元公寓”（“億ション”） “某某纪念日”（“〇〇記念日”）（来自书中） “自由职业兼职”（フリーアルバイター） “欢迎光临吼”（“いらっしゃいまホ～”） “有印象的人”（“身に覚えのある人”） “晨澡”（“朝シャン”） “一刀切发型”“紧身衣”（“ワンレン、ボディコン”）	中药的普及 木造三层住宅增加 **汽车中白色不再流行** 漱口水热卖 干青鱼子热卖 **超级生啤（Super Dry）** **红白机销量突破1000万台** PC笔记本电脑热卖 PC–98替换器 **X–68000开卖** 游戏《最终幻想》（FG） 歌曲《愚蠢的人》（近藤真彦） 歌曲《命之红》（濑川瑛子） 歌曲《雪国》（吉几三） 歌曲“Show Me”（森川由加里） **歌曲“Stand by Me”（Benjamin Earl King）** 图书《挪威的森林》（村上春树） 图书《沙拉纪念日》（俵万智） 图书《监狱中的种种事》（安部让二） 图书*MADE IN JAPAN*（盛田昭夫）	世界各地同时股价暴跌 美元暴跌 苏联开始经济改革 艾滋病扩散 西德青年于红场驾驶“塞斯纳”着陆 危地马拉达成和平协议 大韩航空飞机爆炸案 禁烟运动开始（美） NICS商品市场扩大 **美苏签署中程导弹条约**

① 指威士忌的喝法，把一根手指或两根手指横着放来测量倒酒的量，再用冰或者水兑威士忌的喝法。——译者注

② 警察圈中的隐语，圈中一个“查”字，表示国税厅监察部。——译者注

③ 一说是为了双休日能出去玩得尽兴，周五晚上会好好休息，所以周四的时候选择去跟同事喝酒。——译者注

续表

广告	流行语	畅销商品	国际形势
“嚼电影”（“シネマを噛むと”）（CINECITTA 川崎） “一直something new”（“いつもsomething new”）（George Lucas、松下电器） “不贴标签，因为我们靠产品取胜”（“ラベルを貼らないのは、中身で勝負したいです”）（麒麟） Dynamic compact（“ダイナミックコンパクト”）（梅赛德斯） “市外电话0077便宜又优惠”（“おトクな市外電話0077”）（第二电电）		图书《恋人才听得见的灵魂乐》（山田咏美） 图书《危险之故事》（广濑隆）	

1988年（昭和六十三年）泡沫鼎盛

政治・经济	社会・犯罪・风俗	时尚・文化	媒体
地价上涨20%（扩大居住用地） 青函隧道开通纪念博览会 濑户大桥博览会 食与绿的博览会（栃木、石川） 服务行业（百货店、迪斯科、出租车）由周四定休改为周二定休 青函隧道、濑户大桥的开通 **东京巨蛋的建成** **CIMA现象**[①] **牛肉、橙子实现自由** **瑞可利事件** 决定导入消费税 劳动标准法修正（导入弹性工作制） 大韩航空事件展开搜索 禁止在轮胎上钉钉子来防滑 废除美国的旅行签证	昭和天皇身体抱恙 生命伦理协会将脑死亡定义为个人死亡 **异域热潮** 村上春树热（《挪威的森林》上下册共销售370万册） 欧巴桑大队 **圣诞节、联谊等年轻人的派对热** 男斗呼组、香西熏、久保田利伸、爆风Slump 米米CLUB乐队走红 BOØWY解散 明石家秋刀鱼、大竹忍闪电结婚 有关带孩子上班的争论 尾崎丰因毒品被逮捕 木村一八暴行事件 千代富士获得53连胜 南海、阪急球队卖身 泰森的精彩防卫（东京巨蛋） 迪斯科舞厅TURIA吊灯坠落事件 大阪府巡警诬陷犯人 村西透违反儿童保护法遭到逮捕 毕业照中大头照被拿掉事件 PC–VAN遭到病毒侵入 **埼玉多发婴儿拐卖事件**	**向日葵热潮** **香奈儿、GUCCI、LV等外国品牌热** 艺人角色品牌增多 黑色夹克的流行 坂本龙一获得美国奥斯卡最佳配乐奖 用纤维内窥镜来考古调查藤之木古坟 **涩谷开始了针对压力的体检项目**	珠穆朗玛顶峰的卫星直播（日本电视台） 少年周刊漫画杂志4类杂志共销售1000万部 东京都之外的电话号码前置改为四位数 **CEFIRO的广告中井上阳水"大家好吗"一句被消音**[②] **《平凡Punch》杂志停刊** **《隧道红鲸团》（前一年开始放映）** **《更危险的刑警》** **《渴望拥抱》** 《蜻蜓》 《老师也疯狂》 《问答世界就是SHOW by》《小诺的梦》 《武田信玄》（最高收视率45.6%） 《该去该留》 **《危险刑警》** **《末代皇帝》** 《致命诱惑》 《欧巴桑大队》 《KAMUI传》 《阿强加油》 《面包超人》（动画） **《龙猫》（电影）** 《萤火虫之墓》（电影）

① 指的是日产CIMA车的大卖，也用于指代消费旺盛的现象。——译者注

② 当时正值昭和天皇病危，后于1989年去世，这句"大家好吗"就因此在电视播出的时候被消音。——译者注

广告	流行语	畅销商品	国际形势
“CEFIRO，转弯、玩耍”（“セフィーロ・くうねるあそぶ”）（井上阳水、日产） “山田以前没有的”（“やまだかつてない”）（山田邦子、大塚食品） **“五点开始男人的Gronsan”（“五時から男のグロンサン”）（高田纯次、中外制药）** “karugamo”（“かるがも”）（隧道二人组、森永制菓） “心灵奇旅的电视”（“ソウルフルTV”）（民间放送108社） **“我想吃腌菜”（“しば漬け食べたい”）（山口美江、FUJICCO）** “雾峰的出浴篇”（霧ヶ峰・風呂上がり編）（小泉进日子、三菱电器） “不输距离的好奇心”（“距離に負けるな好奇心”）（JR东海） “Kawasaki Steel By Junko Koshino”（川崎制铁）	“到五点为止的男人，从五点开始的男人”（“五時まで男・五時から男”） **“酱油系颜、酱系颜”（“しょうゆう顔・ソース顔”）** **“经济改革”（“ペレストロイカ”）** **“生啤”（“ドライ”）** “限制娱乐”（“自粛”）（与昭和天皇驾崩相关） **“穷太郎”（“プータロー”）**① “黑客”（“ハッカー”） “丁克”（“DINKS”） **“生物技术”（“バイオテクノロジー”）** “结尾加pi的词语用法”（“のりピー語”）（指的是什么什么怪物） “Water front”（“ウォーターフロント”） “呕呕”（“ゲロゲロ”）（后来还出现了好吃到吐的意思）	**出口转内销的汽车（雅阁）** **投币式淋浴** **无线电器（电话、熨斗、随声听）** **白金的进口达到70吨（世界总产量100吨）** 出现禁烟公寓 学校配餐添加了沙丁鱼（鹿儿岛） 游戏《俄罗斯方块》（AG） Mega Drive游戏机开售（Sega） 《大英百科全书》国内第一部电子版百科全书 游戏《勇者斗恶龙III》玩家彻夜排队购买 **松任谷由实唱片*Delight Slight Light KISS*（100万张）** 歌曲《银河天堂》（光GENJI） 歌曲《干杯》（长渕刚） 图书《厨房》（吉本芭娜娜） 图书《优雅且感伤的日本棒球》（高桥源一郎） 图书*Still life*（池泽夏树） 图书《长子的出家》（三浦清宏） 图书《来自佐川君的信》（唐十郎）	首尔奥林匹克运动会 美苏首脑会谈 中程导弹条约 两伊战争休战 阿富汗达成和平共识，苏联撤退 美国大选，布什胜出 巴基斯坦解放组织宣布建国 美国击落伊朗客机 亚美尼亚大地震 卢泰愚当选总统（韩国） 苏联和平空间站刷新了人类在宇宙的时长

① 指的是在就职年龄之中却没有工作的人。这里的“プー”一说是指英语中的“poor”，另外也与日语中的“风太郎”谐音，风太郎多指无固定职业，居所也不固定的人。——译者注

续表

广告	流行语	畅销商品	国际形势
“今后也许比英语还重要”（“これからは、英語より大切かもしれない”）（斋藤由贵、NEC-PC） “这不是生啤”（“ドライなビールではありません”）（三得利MALT’S） “超级长女现象”（“スーパー長女現象”）（旭成之家） “花于周四开”（“花の木曜開く”）（松屋） “今年把涩谷变得更悠闲”（“今年は芝やをヒマにします”）（丰岛园）	“内部交易”（“インサイダー取引”） “欧巴桑大队”（“オバタリアン”） **“大家好吗？”（“みなさん、おげんきですか～？”）（来自广告）**	**图书*TOPAZ*（村上隆）** 图书《舞舞舞》（村上春树） 图书《深海的童话Coo》（景山民夫） 图书*No Life King*（伊藤正幸） 图书《钻石王朝》（西德尼·谢尔顿） 图书《这么瘦好吗》（川津佑介） 图书《我的人类学》（池田大作）	

1989年（平成元年）忘却昭和—战后的经济繁荣时期

政治·经济	社会·犯罪·风俗	时尚·文化	媒体
年号由“昭和”改为“平成” 昭和天皇驾崩 **创市100周年的博览会于全国召开（横滨博览、名古屋设计博览、鸟取玩偶博览等）** 在副都心的构想下，幕张Messe国际展览中心开业 横滨体育馆、斜张桥 东急文化村开始营业 接近岩户景气[①]的经济繁荣 **年末股票创历史最高值** **大学、短期大学的女性应届生的就业人数第一次超过男性就业** **索尼收购了哥伦比亚电影公司** **开始征收消费税** 参议院选举中保守派逆袭（社会党一跃而起） **瑞可利事件，自民党多人被逮捕**	“终极选择”游戏的热潮 异域风的流行 **“御宅族”受社会关注** 奥特曼重制 动漫热 备胎男、饭票男等 萤火虫一族[②] 打工人的回家恐怖症 3K劳动[③] 一次统考[④]在这一年是最后一次 **《一碗阳春面》** W浅野（浅野裕子、浅野温子） 玛西娅（マルシア）、香田晋、田村英里子走红 美空云雀去世 松田优作去世 Off Course、TULIP乐队解散 千代富士获得国民荣誉奖	“涩谷休闲风”出现 方巾、印字T恤的流行 DKNY火热 意大利亚品牌爆红 职场上很多人开始穿着休闲西装 吉本芭娜娜热（六部作品共销售500万部）	**昭和天皇驾崩，私营电视台两日之内没有播放广告** 邮政省在名古屋等13个地区建设高清城市试点 日本国际通信、国际数码通信服务开始 NHK卫星放送开始 私营通信卫星JC-SAT1号发射 *CREA*等女性杂志创刊潮 《03》，*SAPIO*等个性派男性杂志出现 《智慧藏》创刊，与*imidas*、《现代用语的基础知识》三足鼎立 周日早上固定播放信息节目 《到早晨的直播电视》 《平成有名的节目 酷炫乐队天国》 *Sunday Morning* 《青春家族》 《春日局》 《魔女宅急便》

① “岩户景气”指的是1958年7月至1961年12月共42个月的长期经济繁荣。——译者注

② 形容在公寓的阳台抽烟的人，通常是一家的父亲，这也被看作当时父亲权力的丧失。——译者注

③ “きつい·汚い·危険”三个词语的罗马音都以“K”开头，所以简写为3K，分别指的是“难、脏、危险”。——译者注

④ 一次统考是指1979年1月到1989年1月实施的统考，参加对象是报考国立公立大学以及产业医科大学的考生，在全国各个会场设置考场，1990年起，开始实施“大学入学统一考试”。——译者注

续表

政治・经济	社会・犯罪・风俗	时尚・文化	媒体
政治信任度下降（竹下、宇野海部政权交迭） 美国政府颁布超级301条款（贸易保护上的报复行为） 日美结构性障碍协议 政府机关实施双休制 宇野首相桃色新闻 “日本劳动组合总联合会”诞生	村田兆治达成200次胜利 **宫琦勤幼女连续绑架杀人事件** **女子高中生水泥埋尸案** 福岛核电站事故 **坂本律师一家绑架杀人事件** 山一抗争结束 多次发生海外遇险		《利休》 《雨人》 《鸡尾酒》 《黑雨》 《豆豆的笹口组》 《樱桃小丸子》（动画） 《向右转的花花公子》 《东京爱情故事》 《机动警察》 手冢治虫去世

广告	流行语	畅销商品	国际形势
“快速直达圣诞”（“クリスマスエキスプレス”）（牧濑里穗，JR东海） **“Regain，你能战斗24小时吗？”（リゲイン・24時間戦えますか？）**[①] “DODA 哼歌篇，收拢腿篇”（“DODA 鼻歌篇・足かけ編”）（学生后援会）[②] “我就是骄傲，咋啦？”（“ハナターカダカ”）（“隧道二人组”，Mizkan） “铁骨饮料，活泼的少女篇”（“鉄骨飲料・陽気な乙女編”）（鹫尾伊沙子，三得利） “碍事的停车”（“迷惑駐車”）（大阪府） “请再一次听我讲，关于消费税”（もう一度、お話させてください。消費税について）（桥本龙太郎，政府宣传） “主妇不在家”（“主婦は家にいない”）（旭化成）	**“性骚扰”** “山动了”（“山が動いた”）（参院选举）[③] “三点组合”（“三点セット”） “欧吉桑少女”（“オヤジギャル”） “浓妆艳抹”（“ケバイ”） “麦当娜旋风”（“マドンナ旋風”）（参院选举）[④] “自由职业”（“フリーター”） “酷炫乐队天国”（“いか天”，电视节目名称） “模棱两可的”（“ファジー”） “打湿了的落叶”（“濡れ落ち葉”）[⑤]	**空前的意大利热潮（皮质产品、装饰品、红酒等）** 轿跑车 镜头一体式摄影机 无线多功能电话 家庭影院 追求正品（高级大型轿车、豪华客轮巡游、留学产业） 早上洗澡的用品 深夜巴士 高画质大尺寸电视 **蜂蜜柠檬** **提拉米苏热卖** Game Boy 笔记本电脑 彩色打印机 游戏：《俄罗斯方块》（FG） FM-Towns发售	**柏林墙倒塌** 马耳他峰会 冷战结束 旧金山大地震 地球环境问题提到日程 布什当选总统（美国） 霍梅尼去世 旅行者计划2号再次接近海王星 《撒旦诗篇》，鲁西迪事件 **尼古拉・齐奥塞斯库政权解体（罗马尼亚革命）**

① Regain是一种营养提神饮品。——译者注

② DODA是学生就职、跳槽的信息情报杂志。广告中的男主人公坐在地铁上，手里拿着DODA的杂志，哼着歌，叉开腿坐着。这时地铁上来了乘客，他一边微笑着一边把腿收拢，让旁边的老太太坐下。——译者注

③ “山动了”源自日本参院选举中社会党党首土井多贺子的演讲，她说的这句话源自谢野晶子为日本女性解放运动中有名的《青踏》杂志创刊（1911年）所作的寄语，“山の動く日来たる”，译作“山之撼动之日已到”，形容女性也能够在社会上崭露头角。——译者注

④ 这里的麦当娜旋风并非指歌手麦当娜，而是上述提到的以土井多贺子为中心的日本社会党赢得众多选票。——译者注

⑤ 像“打湿了的落叶”一样黏在人身上的东西，形容退休的丈夫没有兴趣爱好，妻子一出门，丈夫一定会跟着一起出去。——译者注

续表

广告	流行语	畅销商品	国际形势
“看我的肌肉”（“ちからこぶる”）（施瓦辛格，日清食品） “请注视那个日新月异的我”（“变わっていく私を、見つめてください”）（宫泽理惠，川崎重工） “日本是拥有幕张Messe的国家”（“日本は幕張メッセのある国です”）（幕张Messe开业广告） **“英菲尼迪，日本一定会改变”（“インフィニティ・日本が変わっていく”）（日产）** “Bunkamaru开业，心之颠倒”（“心が、でんぐりがえる”）（东急） “我想寻找地球的语言”（“地球の言葉を、探したい”）（日本电信电话）	**“双人照”（“ツーショット”，来自电视节目）** **“时尚”（“トレンディ”）**	歌曲“Diamonds”（PRINCESS PRINCESS） 歌曲《蜻蜓》（长渕刚） 歌曲《寂寞的热带鱼》（Wink） 歌曲《像河流一样》（美空云雀） **歌曲《17岁》（森高千里）** **歌曲《学园天国》（小泉今日子）** **歌曲《圣诞节夜》（山下达郎，首次收录在1983年）** 图书*TUGUMI*（吉本芭娜娜） 图书《时间简史》（斯蒂芬·霍金） 图书《高园寺纯情商店街》（禰寝正一） 图书《小传抄》（星川清司）	

1990年（平成二年）

主要事件	媒体	流行
戈尔巴乔夫当选苏联首任总统 美苏签署第一阶段削减战略武器条约 伊拉克军入侵科威特 平成天皇即位礼，大尝祭① 礼宫、纪子成婚 器官移植增加 梶山法相歧视黑人的言论 滚石乐队第一次来日本 千代富士获得1000胜 本山长崎市市长遭到右翼袭击 “泡沫的炼金术师”集团操纵股票 “光进”代表遭到逮捕	WOWOW电视台开局 广告等电视中播放温室效应、酸雨导致的环境问题 宫泽理惠、牧濑里穗、小泉今日子，广告界三大女王 《人鬼情未了》 樱桃子原作《樱桃小丸子》（动画）走红 《卡诺莎之行》 *11PM*结束	“成田离婚” “也许不结婚的症候群”（谷村志穗的同名畅销书） 超级红白机售卖 歌曲《浪漫飞行》（米米CLUB） 歌曲《最终是爱的胜利》（KAN） 图书《被爱的理由》（二谷友里惠） 图书《恋爱论》（柴门文） 图书《泡沫》（渡边淳一） 图书《文学部只野教授》（筒井康隆）

① 大尝祭，是天皇即位后第一次向天照大神和天神地祇进献新谷并自己尝食的、一代一次的“新尝”的祭事。——译者注

1991年（平成三年）

主要事件	媒体	流行
苏联八月政变，联邦解体 海湾战争 朝鲜与韩国加入联合国 股票市场萧条 金融界、政界接二连三被爆出丑闻 政策利率下调，缓解金融压力 宫泽政权上台 自民政府支援海湾战争90亿美元 东京都办事厅搬到新宿 千代富士隐退	宫泽理惠凭借*Santa Fe*一炮而红 《东京爱情故事》 《全面回忆》 《漂亮女人》	“损失补偿” “联合国维持和平部队” “离过一次婚” 矿泉水 可尔必思饮料 Macintosh电脑大卖 歌曲《突如其来的爱情》（小田和正） 图书《威利在哪里》 图书*Santa Fe*（筱山纪信、宫泽理惠）

1992年（平成四年）

主要事件	媒体	流行
巴塞罗那奥运会	CS电视开始在六频道放送	“冬彦”
克林顿当选总统（美国）	“我是巴萨罗”（“バザール	“泡沫破裂”
南斯拉夫解体，波斯尼亚内战激化	でござーる”）（NEC）	“复合不景气”（出自同名图书）
地球高峰会开幕	《平成教育委员会》	“便宜、近、短（轻松）”①
洛杉矶暴动	《一直都爱你》	女性休闲服装增加
中国、韩国建交	《身轻如燕》	最大份牛肉饭
新党热潮（日本新党等）	《红猪》	低价格的电脑
佐川急便事件，金丸信等人遭到逮捕	《新桥恋人》	洋服的青山进驻银座
联合国维和部队成立，自卫队赴柬埔寨	《美女与野兽》	《只要有你》（米米CLUB）
经济持续萧条	《蜡笔小新》（动画版出来之	《最重要的事》（大事MAN兄弟乐团）②
自民战后最大规模的经济应对政策（没有效果）	后，成为热门动画）	冲啊！Kokology委员会篇（《Kokology XX
土地价格跌落（标准土地价格首次跌落）	《美少女战士》（动画）	Kokology》系列）
贵花田幕内获得了冠军，是史上最年轻的冠军	《灌篮高手》（动画）	樱桃子《多孔菌科》

注：本年表参考了以下资料。电通消费者研究中心主编的《视觉版：广告经济繁荣年表1945—2003》（电通，2004年），世相风俗观察会主编的《现代风俗史年表》（河出书房新社，2001年），下川聡史、家庭综合研究会主编的《增补昭和、平成家庭史年表》（河出书房新社，2004年），大冢英志《定本物语消费论》（角川书店，2001年），文艺春秋社各授奖网站（http：//www.bunshun.co.jp/award）等等。

① 指的是短期旅行的人们的意向。——译者注

② 《红日》翻唱的这首歌曲。——译者注

后　记

本书是媒体、文化研究之中，针对“80年代论”这一话题进行其历史意义探讨的一个尝试。今后，作为一个研究领域，它将会不断充实主题、扩大分野，而本书作为概论式的、有限的研究，可以说起到了抛砖引玉的作用。20世纪80年代是时代的转换期，从这个意义上来看，就像19世纪30年代的法国和20世纪50年代的美利坚合众国，80年代是日本社会重要的时期。但另一方面，至今为止对于这一时期的研究，同关于在此之前的战后、60年代、70年代的研究相比还较少。

80年代首先可以被看作媒体新时代的开端。在这个时代，新媒体、电脑出现了，电视节目实现了现代化，媒体论逐渐走向成熟意义上的“媒体”。然而我在论述媒体的时候，指的是作为媒介的广义的意思。以大众媒体为媒介的舆论、以时尚为媒介的身份认同，以及以他者意识为媒介的自我意识亦是如此，这些都是媒体时代的产物。本书从这个视角出发，也间接地涉及了当下热烈讨论的各种问题。比如说“御宅族”世代之间的格差、涩谷系–原宿系分歧点的诞生等，我近年来一直关注着这些问题并进行写作。森川嘉一郎给“萌”世代“御宅族”的定义是“朝向废柴的（自己所意识的）自己”，这正是触及了80年代媒体（媒介）特征的核心。这是因为以他者意识为媒介的自我意识正是在元（meta）领域上规定着“自我（身份认同）”。这种自嘲的感觉才是以媒体为媒介的自我意识，也促使了反讽的发生。

我正好在80年代度过了自己的中学、高中、大学和“青春”岁月。自己真实的感受夹杂在史料分析之间，我必须说，这段时期对我来说是一段特殊的时光。那些对于“莫名其妙的新人类”眉头紧蹙的上一代的人、不知道80年代社会氛围的下一代的人，以及和我一样度过80年代的同世代的人，如果以多种视角来阅读这本关于80年代的书，我将倍感荣幸。

我想记录一下有关本书的写作过程。我于2004年秋天完成草稿，当时正好在横滨日吉举办的庆应私塾大学市民讲座进行了演讲。当时的演讲名为“媒体的时代”，同一大学的高桑和巳演讲了《例外的时代》，我和他的讲座共同组成了思想史的主题演讲。当时负责市民讲座的某老师说，“之后就差出版了”，但当时我完全没有这个想法。在市民讲座之前，在明治学院大学和早稻田大学的课上（“表象文化论”“媒体、言语交流总论”等课程），差不多写出了大纲。然而在市民讲座之后，我因病住院，内容也没办法再精练，写作一时搁置了。

本书的编辑上村和马（庆应私塾大学出版社）在市民讲座结束一个半月之后，来都立驹込医院的住院部看我。市民讲座的一周之前，我在之前的医院被诊断为咽喉癌，已转移到淋巴结。市民讲座之后再次检查，病情已恶化，再不加以治疗生命就只剩六个月了。上村先生在参加市民讲座的时候就表示对我演讲的内容十分感兴趣，但在最初商量本书写作的时候我已住院，我当时觉得出版无望了。然而，上村先生对我这个将死之人的出书计划十分上心，还仔细地阅读了我以前的著作，他热情地对我说：这本书一定会是本好书。那时的我决心在临死之前将这本书写完。之后在上村先生的努力下，我转院到了驹込医院，在那里遇到了一位好医生，他对我进行了放射性化疗和手术，化疗加大了药量，甚至是一般人的体力都支撑不了的抗癌药物都用上了。我奇迹般地康复了，也顺利地出了院。所以实际上，本书的写作是出院之后的2005年的春天，我紧赶慢赶地加快写作。我的身体瘦到脱相，再加之头脑还有些糊涂，写作也算是大脑的康复训练了。然而这过程绝不是千辛万苦的，写作一直都很有趣。随着写作，生命的能量又再次恢复了。并且，上村总是帮我出主意，耐心地给我意见，不停鼓励着我。他也教会我了如何两个人（多人）一起写作。

我要感谢策划本书出版的高桑和巳先生。在我生病的时候，很多人对我关怀备至。哪怕年龄增长了，我也一定不会忘记对大家的感谢。最初入院的时候，一个穿着紫色衬衫、灰色夹克，一个穿着黑色皮革的工装服，两位医生救助我的时候那飒爽的样子，我一辈子都不会忘记。还要感谢工作结束后每天都来医院探望我的妻子，我想在这里对所有人表达我的感激之意。

2006年2月6日

于可眺望池田山的窗边